beck **sche** reihe

b sr

Frieden, Wohlstand und Gesundheit – das sind die Schlagworte, die man mit der Wirtschaftsmacht Japan verbindet. Doch einer genaueren Betrachtung hält dieser Eindruck nicht – mehr – stand. Japan sieht sich zunehmend mit existenziellen Problemen konfrontiert: Die Globalisierung der Märkte und der demographische Wandel, der sich in einer zunehmenden Vergreisung der Bevölkerung äußert, zwingen die Japaner zu gründlichem Umdenken.

Florian Coulmas untersucht die Auswirkungen dieser Veränderungen auf die gesellschaftlichen Strukturen, das Verhältnis der Geschlechter und Generationen zueinander, das soziale Gefüge der Bevölkerung sowie die Politik und den Arbeitsmarkt und lenkt den Blick auf mögliche Wege aus der Krise.

Florian Coulmas ist Direktor des Deutschen Instituts für Japanstudien in Tokio. Von ihm erschien zuletzt bei C. H. Beck: *Die Kultur Japans* (2005) und *Hiroshima* (2005).

Florian Coulmas

Die Gesellschaft Japans

*Arbeit, Familie und
demographische Krise*

Verlag C. H. Beck

Mit 14 Tabellen und 40 Abbildungen

Soweit nicht anders angegeben, wurden die Tabellen
im Deutschen Institut für Japanstudien erstellt.

Originalausgabe

© Verlag C. H. Beck oHG, München 2007
Gesamtherstellung: Druckerei C. H. Beck, Nördlingen
Umschlagentwurf: + malsy, Willich
unter Verwendung eines Photos von
Christophe Boisvieux © Corbis
Printed in Germany
ISBN 978 3 406 54798 0

www.beck.de

INHALT

TRANSKRIPTION JAPANISCHER WÖRTER UND NAMEN

Die lateinschriftliche Wiedergabe japanischer Wörter folgt dem Hepburn-System. Das gilt jedoch nicht für alle Eigennamen. Bei ihrer Umschrift wurden drei Prinzipien zugrunde gelegt. (1) Eigennamen sind Ausnahmen. (2) Autoren wissen, wie ihr eigener Name geschrieben wird. (3) Der Text dieses Buchs ist auf Deutsch geschrieben. Die beiden ersten Prinzipien haben zur Folge, dass auch in sich völlig stimmige und transparente Umschriftkonventionen auf Eigennamen nicht konsequent angewendet werden können. Lange Vokale in japanischen Wörtern wie z.B. *jinkō*, ‹Bevölkerung›, werden mit einem Makron gekennzeichnet. Wenn japanische Autoren, die in westlichen Sprachen publizieren, dieser Konvention nicht folgen, wird die von ihnen gewählte Schreibweise respektiert. Auf japanischsprachige Publikationen derselben Autoren wird jedoch mit der üblichen Transkription verwiesen. Manche Autoren werden somit in zwei Schreibweisen zitiert: z.B. *Atoh* und *Atō*, Kono und Kōno. Firmennamen wie z.B. von Verlagen werden in der von den Firmen gewählten Form wiedergegeben. So schreiben wir bspw. *Koubundou* und nicht *Kōbundō*, *Hara Shobo* und nicht *Hara Shobō*, da diese Verlage so firmieren, insbesondere auf ihrer Internetseite. Puristen werden daran Anstoß nehmen, diejenigen, die mit den Unvollkommenheiten des gesellschaftlichen Lebens und der Sprache umzugehen gelernt haben, nicht. Das dritte Prinzip bedeutet, dass Ortsnamen so geschrieben werden, wie sie in deutschsprachigen Atlanten und Nachschlagewerken zu finden sind, also: *Tokio, Osaka, Hokkaido* usw. statt *Tōkyō, Ōsaka, Hokkaidō* usw.

VORWORT

Die Gesellschaft Japans ist im Umbruch. Seit den 1990er-Jahren zwingen innere und äußere Kräfte die zweitgrößte Wirtschaftsnation der Welt zu Anpassungen und Reformen, deren Tragweite mit der erzwungenen Öffnung Japans in der Meiji-Zeit (1868–1912) und den Umwälzungen nach dem Zweiten Weltkrieg verglichen wird. Die Jahre des Wiederaufbaus und der hohen Wachstumsraten waren vorbei, und dank der internationalen Verflochtenheit der japanischen Wirtschaft wurden die Auswirkungen der Globalisierung der Märkte immer fühlbarer. Vorbei war auch die Phase der Aufholjagd mit den Industrienationen des Westens, denn Japan hatte auf vielen Gebieten die Spitze erreicht, was seinen Niederschlag nicht zuletzt in seiner gesunden Bevölkerung mit ihrer hohen Lebenserwartung fand. Gemessen an den Maßstäben, an denen der Erfolg von Gesellschaften heute gemessen wird, hatte Japan viel erreicht: Frieden, Wohlstand und Gesundheit. Aber der Erfolg brachte seine eigenen Risiken mit sich, vor allem die Ungewissheit, ob er für die Mehrheit der Menschen bewahrt bleiben kann oder ob ein Zerfall der Gesellschaft in Gewinner und Verlierer unvermeidlich ist. Die Wirtschaft wächst nur noch in Stellen hinter dem Komma, die Bevölkerung gar nicht mehr, wird dafür aber immer älter. Reich, alt, ohne Vorbild und seiner Errungenschaften nicht sicher, so stellt sich die japanische Gesellschaft heute dar und tastet sich auf dem unsicheren Weg zwischen Globalisierung und Entvölkerung voran. Dieses Buch bietet Einblicke in die Veränderungen, die sich gegenwärtig vollziehen und Japans Gesellschaft von Grund auf umformen. Keine der elementaren sozialen Beziehungen – zwischen Eltern und Kindern, zwischen Geschwistern, zwischen Mann und Frau, zwischen den Generationen, zwischen Lehrer und Schüler, zwischen Arbeitgeber und Arbeitnehmer – bleibt unberührt, und neue soziale Beziehungen entstehen. Anders als im letzten halben Jahrhundert, als Japan sich, zumindest was die

Ziele betraf, stark an den Vereinigten Staaten orientierte, muss es auf die drängenden Fragen von heute eigene Antworten finden. Sie werden für andere, die den Weg hoch entwickelter Industrienationen gehen, von Interesse sein, auch wenn ihre nationalen Institutionen sich von denen Japans unterscheiden.

Beim Schreiben dieses Buchs habe ich viel von Gesprächen mit Mitarbeiterinnen und Mitarbeitern des Deutschen Instituts für Japanstudien in Tokio profitiert, insbesondere Harald Conrad, Annette Schad-Seifert, Gabriele Vogt, Peter Backhaus und Matthias Koch, die mein Interesse an der Transformation der alternden Gesellschaft teilen. Es deckt sich über weite Strecken, ist aber nicht identisch mit meinem vorher verfassten Buch «Population Decline and Ageing in Japan: The Social Consequences». Die deutsche Fassung unterscheidet sich von der englischen im Detail mit manchen neueren Zahlen, nicht in den Kernaussagen. Viele davon bieten sich dazu an, Vergleiche mit anderen hoch entwickelten Industriegesellschaften anzustellen, auch und vor allem mit der deutschen.

F. C.
Tokio im Februar 2007

Sue Kobayashi ist 92. Als sie 1914 geboren wurde, war sie das zwölfte Enkelkind der Eltern ihrer Mutter, Sonoko und Minoru Tategawa. Aber ihre Großeltern hat sie nie wirklich gekannt. Die Eltern ihres Vaters waren schon vor ihrer Geburt gestorben, und ihre Großeltern mütterlicherseits starben im Alter von 60 und 64, bevor sie das dritte Lebensjahr vollendet hatte. Sue hat drei Urgroßenkel. Zwei von ihnen sieht sie regelmäßig, da eine ihrer Enkelinnen nur zwei U-Bahn-Stationen entfernt wohnt. Sie wohnt in einem Einzimmerapartment im Seniorenheim Yokufūen im Tokioter Stadtteil Suginami. Manche ihrer Mitbewohner und Mitbewohnerinnen sind Großeltern, aber einige beklagen sich darüber, dass ihre Töchter keine Kinder haben und ihnen die Freuden des Großelternseins vorenthalten. Sue hat nie erlebt, was es heißt, ein Enkelkind zu sein, aber sie hat viel Erfahrung als Großmutter und Urgroßmutter.

Medienrummel?

«Altersschock in Japan? Bis 2020 Vermögensvernichtung und permanentes Defizit?» (*Yomiuri Shimbun*, 24. September 2004); «Entvölkerung steht unmittelbar bevor» (*Asahi Shimbun*, 23. Februar 2005); «Die Lüge vom Geburtenrückgang» (*Newsweek Japan*, 16. Februar 2005); «Natürlicher Bevölkerungsrückgang in 24 Präfekturen. Mehr als eine Million 90 und älter» (*Asahi Shimbun*, 15. März 2005); «Wieder Rekordtief der Geburtenrate, 1,29, wie 2004» (*Asahi Shimbun*, 1. Juni 2005); «Geburtenrate fällt weiter auf Tiefststand» (*Kyodo News*, 2. Juni 2005); «Zukunftsaussichten: Zeitalter der Entvölkerung; neue Lebensstile, weiter fallende Geburtenrate» (*Mainichi Shimbun*, 22. August 2005); «Leitartikel: Nachdenken über Geburtenrückgang» (*Mainichi Shimbun*, 18. April 2005); «Spendenschwemme. Die wenigen Kinder sollen nicht alles erben» (*Nihon Keizai Shimbun*, 14. August 2005); «Gesundheitskosten 70 Billion Yen. Der Albtraum von 2025» (*Nihon Keizai Shimbun*, 5. September 2005); «Jeder fünfte über 65. Höchste Quote der Industrieländer» (*Asahi Shimbun*, 19. September 2005); «Erster natürlicher Bevölkerungsrückgang früher als erwartet» (*Nihon Keizai Shimbun*, 22. Dezember 2005); «Geburtenrate 2005 noch niedriger: 1,26» (*Yomiuri Shimbun*, 29. Dezember 2005); «Bevölkerungsrückgang» (*Ronza*, Sondernummer Dezember 2005); «Geburtenrate fällt auf um 1,2. Auswirkungen auf die Renten» (*Nihon Keizai Shimbun*, 17. Dezember 2006); «Studie: Bevölkerungsrückgang um 30% bis 2055» (*The Japan Times*, 21. Dezember 2006).

Kaum ein Thema bewegt Japan gegenwärtig so sehr wie der demographische Wandel, der seinen Ausdruck in zunehmender Lebenserwartung und abnehmender Geburtenrate findet. Kein Tag geht vorüber, ohne dass der eine oder andere Aspekt dieser Entwicklung in den Medien behandelt wird. Die oben zitierten Schlagzeilen entstammen auflagenstarken Tageszeitungen und Periodika. Ergänzt werden sie durch eine Flut von Büchern, Zeitschriften, Fernseh- und Radiosendungen, Internetforen, Diskussionsgruppen in Stadthallen und einem nicht endenden Strom von Leserbriefen zu diesem Thema. Die japanische Regierung hat auf verschiedenen Gebieten neue Gesetze geschaffen und bestehende novelliert, um der Problematik zu begegnen, dem Politiker auf lokaler, regionaler und nationaler Ebene ihre Aufmerksamkeit schenken müssen. Der demographische Wandel hat Japan nicht unversehens heimgesucht, und er wird das Land auf absehbare Zeit begleiten. Der Medienrummel um das Thema mag deshalb überraschend erscheinen, da die einzelnen Fakten weder unerwartet noch wirklich sensationell sind. Aber die Folgen der Bevölkerungsalterung sind so mannigfaltig, dass davon kein gesellschaftlicher Bereich, keine Institution und kein Individuum unberührt bleiben. Darauf reagiert die Gesellschaft. Legt man die für 2005 errechnete niedrige Geburtenrate von 1,25 Kindern pro Frau im gebärfähigen Alter langfristigen Hochrechnungen zugrunde, dann wird die letzte Japanerin statistisch in 953 Jahren das Licht der Welt erblicken und sich daran, wenn auch einsam, weit über 100 Jahre lang erfreuen. Obwohl sich nur wenige Hoffnung machen, diese Voraussage verifizieren zu können, finden manche in Japan diese Aussicht beunruhigend. 76 Prozent der Befragten einer Enquete der Zeitung *Mainichi Shimbun* gaben an, angesichts der Tatsache, dass Alterung und Entvölkerung voranschreiten, Unbehagen zu empfinden[1], und einer Umfrage der *Nihon Keizai Shimbun* zufolge betrachten 77 Prozent den Bevölkerungsrückgang als eine «finstere Aussicht»[2].

Des Problems der Bevölkerungsalterung und seiner diversen Konsequenzen ist man sich in Japan sehr bewusst. Die Menschen haben daran ein aktives Interesse, weil praktisch jeder betroffen ist oder andere kennt, die es sind: Menschen, die erlebt haben, wie eine Grundschule in eine Altentagesstätte verwandelt wurde; Berufstätige, die sich zerreißen, um ihrer Arbeit und ihren pflegebedürftigen Eltern gerecht zu werden; Alte, die wegen steigender Gesundheitskosten und stagnierender Renten in Sorge leben; junge Paare, die zögern, noch ein Kind zu kriegen, weil sie das Schulgeld unerschwinglich und schon für ein Kind zu teuer finden. Politiker, die nach einer Rentenreform rufen und ihre eigenen Beiträge nicht bezahlen, entgehen den Medien ebenso wenig wie vereinsamte Betagte, die niemanden haben, der sich um sie kümmert und deshalb ihrem Leben ein Ende machen.

Die demographische Entwicklung Japans bringt freilich nicht nur Probleme und Unzufriedenheit mit sich. Mit 42,64 Jahren (2005) hat Japan das höchste Medianalter der Welt. Diese Zahl bedeutet, dass die Hälfte der Bevölkerung über und die Hälfte der Bevölkerung unter 42,64 Jahren ist. Das ist eine große Errungenschaft und der Beweis einer erfolgreichen Gesellschaft. Die Japaner sind nicht nur alt, sie sind auch gesund. Viele ältere Menschen ernten heute die Früchte eines arbeitsamen Lebens und erfreuen sich relativ sorgenfreier Jahre des Ruhestands in guter Gesundheit und ohne wirtschaftliche Not. Obwohl es in Einzelfällen Armut und Bedrängnis gibt, geht es der Generation der heutigen Rentner gut. Viele von ihnen können sich einen Lebensstil leisten, vom dem ihre Eltern noch nicht einmal geträumt haben, und ihren Kindern hinterlassen sie nie da gewesene Reichtümer. Japan ist eine reiche Gesellschaft, die es ihren Mitgliedern erlaubt, in Frieden alt zu werden. Sie sterben weder während der gefährlichen ersten Lebensmonate noch durch Krankheit, Krieg oder Gewalt; sie sterben nicht an Alkohol, Tabak oder fettem Essen. Darauf kann man stolz sein.

Gemessen am Bruttonationalprodukt oder Bruttoinlandsprodukt pro Kopf, Säuglingssterblichkeit, Lebenserwartung, Bildungsniveau, Gesundheitsfürsorge und Beschäftigung, schneidet Japan im Vergleich mit fast allen Ländern gut ab. In Bezug auf die Lebenserwartung bei Geburt, definiert als die durchschnittliche Zahl der Lebensjahre einer im selben Jahr geborenen Bevölkerungsgruppe bei gleichbleibender Mortalität, ist Japan praktisch allen anderen Ländern voraus. In dem viel zitierten Index *nationmaster. com* rangiert Japan mit 81,15 Jahren auf Platz sechs, aber die Plätze eins bis fünf nehmen unvergleichbare Zwergstaaten ein: Andorra, Macao, San Marino, Singapur und Hongkong. Andere große Industriestaaten finden sich auf der Liste viel weiter unten: Deutschland auf Platz 34, Großbritannien auf Rang 38 und die Vereinigten Staaten auf Platz 46. Das Statistische Amt der japanischen Regierung gibt die Lebenserwartung bei Geburt für beide Geschlechter gemeinsam mit 85,49 an (2007).[3]

Japan ist auch eines der reichsten Länder der Welt. In dem erwähnten Index *nationmaster.com* steht es auf dem zwanzigsten Platz, aber wenn man von Steueroasen wie den britischen Virgin Islands, Guernsey, Jersey, Bermudas, San Marino und den Cayman-Inseln sowie einigen sehr kleinen Ländern wie Österreich, der Schweiz, Norwegen, Luxemburg und Island absieht, gehört es nach Kaufkraftparität zu den reichsten fünf oder sechs Ländern, je nachdem, welchen Index man befragt. Nach einer Studie der Universität der Vereinten Nationen von 2006 stehen die Japaner gemessen an Pro-Kopf-Vermögen mit 181,000 an der Weltspitze.[4] Schon seit vielen Jahren ist Japan außerdem das größte Gläubigerland der Welt. Dadurch werden zwar Herr und Frau Tanaka nicht unbedingt reicher, aber es ist ein Zeichen von Japans großer Wirtschaftsmacht.

Trotz dieses Reichtums sind die Menschen in Japan nicht nur glücklich und zufrieden. Dass 95 Prozent der Befragten einer Studie des Forschungsinstituts der staatlichen Rundfunkanstalt NHK im Jahr 2003 bekannten, «froh zu sein, als Japaner geboren zu sein»,[5] kann kaum als Indiz der Zufriedenheit mit dem eigenen Leben gelten. Vielmehr deutet dieses Ergebnis auf ein ausgeprägtes Zugehörigkeits- und Identitätsgefühl hin und darauf, dass die meisten Japaner sich nicht vorstellen können, irgendwo anders zu leben, und ihr gegenwärtiges Leben Alternativen, die sie nicht kennen, vorziehen. Nach der NHK-Umfrage waren die Werte für die Zufriedenheit mit dem Leben in den beiden Jahrzehnten von 1983 bis 2003 stabil. Eine stetige Mehrheit von 61 Prozent der Befragten war «einigermaßen zufrieden» (*yaya manzoku*). Dabei ist diese etwas unverbindliche Antwort für die japanische Einstellung zum Glück als gesellschaftlichem Wert ebenso bezeichnend wie für die von den Japanern empfundene Zufriedenheit. Im internationalen Vergleich sind Japaner weniger glücklich als Bürger anderer hoch entwickelter Industrieländer, aber auch mancher Entwicklungsländer wie Venezuela, Indonesien oder die Philippinen.[6] Solche internationalen Vergleiche der Zufriedenheit mit dem Leben sind schwierig und problematisch, denn das «Streben nach Glück», wie es in der amerikanischen Verfassung festgeschrieben ist, ist nicht so universell, wie es aus westlicher Sicht erscheint. Dennoch ist die Bewertung der Zufriedenheit der Japaner mit ihrem Leben geringer, als es andere Indizes wie Reichtum, Langlebigkeit, Gesundheit und Sicherheit erwarten ließen. Aussagekräftiger als internationale Vergleiche ist vielleicht die Tatsache, dass der Anteil der Japaner, die nicht zufrieden sind oder dazu keine Auskunft geben, von 1998 bis 2003 um drei Prozent zugenommen hat.[7]

In Anbetracht der starken Präferenz für unverbindliche Antworten auf die Frage nach der Zufriedenheit mit dem Leben muss ein Rückgang des Zufriedenheitsindexes um drei Prozent als Zeichen wenn nicht der Krise, so doch des Wandels betrachtet werden. Viele Japaner bemerken, dass es immer schwieriger wird, den von der jetzigen Rentnergeneration erreichten hohen Lebensstandard aufrechtzuerhalten. Trotz materiellen Wohlstands haben sie vielfältige Sorgen, echte und vermeintliche. In den 1990er-Jahren nahmen Konkurse, Arbeitslosigkeit und Obdachlosigkeit zu, und Selbstmord nahm pandemische Ausmaße an. 2003 nahmen sich 34 427 Japaner und Japanerinnen das Leben,[8] ein bedrückender Rekord nach einem Jahrzehnt stetig steigender Selbstmordziffern. Am meisten betroffen sind zwei Gruppen, ältere Menschen über 60 und Verschuldete, beide Opfer des Erfolgs.

Diskurs der Veränderung

Der Rückgang der Zufriedenheit mit dem Leben, obwohl geringfügig in absoluten Zahlen, reflektiert ein Gefühl des Umbruchs, das in Japan um die Jahrhundertwende um sich gegriffen hat. Er kommt in vielen öffentlichen Diskussionen zum Ausdruck, in denen Stimmen von Veränderung sprechen oder solche fordern. Es gibt zahlreiche Diskussionen darüber, wo Japan steht und in welche Richtung es gehen soll. Sie kreisen um eine Reihe von Schlüsselbegriffen, die heute in den Medien ebenso wie unter Experten allgegenwärtig sind:

- überalterte Gesellschaft
- (Maßnahmen gegen) Geburtenrückgang
- Zeitalter der Entvölkerung
- Eheaufschub
- Gleichstellung von Männern und Frauen
- Rentenlast
- Differenzgesellschaft.

Überalterte Gesellschaft (*chōkōrei shakai*)

Der Diskurs über die soziale Alterung begann in Japan bereits in den 1980er-Jahren. Demographen hatten die kommende Problematik schon früh erkannt, nicht aber die Geschwindigkeit, mit der sich Japan von einer jungen in eine alte Gesellschaft verwandeln sollte. Nach dem Zusammenbruch im Zweiten Weltkrieg betrug das Medianalter Japans 22 Jahre. Zum Zeitpunkt der Niederschrift dieser Zeilen, im Winter 2006, hatte es sich auf über 43 Jahre beinahe verdoppelt. An diesem Parameter gemessen, ist Japan nur ein Land voraus, Monaco, das kollektive Altersheim für Betuchte an der Mittelmeerküste. Viele junge Japaner werden es erleben, dass das Medianalter auf 50 Jahre ansteigt.[9] Unmittelbar nach dem Krieg trug die rasche Senkung der Kindersterblichkeit wesentlich zur Bevölkerungsalterung bei, aber die Zugewinne der Bevölkerungshälfte unter dem Medianalter wurden durch die fallende Geburtenrate ausgeglichen. Schon seit über drei Jahrzehnten gehört Japan zu den zwei oder drei Ländern mit der geringsten Kindersterblichkeit der Welt (2005: 3,26/1000). Die Zunahme des Medianalters ist daher vorwiegend auf das Anwachsen der Lebenserwartung der Älteren zurückzuführen, das seinerseits bahnbrechende Fortschritte der gerontologischen Medizin reflektiert. 1989 machten die Älteren (ab 65) 11,6 Prozent der japanischen Bevölkerung aus. In der Zwischenzeit ist ihr Anteil auf 20 Prozent gestiegen und damit in greifbare Nähe der definitorischen Marke gekommen, die den Übergang von einer alten in eine überalterte (auch hyperalte) Gesellschaft kennzeichnet.

Man spricht von
Alternder Gesellschaft   Bevölkerung 65 und darüber 7–14 %
Alter Gesellschaft   Bevölkerung 65 und darüber 14–21 %
Überalterter Gesellschaft   Bevölkerung 65 und darüber 21 %

Die Geschwindigkeit dieser Entwicklung kam durch die Übernahme der Fachtermini im öffentlichen Diskurs deutlich zum Ausdruck. Eine Stichprobe von Zeitungsschlagzeilen Mitte September vor dem «Feiertag zu Ehren der Alten» von 1980 bis 2005 ergab, dass der Begriff *kōreika shakai*, ‹alternde Gesellschaft›, von Mitte der 1980er-Jahre bis in die frühen 90er-Jahre häufig verwendet wurde, um dann durch *kōrei shakai*, ‹alte Gesellschaft›, ersetzt zu werden. In den späten 90er-Jahren begannen die Begriffe *chōkōreika shakai* und *chōkōrei shakai*, ‹überalternde› bzw. ‹überalterte Gesellschaft›, häufiger verwendet zu werden. Aus dem Vokabular der Wissenschaft sind diese Begriffe in die Umgangssprache übernommen worden, was darauf hindeutet, dass die Japaner begonnen haben, sich selbst als eine alternde, ja eine überalterte Gesellschaft zu begreifen.

Geburtenrückgang (*shōshika*)

Der öffentliche Diskurs über den Bevölkerungswandel beschäftigt sich nicht nur mit der wachsenden Zahl der Alten, sondern auch mit dem Ausbleiben des Nachwuchses. Seit einem Vierteljahrhundert ist die Anzahl der in Japan geborenen Kinder Jahr für Jahr zurückgegangen. Als Folge davon hat sich die Bevölkerungsstruktur so verändert, dass der Anteil der älteren Bevölkerung (ab 65) jetzt größer ist als der der Kinder (bis 15). 1950 machten Letztere 35,4 Prozent der Gesamtbevölkerung aus, Erstere 4,9 Prozent. 2003 war die junge Bevölkerungskohorte auf 14 Prozent geschrumpft, die ältere auf 19 Prozent angewachsen.[10] In Japan werden zu wenige Kinder geboren. Eine Zeit lang richtete sich die Aufmerksamkeit fast ausschließlich darauf, wie die wachsende Schar der Alten die Gesellschaft verändert. Dann kam der Umschwung, der das andere Ende der Bevölkerungspyramide ins Blickfeld rücken ließ, die schwindende Zahl der Geburten. Man ist besorgt. Zwar gibt es auch Gegenstimmen, die das für verfehlt halten. So hat die Soziologin Chizuko Ueno behauptet, die niedrigen Geburtenraten der «ehemaligen Achsenmächte» Japan, Deutschland und Italien ließen sich als Ergebnis eines «unterbewussten Gebärstreiks von Frauen gegen Machotum» erklären.[11] Weniger radikal, aber auch nicht ganz politisch korrekt belebte der Kultursoziologe Manabu Akagawa die Debatte mit einem 2004 erschienenen Buch, «Weniger Kinder – na und!». Er vertritt den Standpunkt, dass der Ruf nach politischen Maßnahmen zur Umkehrung der fallenden Geburtenrate alarmistisch und verfehlt sei, da Japans Bevölkerungsdynamik keineswegs absonderlich sei, sondern dem typischen Muster hoch entwickelter Industrienationen entspreche. Der öffentliche Diskurs über die Bevölkerungsentwicklung wird jedoch weniger durch internationale als durch heimische Vergleiche beeinflusst. Dank der intensiven Berichterstattung ist nicht nur allgemein bekannt, dass die Geburtenrate heute viel niedriger ist als in der Vergangenheit, es sind auch weite Kreise der Gesellschaft davon überzeugt, dass das ein Grund zur Sorge ist.

Seit 1947 ist Japans zusammengefasste Geburtenrate von 4,54 auf 1,25 Kindern pro Frau weit unter 2,07 gefallen – die Anzahl von

Kindern, die pro Frau geboren werden müssten, um die Bevölkerung stabil zu halten. Aus zahllosen Artikeln und Leserbriefen in der Tagespresse geht hervor, dass viele Japaner gezielte Gegenmaßnahmen befürworten. In einer Meinungsumfrage der Zeitung *Asahi Shimbun*[12] gaben 78 Prozent der Befragten an, sich für die sinkende Geburtenrate zu interessieren. Die Frage, ob es einfach sei, heute in Japan Kinder großzuziehen, beantworteten fast ebenso viele, 74 Prozent, mit einem klaren Nein. Und auf die Frage, ob die Kinderaufzucht eine Freude oder eine Last sei, waren die Antworten fast gleich geteilt, 45 zu 44 Prozent zugunsten derer, die Kinder mehr als Freude denn als Last sehen. In Verbindung mit oft wiederholten Umfragen, die ergeben haben, dass die tatsächliche Anzahl der Kinder pro Familie geringer ist als die für ideal gehaltene, deuten diese Ergebnisse auf einen der Hauptgründe für die relativ geringe Zufriedenheit der Japaner im frühen einundzwanzigsten Jahrhundert hin. Aus verschiedenen Gründen sind sie nicht dazu in der Lage, sich an ihrem Nachwuchs zu erfreuen. Die öffentliche Diskussion darüber ist durch stark divergierende Politikempfehlungen gekennzeichnet, die von dem Ruf nach einer kinderfreundlicheren Umgebung und mehr Geschlechtergleichstellung auf dem Arbeitsmarkt zur beratenden Unterstützung von Ehen und Beziehungen, großzügigerem Kindergeld und der aktiven Förderung positiver Einstellungen zu Familie und Elternschaft reichen. Auf diese Empfehlungen wird in späteren Kapiteln einzugehen sein. Die allgemeine Stimmung hat ein Leitartikel der *Asahi Shimbun* eingefangen:

> Die japanische Bevölkerung erreicht 2006 ihr Maximum und wird dann zurückgehen. Daran ist nichts zu ändern. Aber wir sollten eine Gesellschaft schaffen, in der junge Menschen es leichter finden, Kinder zu kriegen.[13]

Allein die Tatsache, dass diese Problematik so häufig in Leitartikeln und Kommentaren aufgegriffen wird, deutet auf ihre große gesellschaftliche Bedeutung hin. Dabei besteht bezüglich der Wünschbarkeit von Kindern kein Konsens. Vielmehr geht durch die japanische Gesellschaft von heute eine tiefe Spaltung. In der Vergangenheit hat die überwältigende Mehrheit junger Männer und

Frauen geheiratet, und es war nur selbstverständlich, dass sie dann Kinder bekamen. Das ist nicht mehr der Fall. Nicht weniger als 50 Prozent der Befragten der NHK-Enquete von 2003 verneinten, dass die Eheschließung «selbstverständlich Kinder impliziert», 10 Prozent mehr als 1993, als 40 Prozent Heirat ohne Kinder akzeptabel fanden.[14] Besonders auffällig ist, dass der Anteil der jungen Frauen bis 35, die der Meinung sind, keine Kinder zu haben, sei akzeptabel, nicht nur viermal so groß ist wie der ihrer Geschlechtsgenossinnen, die denken, dass Kinder zu kriegen «natürlich» (*tōzen*) sei, sondern auch größer als die der gleichaltrigen Männer, die ohne Kinder leben können. Viele Beobachter stimmen angesichts dieser Befunde mit der Schlussfolgerung der NHK-Enquete überein, dass «ernst gemeinte Maßnahmen gegen den Geburtenrückgang (*shōshika taisaku*) bei der männlichen Dominanz in der Gesellschaft ansetzen müssen».[15]

Zeitalter der Entvölkerung (*jinkō genshō no jidai*)

Japans niedrige Geburtenrate wird schon lange öffentlich diskutiert, aber die Tatsache, dass sie die Bevölkerungsschrumpfung nach sich zieht, ist erst in jüngster Zeit zu einem Thema geworden, das nicht nur auf wissenschaftlichen Tagungen und in Behörden besprochen wird, sondern auch in Bürgerversammlungen und Fernsehsendungen mit Zuschauerbeteiligung. Denn die extrem niedrige Fertilitätsrate, die zu Japans Bevölkerungsimplosion geführt hat, haben selbst Demographen nicht vorausgesehen, wie aus den Prognosen hervorgeht, die immer wieder revidiert werden mussten. Mitte der 1970er-Jahre wurde eine Entwicklung prognostiziert, nach der die Bevölkerung bei weiterem, sich aber langsam abschwächendem Wachstum um 2020 mit 140 Millionen ihren Gipfel erreichen würde. Die Geburtenrate von 1990 war dann für die Regierung ein Schock, weil sie mit 1,57 noch unter dem ‹1,58-Schock› von 1966 lag, den man für einen dem Aberglauben geschuldeten Ausreißer halten konnte. Denn 1966 war in dem Sechzigjahreszyklus des traditionellen chinesischen Kalenders das Jahr des Feuerpferdes. Da in einem solchen Jahr geborene Mädchen ihren

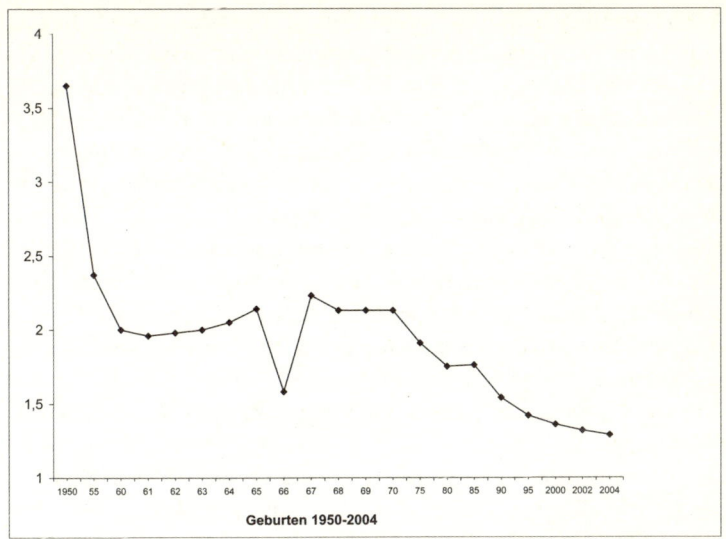

Abb. 1.1: Japans Geburtenrate, 1950–2004. Das spitze Tal in der Kurve zeigt den drastischen Einbruch im Jahr des Feuerpferds, also 1966, an.
Quelle: Kokuritsu Shakaihoshō Jinkōmondai Kenkyūsho 2004

Männern Tod und noch ärgeres Unglück bringen und deshalb als Ehepartner gemieden werden, verzichteten viele Paare in weiser Voraussicht in diesem Jahr auf die Reproduktion. Für das Fertilitätstief von 1966 ließ sich somit eine kulturelle Erklärung finden, aber für 1990 gab es kein Feuerpferd als Sündenbock. Im Rückblick waren die 1,57 von 1990 hoch im Vergleich zu der für 2005 errechneten Geburtenrate von 1,25. Schon die Projektion des Forschungsinstituts für Bevölkerung und Soziale Sicherheit von 1997 rechnet mit einem Bevölkerungsrückgang auf 100 Millionen bis zum Jahr 2050 (Atoh 2000: 4).

Dank der niedrigen Kindersterblichkeit reicht eine Geburtenrate von 2,07, um Japans Bevölkerung stabil zu halten. 1974 unterschritt die Geburtenrate zum ersten Mal diesen Wert und ist seither weiter gefallen. Da die Sterberate ebenfalls sank, führte die niedrige Geburtenrate nicht sofort zum Bevölkerungsrückgang, aber nach drei Jahrzehnten Fertilität unter Ersatzniveau ist bereits die nächste

Frauengeneration im gebärfähigen Alter geschmälert, und die Bevölkerungsschrumpfung ist nun unausweichlich. Eine Geburtenrate unter Ersatzniveau ist freilich kein Spezifikum Japans, sondern eine Tendenz, die es mit den meisten entwickelten Industrieländern teilt. In Frankreich, Deutschland, Großbritannien, Italien, Spanien, den Niederlanden und den skandinavischen Ländern sank die zusammengefasste Geburtenrate in den 1970er- oder 80er-Jahren unter 2,0. Eine Ausnahme stellen die Vereinigten Staaten von Amerika dar, wo die Geburtenrate dank Immigration, Nationalismus und Religiosität weiter über 2,0 liegt. Für Japan ist das von großer Bedeutung, da Amerika bei der Gestaltung einer überalterten Gesellschaft anders als bei den meisten Neuerungen im Laufe der letzten vier Jahrzehnte keine Orientierung bieten kann (Yokoyama 2006). Japan ist der Vorreiter.

Die japanische Volkszählung 2005 wurde unter der Voraussetzung vorbereitet und durchgeführt, dass die Bevölkerung 2006 mit 127 Millionen ihren Höchststand erreichen würde. Die im Voraus an alle Haushalte verteilte Broschüre zeigt in einer Grafik die Bevölkerungsentwicklung seit 1920 und die Prognose bis 2050, wobei die Zuwachsrate als Kurve über die absoluten Zahlen gelegt ist (Abb. 1.2). Nach dieser Prognose wird die fallende Geburtenrate von 2006 an die Gesamtbevölkerung bis 2050 auf 100 Millionen zurückgehen lassen. Andere Berechnungen ergeben einen noch stärkeren Bevölkerungsrückgang. Die wahrscheinliche Triftigkeit verschiedener Prognosen können nur Fachleute beurteilen. Ihre Veröffentlichung hat jedoch bewirkt, dass die ganze Gesellschaft gründlich auf Japans Eintritt in die beginnende Epoche der Entvölkerung vorbereitet ist. Die tatsächliche Schrumpfungsrate ist dabei weniger wichtig als die Tatsache, dass sowohl Entscheidungsträger als auch die Gesellschaft heute von einem negativen Bevölkerungswachstum auf Jahrzehnte ausgehen. In der Politik werden dementsprechend die Stimmen lauter, die fordern, dass der Bevölkerungsrückgang zur Grundlage der Sozial-, Renten-, Wirtschafts-, Bildungs- und Regionalpolitik gemacht wird. Die Schlussfolgerungen der zitierten NHK-Enquete sind repräsentativ:

Maßnahmen gegen Geburtenrückgang sind jetzt zu einem wichtigen Anliegen der Politik des Landes geworden. Das Problem der Nachhaltigkeit der Renten, der Krankenversicherung sowie anderer Aspekte des sozialen Fürsorgesystems sind ebenfalls ins Blickfeld gerückt. Eine Blaupause für die Gesellschaft, die von der Bevölkerungsschrumpfung ausgeht, ist dringend erforderlich.[16]

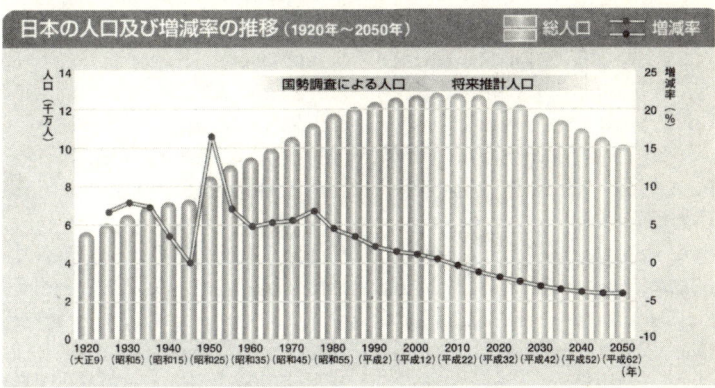

Abb. 1.2: Bevölkerungsrückgang
Quelle: National Institute of Population and Social Security Research, 2002 projection, vor der Volkszählung im Oktober 2005 an alle Haushalte verteilt

Eheaufschub (*bankonka*)

Mitte der 1980er-Jahre wurden unverheiratete Frauen über 25 abfällig als *kurisumasu kēki* (Weihnachtskuchen) bezeichnet, wobei auf die Gewohnheit angespielt wird, am 24. Dezember abends einen als solchen dekorierten Weihnachtskuchen mit nach Hause zu nehmen, der dann am 25. ein Ladenhüter ist. Damals galt 24 als ideales Heiratsalter für Frauen. Seither hat sich das Eheschließungsverhalten stark verändert. Ein deutlicher Trend weg von der arrangierten Ehe zur Liebesheirat kann als Anzeichen sich wandelnder Erwartungen an die Ehe gedeutet werden. Zwar ist ein Kausalzusammenhang hier schwer nachzuweisen, aber die Gleichzeitigkeit der Entwicklung ist augenfällig. Während die Präferenz für die Liebesheirat zunahm, haben sowohl Männer als auch Frauen den Zeitpunkt der Eheschließung immer weiter aufgeschoben. Da die Zahl unehelich geborener Kinder in Japan wesentlich niedriger ist als in anderen Industrieländern und statistisch praktisch vernachlässigbar ist, drückt die spätere Eheschließung die Geburtenrate weiter, da sich die reproduktiven Lebensjahre der Frauen dadurch verringern. Ebenso wirkt sich die Tatsache aus, dass die Fruchtbarkeit mit dem Alter abnimmt, denn das durchschnittliche Heiratsalter liegt inzwischen über dem der maximalen weiblichen Fekundität (24–29). Nach den offiziellen Statistiken der japanischen Regierung betrug das Alter bei der ersten Eheschließung 2005 für Männer 29,8 und für Frauen 28,0 Jahre.[17] Das mittlere Alter bei der ersten Geburt war 29,1. Zwischen Oberschulabschluss und Heirat lassen Frauen heute mehr als ein Jahrzehnt vergehen und nach dem Universitätsabschluss noch mehr als ein halbes.

In den 1990er-Jahren wurde *bankonka*, der ‹Trend zum Eheaufschub›, ein Schlagwort, das die Auffassung, dass die späte Heirat die Ursache der fallenden Geburtenrate sei, auf den Begriff brachte. Das Gegenstück *bansanka*, der ‹Trend zur späten Geburt›, kam gleichzeitig in Gebrauch, was die hohe Korrelation zwischen Ehe und Kindern widerspiegelt. Seit den 1970er-Jahren ist ein Anstieg der unverheirateten Bevölkerung zu beobachten. Da unter dieser Kategorie Menschen aller Altersgruppen erfasst werden, ergibt sich dieser Anstieg zum Teil aus dem Trend zur späteren Ehe, von dem seit Thomas Robert Malthus (1766–1834) bekannt ist, dass er das Bevölkerungswachstum bremst. Der englische Geistliche, Nationalökonom und Urheber der Malthus'schen Bevölkerungstheorie lehrte, dass alle sozialen Missstände dadurch behoben werden könnten, dass die Familiengröße reguliert wird, insbesondere die der niederen Klassen, die dazu neigten, mehr Kinder zu erzeugen, als sie ernähren konnten.[18] Malthus' Annahme, dass das Bevölkerungswachstum nur durch Hunger begrenzt wird, hat sich als falsch erwiesen, und die auf seiner Lehre beruhende Gesellschaftsplanung ist deshalb diskreditiert. Die Grundidee, dass Bevölkerungsplanung im Interesse der gesellschaftlichen Wohlfahrt erforderlich ist, hat jedoch noch immer viele Anhänger, wie z. B. Chinas Ein-Kind-Politik bezeugt. In Japan ging die Geburtenrate freilich im Wesentlichen ohne staatliche Intervention aufgrund individueller Entscheidungen zurück. Dazu gehört der Trend zum Eheaufschub, der

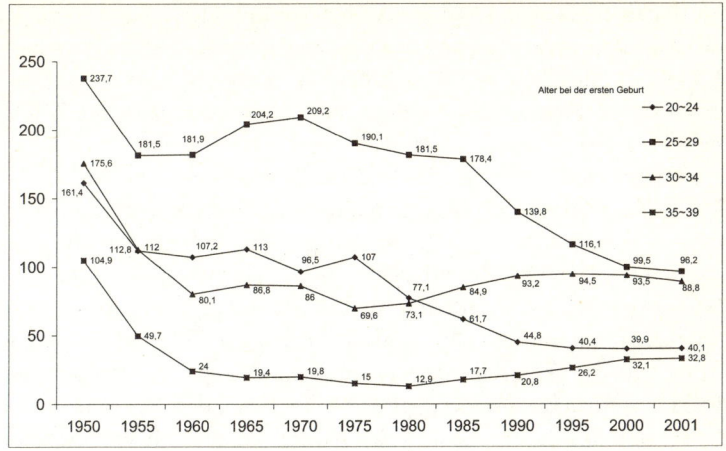

Abb 1.3. *Bansanka,* ‹der Trend zur späten Geburt›
Quelle: Kokumin Seikatsu Hakusho 2003

keinerlei Abschwächung oder gar Anzeichen der Umkehrung erkennen lässt. Da dieser Trend so stark mit der sinkenden Geburtenrate korreliert, wird er von manchen Beobachtern sehr kritisch als Ausfluss eines verwestlichten individualistischen, um nicht zu sagen egoistischen Lebensstils betrachtet.

Statt die Verantwortung für eine Familie auf sich zu nehmen, führen die jungen Leute ein sorgloses Leben mit reichlich Geld für den Konsum – so argumentieren die Kritiker. In den späten 1990er-Jahren begannen die Soziologen Miyamoto, Iwagami und Yamada (1997), diese Generation wegen ihres üppigen Lebensstils als *dokushin kizoku,* ‹Adel der Ledigen›, oder *shinguru kizoku,* ‹Adel der Singles›, zu bezeichnen. Ein paar Jahre später brachte der Familiensoziologe Masahiro Yamada den Begriff *parasaito shinguru,* ‹ledige Schmarotzer›, in Umlauf, der ebenso wie *dokushin kizoku* von den Massenmedien aufgegriffen und in die öffentliche Diskussion eingeführt wurde, wo er offenkundig die allgemeine Stimmungslage widerspiegelte. Dass immer weniger Kinder geboren werden, wird als Problem empfunden, und die Schuld daran wird denen zugewiesen, die, statt selbstständig zu werden, bei und von ihren Eltern leben. Statt die nächste Generation von Rentenkasseneinzahlern großzuziehen, geben sie sich dem Konsumrausch und anderen hedonistischen Vergnügungen hin. Der Versuchung, die junge Generation für die Nöte der Gesellschaft verantwortlich zu machen, konnten die Medien nicht widerstehen. Es wurde sogar eine Webseite eingerichtet, auf der man selbst überprüfen kann, ob man nach den gängigen Kriterien zu den ‹ledigen Schmarotzern› gehört.[19]

Die These, dass junge Menschen nicht heiraten, weil sie dadurch ihren Lebensstandard gefährden würden, blieb freilich nicht unwidersprochen. Der Begriff der ‹ledigen Schmarotzer› ist als einseitig kritisiert worden, denn während er den 60 Prozent unverheirateten Männern und 80 Prozent unverheirateten Frauen zwischen 24 und 30, die bei ihren Eltern leben (Yamada 1999), ein prägnantes Etikett aufdrückt, unterschlägt er die Tatsache, dass der verstärkte Eheaufschub und der Anstieg der Anzahl bei den Eltern lebender erwachsener Kinder mit einem Anstieg von Arbeitslosigkeit und irregulären Beschäftigungsverhältnissen (sog. *freeter*, nämlich freie ‹Arbeiter›) in dieser Alterskohorte koinzidierte. Viele junge Männer und Frauen erfreuen sich keineswegs des Luxus einer neuen Nobilität, sie heiraten nicht, weil sie es sich nicht leisten können (Genda 2000). Frauen, die *freeter* sind, sind häufiger unverheiratet als ihre Altersgenossinnen mit einer geregelten Berufslaufbahn. Unsichere Beschäftigungsaussichten in den 1990er-Jahren haben sich auf diese Tendenz stark ausgewirkt. Zu ‹ledigen Schmarotzern› wurden die jungen Menschen weniger durch lustvolle Entscheidung als gezwungenermaßen aufgrund des enger werdenden Arbeitsmarkts. Freiwillig wären sie weder ledig noch Schmarotzer. Die Popularität des von Yamada geprägten Begriffs zeugt von der Bereitschaft der Gesellschaft, eine leicht verständliche Erklärung unwillkommener Entwicklungen zu akzeptieren, wie von der großen Wertschätzung, der sich die Ehe als Lebensform weiterhin in Japan erfreut, obwohl der Druck zu heiraten in den letzten Jahren geringer geworden und mehr Spielraum für individualistischere demographische Verhaltensweisen entstanden ist.

Gleichstellung von Männern und Frauen
(*danjo dōsankaku*)

Welcher Zusammenhang besteht zwischen Geburtenrückgang und der weiblichen Erwerbsbeteiligung? In den 1990er-Jahren wurde diese Frage intensiv diskutiert, denn der Zielkonflikt zwischen Fertilität und Beschäftigung der Frauen war im Laufe der 80er-Jahre immer deutlicher geworden. Das ist darauf zurückzuführen, dass viele Frauen aus unbezahlter Hausarbeit und Familienbetrieben in bezahlte Anstellungen gewechselt sind, wodurch die Opportunitätskosten des Kinderkriegens deutlicher ins Blickfeld gerückt sind. Die steigende weibliche Erwerbsbeteiligung hat, anders ausgedrückt, das Zeitgefühl verändert. Die am Arbeitsplatz verbrachte Zeit wurde als wertvoller angesehen als die für Kindererziehung und Haushalt aufgebrachte Zeit. Die Vorstellung, dass bezahlte Arbeit lohnender ist, und die steigende Notwendigkeit von Doppeleinkommen entwickelten sich gleichzeitig. Wirtschaftliche Notwendigkeit und ideologische Umorientierung bewirken gemeinsam einen Wandel der Geschlechterrollen und damit der japanischen Familie. 1972 befürworteten 22 Prozent der Frauen und 21 Prozent der Männer ein Familienmodell, das auf ‹Partnerschaft› im Unterschied zu geschlechtsspezifischer Arbeitsteilung beruht. 2003 war die Zustimmung zu einem partnerschaftlichen Familienmodell auf 48 bzw. 43 Prozent angewachsen.[20]

Wie in anderen Industrieländern auch konkurrieren Frauen heute sehr viel selbstbewusster mit Männern auf dem Arbeitsmarkt. Einen symbolischen Niederschlag fand diese Entwicklung in dem langwierigen Kampf um das Recht der Frau, nach der Eheschließung ihren väterlichen Namen beizubehalten. Gegen erbitterten konservativen Widerstand hat die Option *fūfū bessei*, ‹unterschiedliche Namen für Eheleute›, in der öffentlichen Meinung stark an Boden gewonnen (Tomioka und Yoshioka 2001).[21] Zwar besteht zwischen Veränderungen der Einstellung zum Namenrecht und solchen der Geburtenrate keine direkte Verbindung, aber die zeitliche Koinzidenz ist kaum zufällig. Der Diskurs um *fūfū bessei* ist ein Indiz der sich wandelnden Geschlechterrollen.

In der Vergangenheit hat die japanische Regierung die Gleichstellung der Frau eher gebremst als gefördert, aber in den 1990er-Jahren hat sich die Ansicht durchgesetzt, dass die gesetzlichen Rahmenbedingungen angepasst werden müssen, um Beruf und Familie besser in Einklang zu bringen. Durch die Verabschiedung einer Reihe von Gesetzen[22] ist der Staat fast unversehens zur treibenden Kraft einer Neudefinition der Geschlechterrollen geworden. *Danjo dōsankaku*, ‹gleiche Beteiligung von Männern und Frauen›, wurde so zu einem Schlagwort im öffentlichen Diskurs.

Rentenlast (*nenkin futan*)

Durch die Alterung hat sich das Verhältnis der Jungen (bis 15) und Alten (ab 65) umgekehrt. 1997 waren beide Bevölkerungsgruppen gleich stark, aber seither hat Letztere Erstere überholt (Abb. 1.4). Da diese Verschiebung Folgen für das auf dem Umlageprinzip beruhende Rentensystem hat, wurde dessen langfristige Solvenz zum Gegenstand der öffentlichen Diskussion. Die Erwerbsbevölkerung wird weiter zurückgehen, während die Zahl der Rentner wächst. Die Sorge, dass die Rentenkassen dadurch auf lange Sicht in den Bankrott getrieben werden, ist nicht unbegründet. Selbst wenn es gelänge, den Geburtenrückgang aufzuhalten oder gar umzukehren, wäre es schwierig, die Höhe der Altersrenten beizubehalten, da sich ein deutlicher Anstieg der Geburtenrate erst nach einer Verzögerung von mindestens zwei Jahrzehnten auf die Einnahmen der Rentenkassen auswirken würde.

Gegenwärtig sind die staatlichen Renten jedoch nicht gefährdet. Die Rentner dieser Generation erfreuen sich in relativem Wohlstand der Früchte eines langen, arbeitsreichen Lebens. Dass künftige Generationen ebenso hohe Renten werden beziehen können, muss aber bezweifelt werden. Seit Mitte der 1990er-Jahre ist das Rentensystem durch mehrere Strukturreformen gegangen, aber wegen der schrumpfenden Erwerbsbevölkerung wird sich das Verhältnis von Leistung und Belastung dennoch verschlechtern. Junge Beitragszahler werden mehr bezahlen und weniger empfangen als die vorige Generation. Die Regierung rechnet mit einem großen

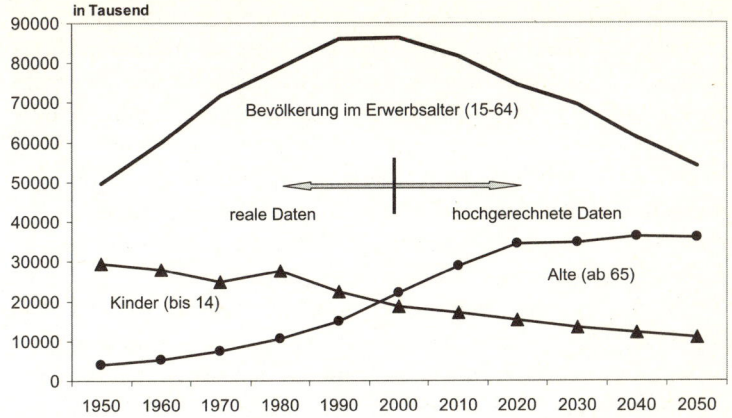

Abb. 1.4: Drei Bevölkerungsgruppen 1950–2050: Kinder, Erwerbstätige, Alte
Quelle: National Institute of Population and Social Security Research, «Japanese Population Projection, 2002»

Defizit der Rentenkassen, wenn die Geburtenrate noch weiter absinkt oder, wie erwartet, auf dem niedrigen Niveau der ersten Hälfte des Jahrzehnts bleibt. Die Rentenreform bleibt deshalb weiter Gegenstand einer breiten Diskussion, die nicht auf Spezialisten und Politiker beschränkt ist.

Während die Zahl der Einzahler schrumpft, sind das «Problem der Rentenlast» und die Frage, wer sie zu schultern hat, in den Medien zu einem Dauerthema geworden. Fernsehsendungen mit Zuschauerbeteiligung haben einen ausgeprägten Generationenunterschied in der Wahrnehmung des Problems enthüllt. Während für viele Rentner die von ihnen über vier Jahrzehnte gezahlten Beiträge im Vordergrund stehen, betonen in der Ausbildung befindliche und junge Arbeiter und Angestellte die Tatsache, dass viele Renten höher sind als Anfangslöhne, obwohl die Jungen viel größere Bedürfnisse haben und Investitionen in ihre Lebensplanung höhere Renditen versprechen als Gelder, die für und von Alten ausgegeben werden. Insbesondere junge Städter sehen sich mit ihren Beiträgen den Rentnern ein komfortables, wenn nicht gar luxuriöses Leben ermöglichen, während sie selbst am Monatsende rechnen müssen und darüber hinaus nicht damit rechnen können, im Alter in den

Genuss ähnlicher Leistungen zu kommen wie die heutigen Rentner. Die allgemein gehegte Vorstellung von Intergenerationengerechtigkeit wird untergraben, die Vorstellung nämlich, dass die Finanzierung der Renten der gegenwärtigen Ruheständler durch die Werktätigen gerecht ist, wenn diese bei ihrem Ausscheiden aus dem Berufsleben ähnliche Leistungen erwarten können. Als der Intergenerationentransfer innerhalb der Familie geleistet wurde, sorgte die mittlere Generation selbstverständlich für die ältere, gewissermaßen als Gegenleistung für die als Kind empfangene Fürsorge. Unter den Vorzeichen des Geburtenrückgangs und zunehmender Langlebigkeit führt jedoch die Anonymität der institutionalisierten Transferleistungen zu einer Neudefinition der Beziehung zwischen den Generationen, die als ‹Generationenkluft› (*sedai kakusa*)[23] auf den Begriff gebracht worden ist, ein weiteres Schlagwort des Zeitalters des demographischen Niedergangs.

Tabelle 1.1: Veränderung der japanischen Bevölkerungsstruktur, 1950–2030

Alter	1950	1975	2000	2030
0–14	35,40%	24,30%	14,60%	11,90%
15–64	68,20%	67,80%	59,60%	57,80%
65-	4,90%	7,90%	17,20%	30,40%

Quelle: dataranking.com, basierend auf United Nations (2003) World Prospects

Differenzgesellschaft (*kakusa shakai*)

Die Kluft zwischen den Generationen ist nur eine der Ungleichheiten, die in Japan am Beginn dieses Jahrhunderts Beachtung finden, und man wird sich zunehmend bewusst, dass die demographische Krise der zu beobachtenden Redifferenzierung der Gesellschaft zugrunde liegt. In der Nachkriegszeit bis in die 1980er-Jahre hinein hing man in Japan der Vorstellung von einer Gesellschaft an, die durch Harmoniestreben, ein hohes Maß an Homogenität und ein im Senioritätslohn und relativ geringen Einkommensunterschieden wurzelndes allgemeines Mittelschichtbewusstsein geprägt war. Das ist heute nur noch ein Bild der Vergangenheit. Seit einigen Jahren ist Japan immer mehr von dem Selbstbild der «Mittelschichtnation» abgerückt. Disparitäten auf verschiedenen Gebieten treten immer deutlicher zutage.

Die Geburtenrate fällt, aber sie fällt nicht gleichmäßig. Die meisten Paare, die Kinder haben, haben mehr als eines, aber der Anteil der kinderlosen Paare wächst. Dadurch entsteht eine Disparität zwischen Bevölkerungsgruppen mit und ohne Kinder, die in Zukunft zu Auseinandersetzungen über soziale Umverteilungsschlüssel führen kann. Denn diejenigen, die beschließen, keine Kinder zu haben, sparen sich die Mühe, die Zeit und das Geld für ihre Aufzucht. Ohne Kinder, mit deren Unterstützung sie rechnen können, werden sie jedoch im Alter in größerem Maße auf staatliche Unterstützung angewiesen sein. «Japans wirtschaftliche Ungleichheit» wurde zuerst 1998 in einem viel beachteten Buch des Wirtschaftswissenschaftlers Toshiaki Tachibanaki thematisiert. Hinzu kommen regionale Disparitäten, da die Alterung in ländlichen Regionen schneller voranschreitet als in den Städten, was die Steuereinkünfte strukturschwacher Gebiete schmälert. Regionale Differenzen sind auch bei der Geburtenrate zu beobachten, wobei die Städte hier noch hinter die ländlichen Regionen zurückfallen. Von den 43 Präfekturen hat Tokio mit 1,0 die niedrigste Geburtenrate, Okinawa mit 1,7 die höchste.

Eine weitere Ungleichheit, die seit Beginn der 1990er-Jahre deutlich zugenommen hat, kennzeichnet die Beschäftigungssituation. Sie betrifft Einkommen, Arbeitszeit und Lebensstil. Die Polarisierung auf diesem Gebiet hat zwei Bevölkerungsgruppen entstehen lassen (Higuchi 2004), auf der einen Seite Arbeitnehmer in Dauerstellung mit langen Arbeitszeiten und hohen Einkommen und auf der anderen Seite irregulär und teilzeitbeschäftigte *freeter* mit niedrigen Einkommen und mehr Freizeit. Nach Yamada (2004: 89) zeigt sich eine wachsende Ungleichheit im verfügbaren Einkommen und Lebensstil zwischen denen, die nach der Eheschließung weiter im elterlichen Haus leben können, und denen, die das nicht können. Außerdem diagnostiziert er in der Gesellschaft krasse Erwartungsunterschiede (*kibō kakusa*). Die wachsende Schar der Arbeitslosen und Teilzeit- bzw. irregulär Beschäftigten teilt nicht mehr das universelle Lebensziel der Mittelschichtgesellschaft: Eigenheim, Auto und College für die Kinder. *Freeter* und NEETs[24] machten Mitte der 2000er-Jahre ein volles Drittel aller Beschäftigten aus. Ohne sichere Stellung können sie sich nicht darauf konzentrieren, einer Laufbahn nachzugehen und ein Mittelschichtleben mit Familie zu führen. Sie bilden die Schlusslichter einer Gesellschaft, die nach Auffassung mancher Beobachter zusehends in Gewinner (*kachigumi*) und Verlierer (*makegumi*) zerfällt. Diese ursprünglich profitable von unprofitablen Betrieben unterscheidenden Begriffe sind mithilfe der Medien in alle Bereiche der Gesellschaft übernommen worden. Das Wettrennen um einen Platz unter den Gewinnern hat begonnen. Zwar hat das nicht allein die Alterung bewirkt, aber sie hat dazu beigetragen, es ins öffentliche Bewusstsein zu katapultieren und der Rede von einer neuen Klassengesellschaft (*shin kaikyū shakai*) Vorschub zu leisten. Ob die schmerzhaften Disparitäten dieser Gesellschaft eines ihrer bleibenden Merkmale oder nur eine kurzfristige Übergangserscheinung auf dem Weg zu einem neuen Gleichgewicht sein wird, ist noch nicht abzusehen.

Unbezweifelbar ist jedoch, dass der demographische Druck Japan zu tief greifenden Anpassungen zwingt. Sie betreffen die Generationengerechtigkeit, den sozialen Zusammenhalt, die schrumpfende Erwerbsbevölkerung und das Wirtschaftswachstum, die Rentenkassen und die Solvenz der öffentlichen Hand, eine Neudefinition des Verhältnisses von Staat und Zivilgesellschaft und deren Beteiligung an Erziehung, Pflege und anderen sozialen Dienstleistungen. Vor dem Hintergrund dieser umfassenden Herausforderungen wird heute die öffentliche Diskussion über die Bevölkerungsalterung und ihre Folgen geführt. Sie kreist um Fragen wie die folgenden:

– Wird Japan seinen hohen Lebensstandard in der überalterten Gesellschaft erhalten können?
– Wie lassen sich die Sozialsysteme auf dem heutigen Niveau halten, ohne das Wirtschaftswachstum zu gefährden und/oder die Alten zu sehr zu belasten?
– Warum haben die Frauen weniger Kinder als sie gerne hätten?
– Wie sollte eine Familienpolitik beschaffen sein, und was für Wirkungen kann sie haben?

- Weshalb führt Reichtum zu Kinderlosigkeit?
- Ist das Verhältnis der Geschlechter so aus dem Gleichgewicht, dass Männer und Frauen nicht mehr heiraten und keine Kinder mehr kriegen?
- Hemmt die Last der Pflege der Alten und Gebrechlichen die Bereitschaft der jungen Generation, Kinder zu kriegen?
- Welche Rolle spielt Immigration bei der Anpassung von Staat und Gesellschaft an die Wirklichkeit des Bevölkerungsrückgangs?

Jede dieser Fragen ruft leidenschaftliche Debatten hervor. Die Stärken und Schwächen der vorgebrachten Argumente zu beurteilen oder gar Stellung zu beziehen ist nicht Zweck dieses Buches. Vielmehr werden öffentliche Auseinandersetzungen und die Aufmerksamkeit, mit der die Medien diese Themen verfolgen, hier als Ausdruck eines allumfassenden Diskurses über den Wandel der japanischen Gesellschaft betrachtet. Die diversen Aspekte der Bevölkerungsalterung, die Gegenstand öffentlicher Kommentare und Debatten sind, bewirken zusammengenommen weitreichende Veränderungen. Als Folge der Alterung wird die japanische Gesellschaft nicht nur insgesamt älter. Was sich gegenwärtig vollzieht, ist nicht nur der graduelle Anstieg des Medianalters, sondern ein gesellschaftlicher Transformationsprozess großen Ausmaßes. Bevölkerungsalterung bedeutet sozialen Wandel. Das ist das Thema dieses Buches. Unter diesem Gesichtspunkt wird die öffentliche Diskussion über einzelne Aspekte der Alterung hier untersucht.

II DAS PROBLEM DER GENERATIONEN UND DIE STRUKTUR DER GESELLSCHAFT

Als Mori Ōgai, der Arzt, Schriftsteller und überragende Intellektuelle der Meiji- und Taiō-Epoche, 1862 geboren wurde, war sein Vater 26 Jahre alt, seine Mutter 15 und seine Großmutter mütterlicherseits 42; zwei Generationen in vier Jahrzehnten.

Soziale Alterung bedeutet, dass der Anteil der Alten relativ zur Gesamtbevölkerung zunimmt. Dieser Prozess ist im heutigen Japan so weit fortgeschritten, dass herkömmliche Modelle der Altersstruktur der Gesellschaft nicht mehr adäquat sind. Denn davon sind nicht nur individuelle Parameter wie die Lebenserwartung und das Medianalter betroffen, sondern die Struktur der Gesellschaft als Ganze. Japan hat die Schwelle zur überalterten Gesellschaft bereits überschritten. So weit verbreitete Langlebigkeit impliziert nicht nur veränderte Beziehungen zwischen den Generationen, sondern dass der Begriff der Generation selber überdacht und möglicherweise neu definiert werden muss.

Generation

Was also ist eine Generation, und wie wird sie gemessen? Im biologischen Sinne stellt eine Generation den Altersunterschied zwischen Eltern und Kindern dar bzw. die Zeitspanne zwischen der Geburt einer Frau und der ihres ersten Kindes. In der menschlichen Gesellschaft ist das weder für Individuen noch für Bevölkerungsgruppen ein stabiles Intervall, denn Nativität und Mortalität sind nicht synchronisiert, Geburt und Tod nicht an bestimmte Zeiten gebunden. Dadurch kommt es zu einer Überschneidung der Generationen. Dennoch gibt es Zyklen, und Demographen sprechen von «der mittleren Länge einer Generation», einer normativen Größe von rund 27 Jahren. Da sich die Fekundität, d. h. die Gebärfähigkeit der einzelnen Frau, jedoch über einen Zeitraum von 35 Jahren zwischen etwa 15 und 49[1] erstreckt, beinhaltet der tatsächliche Zyklus nicht 27 Jahre, sondern einen Wert zwischen 27 und 35 Jahren.[2] Die Gebährfähigkeit nimmt im Laufe der Jahre ab, weswegen das Durchschnittsalter, in dem Frauen Kinder kriegen, nicht das mathematische Mittel 32,5 ist, nämlich 15 (Geschlechtsreife) plus 17,5 (Hälfte der fruchtbaren Jahre), sondern darunter liegt. Das Gleiche gilt für das Alter der höchsten Fekundität. Diese biologischen Konstanten bestimmen die Länge einer Generation. Die biologische Periodizität der menschlichen Gesellschaft wird jedoch durch nichtmenschliche natürliche Faktoren und sozioökonomische Entwicklungen wie Naturkatastrophen, Epidemien, Kriege und Missernten beeinflusst. In Verbindung mit der reproduktiven Periodizität bewirken diese Faktoren, dass sich menschliche Gesellschaften in Generationenzyklen bzw. Wellen durch die Zeit bewegen.

Zivilisation ist das Bestreben der Menschen, sich vor den bedrohlichen Kräften der Natur zu schützen. Gemessen an dem Weltbevölkerungswachstum,[3] war dieses Bestreben sehr erfolgreich. Dennoch ist die Bevölkerungsdynamik auch heute noch durch Wellen gekennzeichnet wie z. B. die Babyboomgeneration. In Japan dauerte der sogenannte erste Babyboom nur drei Jahre mit einem Maximum von 2 702 000 Lebendgeburten 1948. Danach sank die Geburtenrate drastisch, um 1961 mit 1 607 000 Lebendgeburten einen Tiefpunkt zu erreichen. Das «Echo» auf den ersten Babyboom zeigte sich 25 Jahre später mit 2 107 000 Lebendgeburten 1973. Wegen des allgemeinen Rückgangs der Geburtenrate ist der zweite Gipfel in der Kurve deutlich niedriger als der erste, aber immer noch erkennbar. Die Zunahme der Geburtenrate zwischen 1961 und 1973 um 32 Prozent erklärt sich daraus, dass die Generation der ersten Babyboomer Anfang der 1970er-Jahre das heiratsfähige Alter erreichte. In diesem Sinne sind Generationen eine physiologische Gegebenheit.

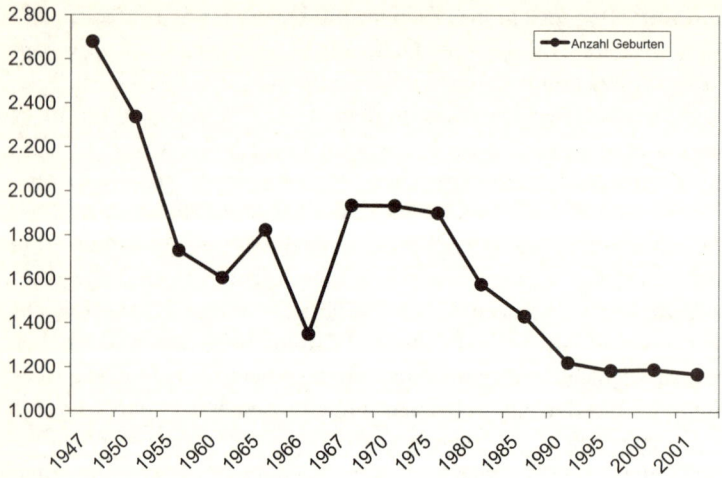

Abb. 2.1: Erster und zweiter Babyboom

Wenn wir jedoch den Ursachen des ersten Babybooms nachgehen, so müssen offenkundig andere als biologische Faktoren in Rechnung gestellt werden. 1946 lag die Geburtenrate um 70 Prozent unter der von 1948, mit 1 576 000 Lebendgeburten der niedrigste Stand seit 1920. Der Krieg hatte nicht nur viele Opfer gefordert, seine Folgen waren durch ein Geburtendefizit bis in die nächste Generation spürbar. Im Frieden stieg die Geburtenrate wieder an, und der Geburtenüberschuss in den Jahren nach dem Krieg wiederholte sich in abgeschwächtem Maß eine Generation später, als die ersten Babyboomer das Alter der maximalen Fertilität erreichten. Dass der Gipfel des zweiten Babybooms niedriger ist als der des ersten, entspricht der allgemeinen Tendenz von Bevölkerungswellen, durch den Einfluss anderer demographischer Entwicklungen im Laufe der Zeit flacher und breiter zu werden. Im vorliegenden Fall setzte sich der Geburtenrückgang, kurz unterbrochen durch den zweiten Babyboom, nicht nur fort, sondern intensivierte sich in so starkem Maße, dass es in der Enkelgeneration der ersten Babyboomer keinen erkennbaren Geburtengipfel mehr geben wird. Erwartet wird ein weiterer Geburtenrückgang von 1,17 Millionen im Jahr 2002 auf weniger als eine Million im Jahre 2014.[4]

Die ersten Babyboomer werden dann Mitte 60 sein. Sie gelten und empfinden sich als eine «Generation», und das nicht nur, weil sie in der Bevölkerungspyramide als eine Ausbuchtung erkennbar sind. «Altersgruppe» oder «Kohorte» sind andere Bezeichnungen, die in diesem Fall angemessener sind, da die Babyboomer nur drei Jahrgänge sind, weit weniger als eine biologische Generation. Aber neben der biologischen gibt es auch die soziale Generation. Nach Karl Mannheim (1928/29) konstituiert sich eine Generation als gesellschaftlich bedeutsame Einheit durch die gemeinsamen Erfahrungen ihrer Mitglieder. Unter dem Gesichtspunkt der Alterung ist heute zu fragen, ob nicht nur die soziale Erfahrungsgeneration, sondern auch die Reproduktionsgeneration davon betroffen ist. Alte Menschen sind heute biologisch jünger als in früheren Generationen, und das maximale Empfänglichkeits- und Gebäralter steigt. Das sind Entwicklungen aus allerjüngster Zeit. Auch die jetzige Generation der Alten betritt Neuland, denn sie ist die erste, die ein hohes Alter so massenhaft erlebt. Das ist eine der Erfahrungen, die sie zu einer sozialen Generation machen. Verschiedenen Generationen anzugehören prägt soziale Rollen und Beziehungen nicht nur innerhalb der Familie, sondern gesellschaftsweit. Die japanische Babyboomgeneration hat eine eigene Identität ausgebildet. «Gemeinschaftsgebilde» dieser Art sind nach Mannheims Auffassung die treibenden Kräfte der Geschichte, die ebenso erforscht werden sollten wie andere geschichtsdeterminierende Faktoren. Er nennt – im Geist seiner Zeit – Volk, Region, Volkscharakter, Zeitgeist und Klassenstruktur. Einige dieser Begriffe wirken veraltet, aber bei genauerer Überlegung fehlt es an überzeugenden Alternativen. Da Mannheim von einem unwandelbaren Intervall der Generationen ausging, blieb das diffizile Zusammenwirken gesellschaftlicher und natürlicher Kräfte, das uns heute zunehmend beschäftigt, außerhalb seiner Betrachtung, aber seine Betonung der gesellschaftlichen Dimension der Generation war richtungweisend.

Die japanischen Babyboomer der Nachkriegszeit stellen eine Generation dar, weil die schiere Tatsache der geburtenstarken Jahrgänge vielfältige psychologische und soziale Folgen für ihre Sozialisation, ihre schulische Erziehung, ihren Einfluss auf Konjunkturzyklen und ihre Anforderungen an das Sozialsystem hat. Um

Geschichte als Abfolge von Generationen zu begreifen, wie Mannheim empfahl, müssen die Schlüsselerfahrungen identifiziert werden, die eine Generation zu einer solchen machen. Dass ein derartiger Ansatz sinnvoll ist, enthüllt ein Blick auf Bezeichnungen japanischer Nachkriegsgenerationen. In einer Untersuchung der Jugendkultur unterscheidet z. B. Ichikawa (2003) vier aufeinanderfolgende Generationen:

1960er Jahre: *Dankai sedai*,[5] erste Babyboomgeneration;
1970er Jahre: *Shirake sedai*, apathische Generation;
1980er Jahre: *Shinjinrui sedai*, die Generation der «neuen Menschen»;
1990er Jahre: *Dankai junia sedai*, zweite Babyboomgeneration.

Die erste Babyboomgeneration kennzeichnet Rebellion und Aufbegehren gegen Anpassung. Sie wird auch als «Vietnamgeneration» bezeichnet, deren Schlüsselerlebnis der Protest gegen Amerikas Krieg gegen Vietnam war. Die darauffolgende Generation zeichnete sich durch Abwarten aus. In den 1980er-Jahren trat die Generation der «neuen Menschen» auf den Plan, die egozentrisch und extrem individualistisch war. Ihr folgte in den 1990er-Jahren die zweite Babyboomgeneration, deren Mitglieder durch ihre Indifferenz gegenüber anderen charakterisiert sind. Sie wird auch *Otaku*-Generation genannt. Diese Einteilung beruht auf Stereotypen, andere sind denkbar. So wird etwa gelegentlich von der «Ölkrisengeneration» gesprochen, da die Geburtenrate zwischen 1973 und 1976 drastisch einbrach. Außerdem ist Ichikawas Dekadeneinteilung der Generationen zu schematisch. Dennoch belegt die Metapher die Historizität der Generationen und die Bedeutung geteilter Erfahrung.

Die erste Babyboomgeneration ist durch den Zeitpunkt und die Anzahl ihres Auftretens gekennzeichnet. 6,8 Millionen Menschen wurden zwischen 1947 und 1949 geboren, d. h., es gab 30 bis 50 Prozent mehr Geburten als in den benachbarten Dreijahreskohorten. Ihr Einfluss als Generation auf die Gesellschaft ist noch immer spürbar. Im Jahr des Erscheinens dieses Buches erreicht der erste Babyboomjahrgang das Renteneintrittsalter, mit Folgen für den Arbeitsmarkt und die Rentenkassen, ein Umstand, der als «2007-Problem» in den Medien thematisiert wird. Mit der Verrentung der Babyboomer wandeln sich lang gehegte Beschäftigungspraktiken. Sie sind die letzte Generation, für die Firmenloyalität und Lebenszeitbeschäftigung das Ideal waren. Ein weiteres Merkmal dieser Generation ist die Erinnerung an die Studentenbewegung. Auch wenn sich lange nicht jeder daran beteiligte, wurde sie als historischer Moment doch von allen miterlebt, und ebendas ist es, was die gemeinsame historische Erfahrung einer Generation ausmacht. In den letzten vier Jahrzehnten war der Einfluss der Babyboomer deutlich spürbar, weil sie einen großen Teil der Erwerbsbevölkerung ausmachten. Durch ihre Verrentung ändert sich dieser Einfluss, aber er schwindet nicht, denn sie haben eine höhere Lebenserwartung bei Eintritt ins Rentenalter als alle Generationen vor ihnen. Sie werden weiter zur Gesellschaft beitragen und Forderungen an sie stellen und durch die zwei Jahrzehnte, die ihnen statistisch noch bevorstehen, die sozialen Beziehungen und politischen Machtverhältnisse verändern.

Durch geteilte Erfahrungen definierte Generationen können nicht gleich lang sein, aber die Biologie macht auch ihren Einfluss geltend. Die wichtigen Etappen des Lebens erlebt man in Alterskohorten. Erfahrungsgenerationen und biologische Generationen überschneiden sich deshalb großenteils. Wie wirkt sich die Bevölkerungsalterung in dieser Hinsicht aus? Welche Folgen hat die Verschiebung der ersten Geburt in ein höheres Lebensalter für das Verhältnis zwischen den Generationen? 80 oder 90 Jahre alt wurden die Menschen bis vor kurzem nur selten, heute erreichen immer mehr dieses Alter. Anpassungen sind erforderlich, um damit umzugehen. Die Ersten, die das leisten müssen, sind die Kinder der Babyboomer, und auch sie sind nicht zuletzt durch diese Erfahrung eine Generation. Die Diskussion über Intergenerationengerechtigkeit konzentriert sich auf diese beiden Generationen, denn das plötzliche Auftreten einiger starker Jahrgänge machte auch die Anpassung der Umverteilung zwischen den Generationen sehr plötzlich erforderlich.

Es ist oft darauf hingewiesen worden (z. B. Ogawa 1998, Schmid 2002), dass sich die Bevölkerungsalterung in Japan dreimal so schnell vollzieht wie in anderen alternden Gesellschaften, z. B. in Schweden und Deutschland. Ländervergleiche sind wegen unter-

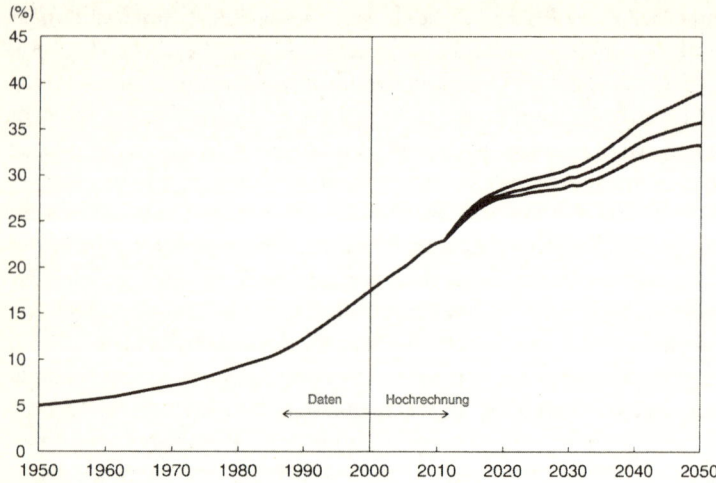

Abb. 2.2: Der japanische Alterungsindex, 1950 bis 2050, Hochrechnung mit drei Varianten
Quelle: Takahashi (2003: 62)

schiedlicher Erhebungsmethoden und Datenaufbereitung immer problematisch, aber dass die Entwicklung in der BRD ähnlich verläuft wie in Japan, ist unverkennbar. Nach Angaben des Statistischen Bundesamts (2006, S. 25 f.) standen 100 Personen im erwerbstätigen Alter von 20–59 2005 45 Rentner gegenüber. 2050 sollen es nach der elften Bevölkerungsvorausberechnung bei gleichbleibender Entwicklung 85 sein. Setzt man das Rentenzugangsalter mit 65 an, kommt man für diese beiden Jahre auf 32 bzw. 60 Rentner pro 100 Erwerbstätige. Der japanische Altersindex, d. h. das Verhältnis der Bevölkerung über 65 zu der unter 15, stieg von 32,6 im Jahre 1975 auf 130,5 2002 an (Abb. 2.2). In den letzten 70 Jahren sind die Lebenserwartung und gleichzeitig die Teilnahme an sekundärer und tertiärer Schulbildung stark gestiegen. Für konzeptuelle und kulturelle Anpassungen an die zeitliche Verschiebung von Fertilität und Mortalität und die daraus resultierende Veränderung der Altersstruktur hatte die Gesellschaft nicht viel Zeit. Wie sich das Altern im Lebenslauf auswirkt, illustriert ein Modell.[6]

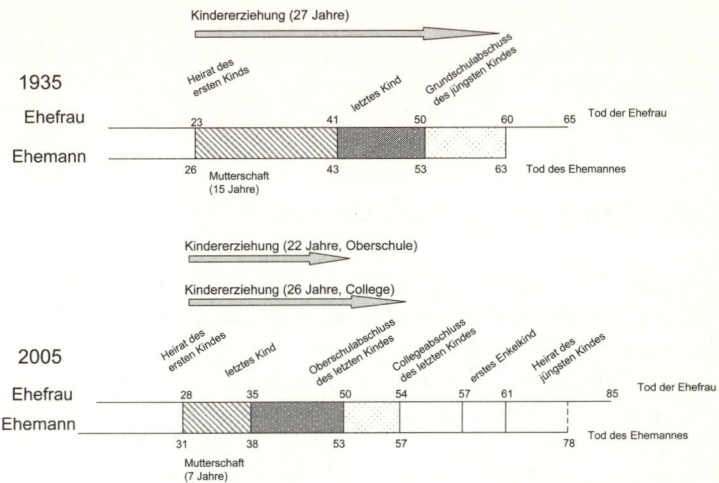

Abb. 2.3: Veränderungen des Lebenslaufs in 70 Jahren, 1935–2005

Abbildung 2.3 lässt erkennen, dass in den 70 Jahren von 1935 bis 2005 das Leben nicht nur länger geworden ist, sondern sich auch die Unterteilung in Lebensphasen verändert hat. Am auffälligsten sind die zeitliche Halbierung der Phase des Kinderkriegens und die Verlängerung des Ruhestands. Der Anstieg der Überlebensrate und der Aufschub der Eheschließung und der ersten Geburt geschahen gleichzeitig, aber die gewonnene Lebenserwartung – 20 Jahre für Frauen, 15 für Männer – sind ein Drei- bzw. Vierfaches der Jahres des Eheaufschubs. Als Folge davon ist es viel häufiger geworden, dass drei bis vier Generationen einer Familie koexistieren. Auch die Altersstruktur der Haushalte hat sich verändert. 1935 wurde der älteste Sohn beim Tod seines Vaters im Alter von 65 Familienoberhaupt. Relativ viele älteste Söhne übernahmen diese Rolle mit 35, in dem Alter also oder kurz nachdem sie selber eine Familie gründeten. Sieben Jahrzehnte später lebt das Familienoberhaupt 15 Jahre länger, was zur Folge hat, dass älteste Söhne nicht mehr in kurzem zeitlichem Abstand Vater und Familienoberhaupt werden. Gleichzeitig ist die gesetzliche und soziale Stellung des Familienoberhaupts geschwächt worden, und seine Rolle in der Familie, insbesondere was die Wahl des Ehepartners der Kinder betrifft, hat sich

sehr verändert. Noch sind die Folgen für innerfamiliäre Rollenver-
hältnisse nicht vollständig erforscht, aber weitere Anpassungen sind
unausweichlich, denn traditionell ist Japan eine stark nach Alter
differenzierende Gesellschaft.

Altersdifferenzierung und -abstufung

Auf die große Bedeutung des Lebensalters für die japanische Kultur, in der Lebensabschnitte klar definiert und durch zeremonielle
Übergangsriten voneinander abgegrenzt sind, ist oft hingewiesen
worden (Norbeck 1963; Coulmas 2000). In der Vergangenheit stellten formelle Altersklassen ein gesellschaftliches Ordnungsprinzip dar, das dem Lebenslauf eine Struktur gab. Viele Sitten und
Bräuche, die den Übergang von einer Lebensphase zur nächsten betreffen – vom Säugling zum Kind, von der Jugend ins Erwachse-
nenalter, von dort in den Ruhestand und schließlich ins Grab – zeugen von der Bedeutung der zeitlichen Ordnung. Obwohl sich die
Bräuche wandeln und manche abgelegt worden sind, schickt die
japanische Gesellschaft ihre Mitglieder auch heute noch in vieler
Hinsicht in Alterskohorten durchs Leben. Vom Eintritt in den
Kindergarten bis zum Universitätsabschluss durchlaufen sie das
Bildungssystem in eng begrenzten Alterskohorten. Viele Firmen
stellen einmal im Jahr neue Mitarbeiter ein. Alter und Dauer der
Zugehörigkeit zu einer Organisation sind ebenso wichtig wie an
senpai (Senior) und *kōhai* (Junior) und an die Geschwisterfolge
geknüpften Rollenerwartungen. Dem Alter wird noch immer ein
hohes Maß an Achtung gezollt, und das Senioritätsprinzip hat seine
Bedeutung für Entlohnung und Beförderung trotz großen Anpassungsdrucks noch keineswegs verloren. In japanischen Betrieben
beginnt die Entlohnungsdifferenzierung nach Leistung später als in
anderen Industrieländern, und der Anstieg der Gehaltskurve mit
zunehmendem Alter ist dementsprechend steiler.

Institutionalisierte Altersklassen wurden schon in der Meiji-Zeit
abgeschafft, aber Alter als Ordnungsprinzip der japanischen Gesellschaft ist noch allgegenwärtig. Freiwillige Arbeiten für die Gemeinschaft werden oft nach Altersgruppen organisiert. In öffentlichen

Räumen wie Restaurants, Bars und Diskotheken treten Altersgruppen getrennt auf. Betriebswohnheime für junge männliche Mitarbeiter folgen dem Prinzip der Altersdifferenzierung. Und nach wie vor zeugen Bräuche wie Shichi-go-san zur Feier der Sieben-, Fünf- und Dreijährigen von der sozialen Bedeutung des Alters. Die Volljährigkeit wird kollektiv an einem Tag des Jahres gefeiert, nicht individuell am eigenen Geburtstag.

In Familienbeziehungen ist das Alter zentral. Vertikale Beziehungen, die die Kontinuität der Abstammungslinie gewährleisten, sind traditionell wichtiger als die horizontale Beziehung zwischen Ehepartnern und Geschwistern. Seit der Verabschiedung der neuen Verfassung von 1946, die die Gleichberechtigung der Geschlechter vorsieht, ist die um das Ehepaar zentrierte Kleinfamilie zunehmend an die Stelle der Stammfamilie getreten (Morioka 1997: 266), in deren Mittelpunkt die Vater-Sohn-Beziehung und die Erbfolge stehen. Sie war der gesellschaftliche Mechanismus der intergenerationalen Kontinuität der Familie und der Weitergabe von Namen und Besitz. Mit dem Erbe des Familienbesitzes war die Verpflichtung verbunden, für die Eltern in lebenslanger Kohabitation zu sorgen. Obwohl die Familie im Sinne des Gesetzes heute die Kernfamilie ist, ist die kulturelle Bedeutung der patrilinearen Abstammungsfamilie noch immer spürbar, obwohl die Norm der Virilokalität – der Einzug der Braut ins Elterhaus des Bräutigams – heute stark abgeschwächt ist.[7]

Zwischen 1980 und 2001 sank der Anteil der über 65-Jährigen, die bei einem ihrer Kinder wohnten, von 69 Prozent auf 48,4 Prozent.[8] Die Präferenz für den Mehrgenerationenhaushalt beruht nach Budak, Liaw und Kawabe (1997) sowohl auf kulturellen Normen als auch auf wirtschaftlicher Rationalität. Bedeutet der Rückgang um 20 Prozent, dass sich am Zusammenwirken dieser beiden Faktoren etwas geändert hat? Nicht unbedingt, denn in den 1980er- und 90er-Jahren haben viele Familien ihre Häuser umgebaut, um auf einem Grundstück zwei getrennte Wohneinheiten zu schaffen. Rechnet man sie im weiteren Sinne zu den Mehrgenerationenhaushalten, hat sich die Kohabitationsrate kaum verändert (Kohara und Ohtake 2004). Die kulturelle Norm der Kohabitation ist nach wie vor wirksam, aber die wirtschaftlichen Umstände erlauben heute vielen eine komfortablere Realisierung derselben, nämlich mehr Privatheit trotz physischer Nähe. Diese Umgestaltung des Familienlebens und die Schwächung der Stammfamilie müssen vor dem Hintergrund der Zugewinne der Lebenserwartung, insbesondere der ältesten Generation, gesehen werden. Das Kohabitationsarrangement ‹Erbe gegen Pflege› ist sehr viel einfacher zu realisieren, wenn der Sohn 35 ist und der Vater 60 mit einer Lebenserwartung von weiteren fünf Jahren, als wenn der Sohn 60 und der Vater 90 ist. Die Bevölkerungsalterung bringt, so gesehen, Veränderungen in den Beziehungen zwischen den Generationen mit sich, die gleichzeitig durch Änderungen gesetzlicher und kultureller Normen sowie wirtschaftlicher Rahmenbedingungen vorangetrieben werden. In dem Maße, wie der wirtschaftliche Zwang zum Mehrgenerationenhaushalt schwächer wird, vollzieht sich eine Verschiebung von vertikalen zu horizontalen Familienbeziehungen, die darin zum Ausdruck kommt, dass die Kernfamilie die traditionelle Stammfamilie verdrängt.[9]

Auch in anderen Bereichen wirkt sich die Bevölkerungsalterung auf die strenge Generationenfolge aus. Im Bildungssektor etwa ist die Vermischung der Generationen heute wesentlich öfter zu beobachten als noch vor einem Jahrzehnt. Zurückgehenden Studentenzahlen begegnen die Universitäten mit der Rekrutierung einer neuen Klientel unter Senioren, die noch einmal etwas lernen wollen. Lebenslanges Lernen ist eine Wachstumsbranche. In einer Gesellschaft, in der das Senioritätsprinzip damit anfängt, dass Kleinkinder auf die Bedeutung des Alters und der Geschwisterfolge aufmerksam gemacht werden, muss das als einschneidende Veränderung gelten.

Verschiebung der Generationen

Die Beziehung zwischen Generationen hat Mannheim (1928) mit dem Begriff «der Ungleichzeitigkeit des Gleichzeitigen» beschrieben. Innerhalb der Familie der modernen Gesellschaft ist die Gleichzeitigkeit dreier Generationen der Normalfall: Großeltern, Eltern und Kinder. Unter dieser Voraussetzung erfüllte jedes Familienmitglied zu jedem Zeitpunkt zwei Generationenrollen: Mutter und Großmutter, Tochter und Mutter, Tochter und Enkelin. Die soziale Alterung wirkt sich auf diese Konstellation dahingehend aus, dass in vielen Fällen eine weitere Generationenrolle dazukommt. Ein auffälliges Merkmal der Bevölkerungsdynamik Japans ist die starke absolute und proportionale Zunahme der Bevölkerung der alten Alten, die über 80 sind. Damit wächst die Zahl der Individuen, die Urgroßmutter, Großmutter und Mutter bzw. Enkelin, Tochter und Mutter sind. Da diese Entwicklung mit einer fallenden Geburtenrate koinzidiert, ist die Wirkung auf die Beziehung zwischen den Generationen eine doppelte: Während die Verkleinerung der Haushalte eine Verringerung der Vielfalt und Komplexität horizontaler Beziehungen innerhalb der gleichen Generation mit sich bringt (Hiroshima 1997), werden die vertikalen Beziehungen zwischen den Generationen zahlreicher und länger (Shimazaki 2004: 170).

Unter diesen Umständen hat die traditionelle Zäsur *kanreki*,[10] die Vollendung eines sechzigjährigen Zyklus und der damit verbundene Eintritt ins Greisenalter, seine Bedeutung praktisch verloren. Nach Kouske Motani,[11] wissenschaftlicher Berater der japanischen Entwicklungsbank (*Nihon Seisaku Tōshi Ginkō*), kann heute nicht einmal 65 als alt gelten. Da sich viele Menschen über 65 guter Gesundheit erfreuen, sollte 70 als Untergrenze des Alters betrachtet werden. Andere Altersabschnitte verschieben sich ebenfalls. Bis vor dem Zweiten Weltkrieg wurden bei einer Lebenserwartung von etwa 50 Jahren vier Altersgruppen unterschieden: *shonen*, ‹Kindheit›, *seinen*, ‹Jugend›, *sōnen*, ‹Blüte des Lebens›, und *rōnen*, ‹Alter› (über 50). Nicht nur die letztgenannte Gruppe ist von der Bevölkerungsalterung betroffen. Kinder sind länger Kinder als früher, und Vierzigjährige sind nach heutiger Vorstellung kaum mit der Weisheit des Alters, die sie ‹vor Verirrungen bewahrt›, gesegnet, wie es der das Alter von 40 bezeichnende konfuzianische Begriff *fuwaku* nahelegt. Erste Schwangerschaften Ende 30 gelten nicht mehr als spät und prekär, und in dem Maße, wie Generationen länger werden, verschieben sie sich im Lebenslauf nach hinten. Fast unbemerkt verändern sich so Vorstellungen vom Alter und Einstellungen zum Leben im Allgemeinen. Dabei darf nicht vergessen werden, dass es die Generationen des ersten und zweiten Babybooms sind, die diese Veränderungen als Erste erleben, was ihre Identität als Generationen wiederum verstärkt.

Die wichtigsten Entwicklungen, die mit der Bevölkerungsalterung einhergehen, sind die folgenden: Die Menschen leben länger, sie heiraten später, und sie haben weniger Kinder. Alle drei wirken sich auf Familienstruktur und Formen des Zusammenlebens aus. Im Zusammenhang mit wirtschaftlichen und ideologischen Veränderungen bewirkt die Alterung eine Verschiebung von der Betonung der Eltern-Kind-Beziehung zu der zwischen den Ehepartnern. Der Haushalt aus zwei erwachsenen Paaren, verstanden als Tauschmechanismus von Besitz und Fürsorge, verliert langsam an Bedeutung, während die Dauer intergenerationaler Beziehungen zunimmt. Verbindungen im höheren Alter, eine größere Vielfalt von Familienkonstellationen und eine Diversifizierung der Lebensstile gehen mit diesen Entwicklungen einher, was wiederum Folgen für gesellschaftliche Beziehungen hat, insbesondere für die sozialen Netzwerke der Älteren.

Ein guter Nachbar ist mehr wert als ein Verwandter in der Ferne.[1]

Ich lebe allein mit meinem Hund. Als mein Mann voriges Jahr starb, brach ich zusammen, aber schließlich habe ich mich daran gewöhnt und mich wieder erholt. Aber dann kam diesen Monat eine Sozialarbeiterin vorbei und erkundigte sich, wer im Notfall benachrichtigt werden solle. Sie mache eine Kartei von allein lebenden Senioren über 65, sagte sie. Als ich «Senioren» hörte, war ich schockiert. Ich atmete tief durch und stotterte: «Ich bin gerade erst 64 geworden.» Ich habe keine Enkel und leide an keiner Krankheit. In meiner Vorstellung war ich 40 oder 50. Ich musste aber erkennen, dass meine Umgebung mich als muntere Seniorin betrachtet. Der Realität abnehmender physischer Kräfte konnte ich bei näherem Nachdenken nicht mehr ausweichen. Ich schrieb also eine Nummer auf und befestigte sie mit einem Bindfaden am Telefon, damit im Fall der Not jemand benachrichtigt werden kann. Aber alt fühle ich mich noch nicht. Ich freue mich auf den Rocksänger, der in der Fernsehwerbung angekündigt wird, und auf das Konzert, das ich mit meiner Tochter besuchen werde, wenn sie nach Tokio kommt.

(Misao Kawauchi, ohne Beruf, 64)[2]

Misao Kawauchi gehört zu der wachsenden Schar älterer Bürger, die allein leben. Sie ist gesund, und da sie keine Enkelkinder hat, fühlt sie sich nicht alt wie eine Großmutter. Dennoch wird sie sich der Risiken bewusst, denen sie als alleinstehende ältere Frau ausgesetzt ist. Allerdings bedurfte es dazu des Anstoßes durch den Besuch einer Sozialarbeiterin. Ihr Leserbrief wurde kaum zufällig abgedruckt, denn die Verbesserung der Lebensbedingungen der älteren Mitbürger ist eine gesellschaftliche Sorge von wachsender

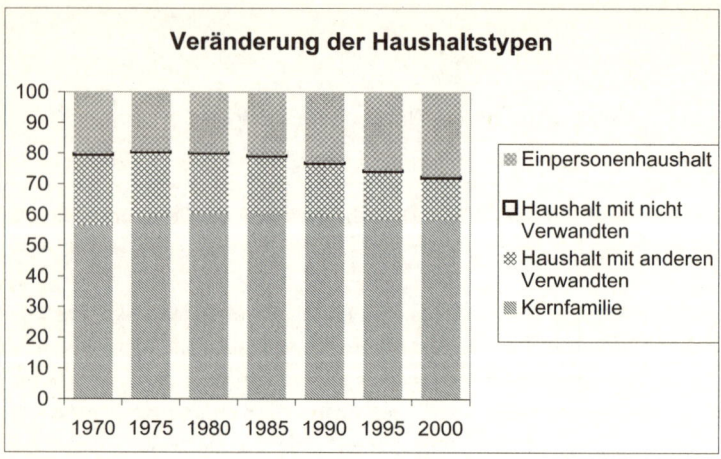

Abb. 3.1: Veränderung der Haushaltstypen, 1970–2000
Quelle: Kōsei Rōdō Hakusho (2005: 18)

Bedeutung. Unter den verschiedenen Veränderungen des japanischen Familiensystems in den vergangenen Jahrzehnten sind die Zunahme der Einpersonenhaushalte seit Mitte der 1980er-Jahre und die stetige Verringerung der Zahl der Familienmitglieder die folgenreichsten (Abb. 3.1).

Dass «die wachsende Zahl allein lebender Alter zu einem sozialen Problem wird» (*Eijingu Sōgōkenkyū Sentā* (2002: 36)), ist eine Einschätzung, die von vielen Sozialwissenschaftlern geteilt wird. Der Anstieg der Einpersonenhaushalte geht zum größten Teil auf allein lebende Senioren zurück, die wie Frau Kawauchi keinen Ehepartner oder anderen Familienanschluss haben und deshalb für sich leben. Ihre Tochter wohnt, wie dem Brief zu entnehmen ist, in einer anderen Stadt und kommt sie regelmäßig besuchen, aber ihr alltägliches Leben führt sie allein. Der Vorschlag, eine Kontaktperson für den Notfall zu benennen, leuchtete ihr ein, denn offenbar ist ihr Netzwerk in der Nachbarschaft nicht so eng geknüpft, dass sich das erübrigt.

Unterschiede zwischen den Geschlechtern

Die überalterte Gesellschaft weist starke Unterschiede zwischen den Geschlechtern auf, denn Frauen sind von den Problemen, die sie mit sich bringt, mehr betroffen als Männer. Dank ihrer höheren Lebenserwartung (Tabelle 3.1) sind sie zahlreicher. Nach den Daten des statistischen Jahrbuchs 2006 (*Nihon Tōkei Nenkan Heisei 18 Nen*) kamen in der Altersgruppe zwischen 80 und 90 auf 100 Frauen 60 Männer. In der Altersgruppe der Siebzig- bis Achtzigjährigen ist das Verhältnis nicht ganz so unausgewogen, aber mit 100 zu 80 ist der Abstand zwischen den Geschlechtern immer noch sehr deutlich. Die größere Langlebigkeit der Frauen ist lange bekannt, hat aber dadurch, dass sich der diesbezügliche Unterschied zwischen den Geschlechtern von 3,4 Jahren 1950 auf 6,97 Jahre 2003 verdoppelt hat, neue Dimensionen erreicht. Das Geschlechterverhältnis in der älteren Bevölkerung über 65 hat sich damit zu 43 Prozent Männer zu 57 Prozent Frauen verschoben.

Tabelle 3.1 Lebenserwartung von Frauen und Männern

	Frauen	Männer
1950	62,97	59,57
2003	85,33	78,36

Quelle: Ministerium für Gesundheit und Soziales/Gesundheit, Arbeit und Soziales, 1950, 2003

Ein Aspekt der traditionell starken Differenzierung der Geschlechterrollen in der japanischen Gesellschaft ist, dass Frauen in der lokalen Gemeinschaft viel intensivere Beziehungen knüpfen und pflegen als Männer. Unabhängig davon, ob sie erwerbstätig sind oder Hausfrauen, leisten Frauen für Kindererziehung und Haushalt sowie für schulische und nachbarschaftsbezogene Aktivitäten mehr als Männer. Sie sind deshalb auch im Alter besser integriert als Männer, die nach der Verrentung oft Anpassungsschwierigkeiten haben, da sie von ihren um die Arbeit zentrierten sozialen Beziehungsnetzen abgeschnitten sind (*Eijingu Sōgōkenkyū Sentā* 2002:

86). Kontakte mit Nachbarn, Freunden und Verwandten werden mehr von Frauen als von Männern gepflegt (Kikuchi 2004: 196 f.). Von dem mit der Bevölkerungsalterung einhergehenden Wandel gesellschaftlicher Beziehungen bleiben jedoch auch die Frauen nicht unberührt.

Schwächer werdende Bindungen

Angesichts der Minderung der Anzahl der Familienmitglieder überrascht es nicht, dass die Familie als vormals wichtigstes Glied des Beziehungsnetzes japanischer Senioren an Bedeutung verliert. Diese Tendenz ist verschiedentlich als «Individualisierung der Familie», «Verschiebung von der Gattenfamilie zur Lebensstilfamilie», «Auflösung der Familie» oder «Pluralisierung der Familie» beschrieben worden (Mori 2004). Kohabitation und Interaktion der Generationen im Alltagsleben ist nicht mehr selbstverständlich, und in dem Maße, wie an die Stelle des Zusammenlebens dreier Generationen unter einem Dach für die Alten der gelegentliche Kontakt mit Kindern und Enkeln tritt, passen sie ihre Erwartungen den sich wandelnden gesellschaftlichen Verhältnissen an. Nach einer 2001 durchgeführten Umfrage des Kabinettsbüros über Leben und Einstellung der Älteren[3] ist der Anteil der Senioren, die es erstrebenswert finden, «immer bei ihren Kindern und Enkeln zu wohnen» (43,5 Prozent), seit 1986 um 10,7 Prozent zurückgegangen, wohingegen der Anteil derer, die finden, dass es gut ist, «die Kinder und Enkel gelegentlich zu treffen, um gemeinsam zu essen und sich zu unterhalten», um 3,8 Prozent zugenommen hat. Diese Befunde stimmen mit einer Umfrage von NHK 2004 überein, in der Veränderungen bezüglich der Erwartungen an das «dritte Leben»[4] deutlich werden. Die mit der Familie verbrachte Zeit nimmt ab, die für Hobbys, Reisen und andere Freizeitbeschäftigungen nimmt zu. Gefragt wurde danach, wie man das Leben im Alter verbringen wolle, wobei sechs Möglichkeiten zur Auswahl angeboten wurden: (1) friedlich mit meinen Kindern und Enkeln; (2) in enger Gemeinschaft mit meinem Ehepartner; (3) gemächlich mit Hobbys nach meinem Geschmack; (4) aktiv mit meinen alten Freunden; (5) im

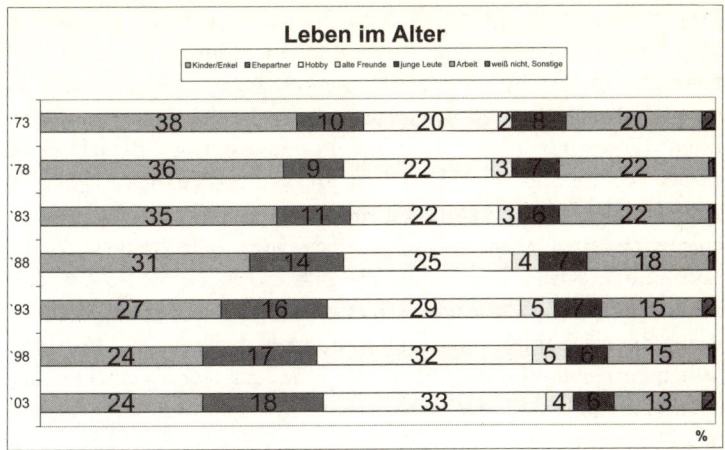

Leben im Alter

☑Kinder/Enkel ■Ehepartner ☐Hobby ☐alte Freunde ■junge Leute ☑Arbeit ■weiß nicht, Sonstige

'73	38	10	20	2 8	20
'78	36	9	22	3 7	22
'83	35	11	22	3 6	22
'88	31	14	25	4 7	18
'93	27	16	29	5 7	15
'98	24	17	32	5 6	15
'03	24	18	33	4 6	13

%

Abb. 3.2: Änderungen des Lebensstils im Alter, 1973–2003

Quelle: NHK Hōsō Bunka Kenkyūsho (2004: 67)

Kontakt mit jungen Leuten, um nicht zu vergreisen; (6) nach Kräften weiter arbeiten. Der Zugewinn von 13 Punkten für (3), «Hobbys und Geschmack», entspricht einem Verlust von 14 Punkten für (1), «Kinder und Enkel», und der Gewinn für (2), «Ehepartner», korrespondiert mit dem Verlust für (6), «Arbeit».

Diese Befunde bestätigen die Auffassung, dass die zunehmende Wertschätzung des Individualismus in Japan eine Begleiterscheinung der Modernisierung ist (Ölschleger, 2002: 266). In dem Maße, wie die intergenerationelle finanzielle Abhängigkeit unter Familienmitgliedern dank der immer umfassender werdenden Deckung des Rentensystems abnimmt, geht die japanische «Familienrevolution»[5] in diese Richtung weiter. Für viele Familien ist das eine Entlastung; gleichzeitig ist damit aber die Schwächung sozialer Ligaturen verbunden. Darüber, ob ideologisch veränderte Einstellungen zur Familie der fortschreitenden Schrumpfung der Haushalte vorausgehen oder folgen, besteht keine Einigkeit, aber dass die kleiner werdende Familie eine Schmälerung ihrer Funktion für die soziale Absicherung der Älteren nach sich ziehen wird, ist unvermeidlich. Während die Bedeutung der Familie als Bezugsgruppe der Älteren nachlässt, werden alternative Ligaturen wichtiger. Dabei geht die

Pluralisierung der Familie mit einer ähnlichen Veränderung anderer sozialer Beziehungen einher. Die Tendenz geht weg von allumfassenden menschlichen Beziehungen (*zenmenteki ningen kankei*) zu partiellen (*bubunteki*) oder Pro-forma-Beziehungen (*keishikiteki*).[6] Untersuchungen zu der gewünschten Art von Beziehungen in der Familie, der Nachbarschaft und am Arbeitsplatz lassen in allen drei Bereichen eine zunehmende Präferenz für partielle, zweckspezifische im Gegensatz zu allumfassenden Beziehungen erkennen. Hinzu kommt, dass familiäre Bindungen gerade zu der Zeit schwächer werden, wo ihre Bedeutung für die einzig noch wachsende Bevölkerungsgruppe zunimmt, nämlich die Alten. Dies führt zu einem zunehmenden Druck, die Pflege alter und gebrechlicher Menschen außerhalb der Familie zu professionalisieren (s. Kap. 6). Soziale Isolation ist freilich nicht nur ein Problem der Bettlägerigen und ans Haus Gebundenen,[7] sondern auch, ja vielleicht in noch größerem Maße, für gesunde Senioren, die keine Unterstützung brauchen, deren soziale Beziehungsnetzwerke jedoch erodiert sind, da Freunde und Bekannte weggezogen oder gestorben sind und die Möglichkeiten, neue Beziehungen zu knüpfen, dadurch reduziert sind. Eine solche Entwicklung beinhaltet eine selbstverstärkende Dynamik: Je kleiner das Beziehungsnetz, desto geringer die Möglichkeiten, es auszudehnen, und desto stärker die Tendenz zu einem zurückgezogenen Leben. Da Zahl und Anteil der Alten an der Bevölkerung vorläufig weiter wachsen, werden gezielte Gegenmaßnahmen verstärkt als Aufgabe der Sozialpolitik angesehen (Katagiri 1999).

Mortalität und soziale Netzwerke

Die Bedeutung sozialer Bindungen in der überalterten Gesellschaft liegt nicht allein darin, das Leben im Ruhestand angenehmer zu machen, sie sind lebenswichtig. Pensionierte Männer erleiden oft einen «sozialen Tod», da sie mit der Arbeit ihre wichtigsten Eigenschaften verlieren und buchstäblich keine Rolle mehr spielen. Zwar ist der Begriff nur eine Metapher, aber der soziale Tod beschleunigt den physischen; denn die Dichte sozialer Beziehungsnetze bzw.

umgekehrt, die soziale Isolation, ist ein aussagekräftiger Index vorzeitiger Mortalität für beide Geschlechter. Die Tatsache, dass Frauen intensivere und vielfältigere soziale Beziehungen unterhalten, begründet die Hypothese, dass die aktive Teilnahme am sozialen Leben zu der bekannten Differenz der Überlebensrate beider Geschlechter beiträgt. Sozial passive Männer im Ruhestand haben bei den meisten Todesursachen ein erhöhtes Mortalitätsrisiko. Eine Korrelation zwischen sozialen Beziehungen und Sterblichkeit wurde bereits 1982 vermutet.[8] In den 1990er-Jahren haben Motoki Iwasaki und seine Mitarbeiter eine groß angelegte empirische Untersuchung über Netzwerke und Mortalität in Japan durchgeführt, die diese Hypothese stützt.

Iwasaki und sein Team (2002) führten in der ländlichen Gemeinde Komochi und der Stadt Isesaki der Präfektur Gumma eine Erhebung über soziale Beziehungsnetze durch. Die dafür entworfenen Fragebögen wurden von den öffentlichen Verwaltungen an insgesamt 11 565 Personen verteilt. Die untersuchten Variablen waren soziodemographische Daten, Lebensstil, Gesundheit und soziale Netzwerke. Als Indikatoren der sozialen Netzwerke dienten sieben Faktoren: (1) Familienstand, (2) Größe des Haushalts, (3) Häufigkeit der Begegnung mit nahen Verwandten, (4) zuverlässige Freunde, (5) Teilnahme an sozialen Aktivitäten, (6) Gottesdienstbesuch und (7) freundliche Beziehungen zu Nachbarn. Von den zahlreichen Ergebnissen der Studie im gegebenen Zusammenhang ist besonders die Korrelation zwischen dem Vorhandensein zuverlässiger Freunde und chronischen Krankheiten interessant. Befragte beiderlei Geschlechts, die angaben, zuverlässige Freunde zu haben, litten seltener an chronischen Krankheiten als solche ohne Freunde. Zwar ist nicht auszuschließen, dass chronische Krankheiten das Entstehen «zuverlässiger Freundschaften» behindern, und was ein «zuverlässiger Freund» ist, mag, wie Iwasaki einräumt, in dem Fragebogen nicht deutlich genug formuliert worden sein. Positive Auswirkungen von Freundschaften auf die Überlebenswahrscheinlichkeit sind dennoch wahrscheinlich, wobei insbesondere mit indirekten Effekten zu rechnen ist. Bei Frauen wurde eine negative Korrelation zwischen der Teilnahme an sozialen Aktivitäten und der Neigung zu Nikotin- und Alkoholkonsum festgestellt. Bei unverheirateten, geschiedenen und verwitweten Männern zeigte sich verglichen mit verheirateten Männern ein erhöhtes Mortalitätsrisiko in Bezug auf alle Todesursachen, ebenso bei Männern, die sich nicht an sozialen Aktivitäten beteiligen. Nicht für alle sieben der oben genannten Netzwerkfaktoren konnten unabhängige Einflüsse auf das Mortalitätsrisiko nachgewiesen werden, aber das Gesamtergebnis der Erhebung ist, dass «soziale Netzwerke in Japan eine wichtige Prognosevariable für vorzeitigen Tod sind» (Iwasaki 2002: 1215).

Nach der Pensionierung

Soziale Isolation erhöht das Mortalitätsrisiko, indem es einen ungesunden Lebensstil fördert und den Menschen ihren Lebenszweck nimmt. Dadurch, dass das «dritte Leben» immer länger wird, wird dies zum Problem. Als Antwort darauf betrachten Individuen, Behörden, Verbände und NGOs den gezielten Aufbau sozialer Netzwerke zunehmend als wichtigen Bestandteil der Lebensgestaltung im Alter. Der geschlechtsspezifische Aspekt des Problems kommt in abfälligen Bezeichnungen wie *sodaigomi*, «Sperrmüll» (schwer loszuwerden), und *nure ochiba*,[9] «nasses Laub» (klebt an den Schuhen), für pensionierte Männer, die nutzlos zu Hause herumsitzen, ebenso zum Ausdruck wie durch die rapide wachsende Zahl der Frauen, die unter «Stress durch Ehemann zu Hause» (*otto zaitaku sutoresushō*)[10] leiden. Die Erschließung und Förderung von Aktivitäten in der Erwachsenenbildung sowie auf den Gebieten von Sport und Freizeit für Senioren, die Gelegenheiten bieten, neue Netzwerke zu bilden, sind eine Reaktion darauf. Durch die Zunahme der Lebenserwartung nach der Pensionierung wird es immer dringlicher, die Anknüpfung neuer sozialer Beziehungen gezielt zu betreiben. Das ist neu und schwierig, denn das Wir-Gefühl unter Freunden, Gleichaltrigen und Gleichgesinnten entsteht typischerweise eher früher als später im Leben. In fortgeschrittenem Alter neue Beziehungen zu knüpfen fällt den meisten Menschen schwer. Die Fähigkeit dazu zu entwickeln ist eine der Herausforderungen der alten und zunehmend mobilen Gesellschaft, in der immer mehr Wert auf intergenerationelle Unabhängigkeit gelegt wird.

Das Institut für Gerontologie der Stadt Tokio hat eine Längsschnittstudie durchgeführt, um zu ermitteln, wie sich ältere Menschen an den Ruhestand gewöhnten und wie ihre sozialen Beziehungen dadurch beeinflusst werden.[11] Die 1256 Befragten waren Rentner aus regulären Arbeitsverhältnissen, 97 Prozent Männer, was die Tatsache reflektiert, dass die reguläre Beschäftigung bis zur Verrentung bis in die jüngste Zeit eine männlich dominierte Sparte des Arbeitsmarkts war. Das Durchschnittsalter der Rentner war 75, wobei die Altersgruppe zwischen 65 und 79 Jahren einen Anteil von 72 Prozent ausmachte. Das Durchschnittsalter bei der Verrentung war 58. 18 Prozent gingen nach der Verrentung einer bezahlten Tätigkeit nach, 81 Prozent nicht. Angesichts des hohen Anteils derer, die keiner Erwerbstätigkeit nachgingen, ist es nicht überraschend, dass die Studie einen starken Rückgang der Beziehungen aus dem Arbeitsumfeld feststellte. Unterschieden wurde zwischen Beziehungen mit Familienmitgliedern und anderen Verwandten einerseits und sozialen Beziehungen im weiteren Sinne andererseits. In Bezug auf die Beziehungen außerhalb der Verwandtschaft wurde gefragt, ob die Rentner sich an Gruppen und Organisationen beteiligten, die mit ihrem früheren Arbeitsplatz, der Nachbarschaft, Hobbys, Seniorenklubs, Gesundheit und Sport oder Weiterbildung in Zusammenhang stehen (Tabelle 3.2).

Tab. 3.2: Teilnahme an Gruppen und Organisationen, nach Shimizu (2001: 134)

n	1256
Beteiligung gesamt	85,8 %
Rentnerorganisation	58,4 %
Nachbarschaftsvereinigung	34,2 %
Hobbykreis	30,1 %
Seniorenklub	27,1 %
Gesundheit, Sport	19,9 %
Weiterbildung	15,4 %
Keine Beteiligung	11,7 %

Ein hoher Anteil von beinahe 60 Prozent gab die Mitgliedschaft in einer Organisation an, die vom letzten Arbeitgeber unterstützt wird, was ein weiterer Hinweis auf das arbeitszentrierte Leben dieser Generation ist. Insbesondere große Firmen unterstützen als Dienst an ihren Mitarbeitern und der Gesellschaft insgesamt Ehemaligennetzwerke, die den Rentnern helfen, miteinander und mit ihrer Firma in Kontakt zu bleiben. Die Beteiligung an Nachbarschaftsvereinigungen (*chōnaikai* bzw. *jichikai*) war mit knapp über einem Drittel der Befragten auch relativ hoch. Diese Organisationen spielen schon lange eine wichtige Rolle im Leben der lokalen Gemeinschaft, indem sie gemeinnützige Aufgaben wie Verkehrssicherheit, Straßenreinigung, Recycling, Straßen- bzw. Tempelfeste organisieren wie auch Kampagnen zur Verschönerung der Nachbarschaft. In der überalterten Gesellschaft wachsen ihnen neue Aufgaben zu, für die einerseits öffentliche Verwaltungen nicht mehr die finanziellen Mittel haben und die andererseits gesunden älteren Mitbürgern die Möglichkeit geben, einen Beitrag zur Gesellschaft zu leisten und das Stigma der «Rollenlosigkeit» zu vermeiden. Senioren beiderlei Geschlechts verbringen immer mehr Zeit mit aktiven Freizeitbeschäftigungen und freiwilligen Dienstleistungen (Kikuchi 2004: 197). Die vom Ministerium für öffentliche Verwaltung dreijährig durchgeführte Erhebung über das gesellschaftliche Leben lässt einen graduellen Anstieg der Beteiligung von Senioren an Freiwilligentätigkeiten erkennen.[12] Dass Freizeitaktivität und soziale Dienstleistung sich nicht immer klar voneinander trennen lassen, reflektiert den Doppelcharakter des freiwilligen Engagements der Senioren, die damit sowohl den Dienst als auch die Teilnahme an der Gesellschaft beabsichtigen.

Besonders wichtig sind in diesem Zusammenhang die Seniorenklubs, deren Mitgliedschaft sich oft mit der von Nachbarschaftsvereinigungen überschneidet. Knapp ein Drittel der Befragten der zitierten Erhebung des Tokioter Zentrums für Gerontologie besuchen diese Klubs. In dem Dachverband *Zenrō* zusammengeschlossen, fördern sie ein aktives Leben ihrer Mitglieder durch vielfältige kulturelle, edukative und gesundheitsbezogene Veranstaltungen. Eine seiner wichtigsten selbstgestellten Aufgaben ist es, Gelegenheiten für Kontakte und gegenseitige

老人クラブ

老人クラブで
深呼吸。

財団法人 **全国老人クラブ連合会**
Japan Federation of Senior Citizens' Clubs, Inc. (JFSC)

Abb. 3.3: Rōjin Kurabu (Verband der Seniorenklubs Japans)
© Zenkoku Rōjin Kurabu Rengōkai, mit freundlicher Genehmigung

Unterstützung zu schaffen. Das Ziel dieser Organisation ist so formuliert:

In der alten Gesellschaft des einundzwanzigsten Jahrhunderts wollen die älteren Mitbürger der lokalen Gemeinschaft einen Verein schaffen, der der Gesellschaft von Nutzen ist. Auf der Grundlage der Solidarität der Seniorenklubs bieten wir im Interesse der Gesundheit älterer Mitmenschen und um ihrem Leben einen Sinn zu geben, gegenseitige Unterstützung und ein angenehmes Vereinsleben.

Der Verband fügt hinzu:

Das einundzwanzigste Jahrhundert wird das Jahrhundert der Alten sein. Die Alten sind es, die in der gealterten Gesellschaft dieses Jahrhunderts die führende Rolle übernehmen müssen.[13]

Das sind keine hohlen Worte, denn Zenrō verfügt über ein Netz von 130075 angegliederten Klubs mit einer Gesamtmitgliedschaft von 8429458 Menschen.[14] Der Verband entstand in der Nachkriegszeit und wuchs von 112 Klubs 1955 rasch auf 9755 Klubs 1960. Ende der 1980er-Jahre war eine landesweite Verbreitung erreicht, die praktisch jedem älteren Menschen die Möglichkeit bot, einem Seniorenklub beizutreten. Die Klubs haben durchschnittlich 65 Mitglieder, eine Zahl, die relativ enge Netzwerke entstehen lässt. Die Mitglieder kennen einander und sind dadurch in der Lage, gegenseitige Hilfe und gemeinsame Veranstaltungen wie Studienzirkel, Wohltätigkeitsbasars, Reisen, Stadtführungen für Touristen, Kulturaustausch usw. zu organisieren.

Frauen sind wie erwähnt sozial aktiver als Männer und stellen einen größeren Anteil der Mitglieder der Seniorenklubs. Statistiken werden nicht geführt, aber die Hauptgeschäftsstelle von *Zenrō* in Tokio schätzt die weibliche Mehrheit auf ein Verhältnis von 6 : 4. Die Männer sind es jedoch, für die der Erwerb sozialer Fähigkeiten das größere Desiderat ist, um ein befriedigendes «drittes Leben» zu führen. Auf diesen Bedarf reagiert der Markt mit der Einrichtung edukativer Programme, die Männer im Ruhestand unabhängiger von ihren Frauen machen sollen. So führte etwa die Kochschule Betāhōmu 1991 die ersten Kurse für Männer ein. Von anfänglich

300 Teilnehmern stiegen die Einschreibzahlen bis 2005 auf über 5000 an. Die Altersverteilung der Kursteilnehmer in einer Tokioter Filiale (Tabelle 3.3) ist repräsentativ.

Tab. 3.3: Teilnehmer eines Kochkurses für Männer und ihr Alter

Alter	50+	60+	70+
Gesamt 102:	4	81	17
%	3,9	79,4	16,7

Quelle: www.betterhome.jp/anq/dansei/dansei.html

Der staatliche Sender NHK, der soziale Trends stets aufmerksam verfolgt, strahlte 2005 das zwölfteilige Fernsehspiel *Risō no seikatsu*, «Das ideale Leben», aus, dessen Held Katsutoshi Todoroki, 60, von seinem idealen Leben träumt. Nach dem Ausscheiden aus dem Handelshaus, für das er 38 Jahre lang gearbeitet hat, will er weiter mit seinem Sohn zusammenwohnen, der diesen Traum jedoch nicht wahr werden lässt, da er eigene Pläne hat und wegzieht. Gerade in dem Moment, wo Katsutoshi dachte, eine Lebensphase ohne Konfusion und frei von Pflichten erreicht zu haben, muss er sein Leben neu einrichten. Er besucht die Kochschule und gerät in allerlei persönliche Verwicklungen, das genaue Gegenteil eines ruhigen, berechenbaren Rentnerlebens, aber auch vergnüglicher und aufregender, passend zu der heutigen Generation unverbrauchter Pensionäre.

Zivilgesellschaftliches Engagement und altersintegrierte Einrichtungen

Da die gesunden Alten nicht nur Zeit, sondern auch das Bedürfnis haben, diese sinnvoll zu nutzen, entstehen für Senioren neue Betätigungsfelder. Eine innovative Entwicklung in dieser Hinsicht sind altersintegrierte Einrichtungen. Als Folge der zurückgehenden Schülerzahl stehen in vielen Grundschulen Räume leer. Manche Schulen wurden geschlossen, andere öffnen sich für zivilgesellschaftliche Gruppen, insbesondere solche, die sich um die Bedürfnisse älterer Mitbürger kümmern. Zu diesem Zweck mussten erhebliche administrative Hürden überwunden werden, denn für Schulen ist das Ministerium für Erziehung, Kultur, Sport und Wissenschaft zuständig, während die soziale Wohlfahrt der Älteren in den Verantwortungsbereich des Ministeriums für Gesundheit, Arbeit und Soziales fällt. Da japanische Behörden ihren Zuständigkeitsbereich eifersüchtig verteidigen, ist interministerielle Zusammenarbeit immer mit Schwierigkeiten verbunden. Dass sich die beiden genannten Ministerien geeinigt haben, Serviceleistungen für Senioren in Schulen zu ermöglichen, ist eine unmittelbare Folge der Bevölkerungsalterung und des dadurch entstehenden Anpassungsdrucks (Thang 2003).

Kindergärten und Serviceeinrichtungen für Senioren zu integrieren ist nicht ganz so schwierig, weil beide zum Gesundheitsministerium gehören, aber die Zusammenführung der Generationen, obwohl innerhalb der Familie lange praktiziert, ist im institutionellen Rahmen neu. Zu den erfolgreichen und viel versprechenden Beispielen gehört die räumliche Zusammenlegung von Kindergärten und Altentagesstätten ebenso wie der Einsatz von Senioren als Aufsichts- und Pflegepersonal in Kindergärten und Stätten für die nachschulische Kinderbetreuung (*jidōkan*). Sowohl in öffentlicher als auch in privater Trägerschaft sind in jüngster Zeit vermehrt altersintegrierte Einrichtungen dieser Art entstanden, wobei die Kombination von Altentagesstätten mit Kindergärten und Kinderhorts am häufigsten ist. Von Altentagesstätten machen überwiegend Senioren Gebrauch, die allein leben und wenig Gelegenheit zur Interaktion mit der mittleren und der jüngsten Generation haben. Nicht nur die gemeinsame Nutzung von Gebäuden, sondern auch die Übertragung von Aufgaben an gesunde Senioren wirkt sich in mehrfacher Hinsicht positiv aus. Die sozial vermittelte Erfahrung der Ersatzgroßelternschaft ist eine Kostenersparnis der Kindergärten und gleichzeitig eine abwechslungsreiche Auflockerung der Alltagsroutine der Besucher öffentlich finanzierter Altentagesstätten.

Zuerst wurden altersintegrierte Einrichtungen in Großstädten geschaffen, wo der Anteil von Einpersonenhaushalten größer ist als in ländlichen Gebieten, aber das Konzept hat auch in Randgebieten Anhänger gefunden. So wurde etwa 1992 in der Präfektur Toyama *Kono Yubi Tōmare*,[15] das erste altersintegrierte Tageszentrum, gegründet. Die achtundzwanzig vollzeitbeschäftigten Mitarbeiter werden von sechs bezahlten und vierzig unbezahlten Freiwilligen unterstützt. Die Dienste des Tageszentrums stehen Kindern, Senioren und Behinderten gegen eine geringe Gebühr von 8 bis 17:30 Uhr zur Verfügung. Die Kombination von professionellem Personal, gesunden älteren Freiwilligen, Kindern und unterstützungsbedürftigen Älteren wird von allen als vorteilhaft empfunden.

Da immer mehr Menschen nach dem Ausscheiden aus dem Berufsleben potenziell viele Jahre eine behinderungsfreie, aktive Lebenszeit vor sich haben, müssen die sozialen Strukturen so angepasst werden, dass sie diese Möglichkeit nutzen können. Altersintegrierte Einrichtungen bieten älteren Menschen Gelegenheit zur Interaktion mit Jüngeren. Ein weiterer, in seiner Bedeutung nicht zu unterschätzender Effekt von Einrichtungen dieser Art ist, dass sie dazu beitragen, die Wahrnehmung älterer Menschen als Belastung der Familie zu verändern. Kleinere Familien und größere Mobilität ziehen verminderte Gelegenheiten zu Kontakten zwischen den Generationen und um die Familie zentrierten sozialen Netzwerken nach sich. Die Gesellschaft reagiert darauf mit dem Trend, soziale Netzwerke nicht mehr primär als Privatangelegenheit zu betrachten, sondern auch und zunehmend als Aufgabe von Kommunen, Firmen und zivilgesellschaftlichen Organisationen. Durch Alterung und Globalisierung bedingte Veränderungen des Arbeitsmarkts erzwingen mehr Mobilität, weswegen immer mehr Söhne und Töchter im berufstätigen Alter nicht in der Nähe ihrer Eltern leben. Zur Unterstützung der dadurch entstandenen «Pflege-auf-Abstand-Gemeinschaft» (*Enkyori kaigo komyuniti*)[16] sind verschiedene zivilgesellschaftliche Organisationen ins Leben gerufen worden wie z. B. *Ai no Kai* (Gesellschaft der Liebe) in der Präfektur Shimane und *Paokko*, eine Dachorganisation in Tokio. Sie sind ein Teil der Entwicklung, die auf die Verlagerung von Aufgaben aus dem Verantwortungsbereich der Familie in den der Gemeinschaft hinausläuft. Freiwilligenorganisationen und kommunale Verwaltungen übernehmen Aufgaben, die bis unlängst mit der Familie assoziiert waren. Sagazas (1999: 204) optimistische Einschätzung, dass in dem Maße, wie die Menschen erkennen, dass sie nützlich sein können und die Befriedigung eines Lebens für andere erfahren, «ein neuer Lebensstil der Älteren entsteht», wird nicht von allen geteilt. Unbezweifelbar ist jedoch die Zunahme zivilgesellschaftlichen Engagements und seiner Funktion für das Entstehen neuartiger sozialer Netzwerke. Im Zeitalter der schrumpfenden und als gesellschaftliche Einheit schwächer werdenden Familie besonders wichtig sind altersintegrierte Einrichtungen, mit denen Möglichkeiten der Kommunikation zwischen den Generationen geschaffen werden, die die Familie immer weniger bietet.

IV DAS EINSAME KIND

Chihiro ist Einzelkind. Sie ist unglücklich, weil sie wegen des Umzugs ihrer Eltern ihre Schule und ihre Freunde zurücklassen muss. Sie können sich ein größeres und schöneres Haus leisten. Auf dem Weg dorthin machen die Eltern einen Abstecher in ein pittoreskes, aber menschenleeres und deshalb etwas unheimliches Städtchen. Chihiro sträubt sich dagegen, aber ihre Eltern schieben das auf ihre schlechte Laune. In einem kellnerlosen Restaurant, an dem sie vorbeikommen, stürzen sie sich auf das überreichlich bereitstehende Essen; sie glauben, es ist umsonst. Aber da es in dieser Welt nichts umsonst gibt, werden sie prompt in Schweine verwandelt. An Chiriro ist es, sie unter großen Mühen und Gefahren zurück in die Menschenwelt zu holen.

Das ist in aller Kürze die Handlung von «Weggezaubert» (*Sen to Chihiro no Kamikakushi*), dem gefeierten Animationsfilm von Hayao Miyazaki, der kurz nach seinem Erscheinen 2001 zum meistbesuchten Film Japans aller Zeiten wurde. Der Film ist ein bemerkenswertes Kunstwerk, aber darüber hinaus deutet sein Massenerfolg darauf hin, dass er einen Nerv getroffen hat, dass Motive, die er behandelt, am Puls der Zeit sind und die Menschen sich davon selber angesprochen fühlen. Chihiro ist das einsame Kind von heute, das seinen Weg in oder vielmehr aus einer feindseligen, fremden und schamlos hedonistischen Gesellschaft, die sich wenig um ihren Nachwuchs kümmert, finden muss, umgeben von älteren Leuten mit seltsamen Gewohnheiten und noch seltsameren Verlangen. In dieser monströsen Welt unangepasster irrer Typen und Geschöpfe pathologischer Familien bewältigt Chihiro fast ohne Hilfe die Katastrophe der Postmoderne, nämlich die Auflösung aller verlässlichen sozialen Bindungen.

Von Übervölkerung zu Entvölkerung

Japans Geburtenrate ist auf dem Tiefststand. Jede neue Statistik bestätigt den scheinbar irreversiblen Trend, aber das war nicht immer so. Die Geschichte der sozialen Regulierung der Geburten in Japan ist kompliziert, da die japanische Regierung im Laufe des zwanzigsten Jahrhunderts mehrmals zwischen Förderung und Beschränkung ehelicher Fruchtbarkeit hin- und herschwankte. Große Familien mit fünf oder sechs Kindern waren vor dem Zweiten Weltkrieg nicht ungewöhnlich. Während des Krieges senkte die Regierung das gesetzliche Ehefähigkeitsalter, verbot Verhütungsmittel und propagierte eine Familiengröße von mindestens fünf Kindern pro Ehepaar. Nach dem Krieg warf die Regierung unter dem Eindruck des einsetzenden Babybooms das Steuer herum und verfolgte eine Politik der Familienplanung. In dieser Zeit war der Ausdruck *sanji seigen*, «Geburtenkontrolle», in aller Munde. Im Geist der Tradition öffentlicher Kampagnen und der Einmischung des Staates in persönliche Angelegenheiten wurde die Öffentlichkeit ermahnt, dass das durch den Verlust der Kolonien um 40 Prozent reduzierte Staatsgebiet mehr als die damals 80 Millionen Japaner nicht tragen könne. Lebensmittelknappheit und die Repatriierung von drei Millionen demobilisierten Soldaten verliehen dem Argument Nachdruck. Das Bevölkerungswachstum erreichte 1946 erstaunliche fünf Prozent. Im Interesse erträglicher Lebensbedingungen, so sah man es, war es zwingend erforderlich, es zu bremsen, was nur durch Familienplanung erreicht werden konnte. *Sanji seigen* wurde so zur offiziellen Politik. Dem Rat der amerikanischen Demographen Warren S. Thompson and Pascal K. Whelpton folgend, die Japan während der Besatzungszeit besuchten, wurde 1948 das Eugenikschutzgesetz (Yūsei Hogohō) verabschiedet. Wegen der Vielzahl illegaler Schwangerschaftsabbrüche wurde es in kurzer Folge, 1949 und 1952, zweimal novelliert und legalisierte den Schwangerschaftsabbruch «aus wirtschaftlichen

Gründen» (Muramatsu 2002: 906). Mit der Novellierung des Arz-
neimittelgesetzes, die Verhütungsmittel legalisierte und leichter zugänglich machte, und einem Kabinettsbeschluss zur Popularisie-
rung der Familienplanung 1951 begann in Japan eine neue Runde
der reproduktiven Kontrolle. Von vielen Feministinnen wurde das
begrüßt, denn sie sahen in der Familienplanung ein Mittel der
Emanzipation von den Zwängen häuslicher Verpflichtungen.

Ob diese Maßnahmen den bald darauf erfolgenden Geburtenrückgang verursachten oder ihm nur förderlich waren, lässt sich
kaum feststellen. Nach einer Interpretation stellte er die Fortset-
zung des durch den Zweiten Weltkrieg unterbrochenen modernen
demographischen Übergangs dar, der im neunzehnten Jahrhundert
begonnen hatte (Mosk 1979). Tatsache ist, dass die Geburtenrate
seit 1950 nahezu kontinuierlich gefallen ist und sich nur Anfang
der 1970er-Jahre als Echo auf den ersten Babyboom geringfügig
erholte. Die Zahl der Lebendgeburten fiel von 2 670 000 1974 auf
1 123 610 2003, und eine Umkehr des Trends zeichnet sich zur Be-
stürzung vieler seither nicht ab. Wie sehr sich die Lage verändert
hat! Anstelle von *sanji seigen* fragt man sich händeringend, wie sich
die Fertilität wieder anheben lässt, denn die Zukunft Japans wird
durch Entvölkerung bedroht. Weit mehr als die Zunahme der alten
Bevölkerung wird heute die niedrige Geburtenrate – 1,25 im Kalen-
derjahr 2005 – als größtes Bevölkerungsproblem betrachtet. 1975
hatten 53 Prozent aller Haushalte Kinder (unter 15). Dieser Pro-
zentsatz war 2003 auf 28,2 Prozent gesunken.[1] In Japan ist eine Gesellschaft entstanden, in der nach verbreiteter Meinung zu wenige
Kinder geboren werden, und Vertreter von Politik, öffentlicher
Verwaltung und Wissenschaft fragen sich, warum das so ist.

Ursachen des Geburtenrückgangs

Diese Frage ist komplizierter, als es auf den ersten Blick erscheint,
obwohl manche Wissenschaftler glauben, die Antwort zu kennen.
Yutaka Harada vom Daiwa-Forschungsinstitut etwa konstatiert
kurz und bündig: «Der Grund für die sinkende Zahl der Kinder
sind die gestiegenen Kosten für ihren Unterhalt» (Harada 2005: 30).

Viele Wirtschaftswissenschaftler stimmen dem zu, denn nach der Theorie des demographischen Übergangs sind gesenkte Mortalität und gesenkte Fertilität Ergebnis der Wirtschaftsentwicklung. Dennoch ist der Geburtenrückgang nicht allein auf ökonomische Faktoren zurückzuführen. Der Babyboom, zu dem es in wirtschaftlich harten Zeiten kam, verleiht der gegenteiligen Annahme jedenfalls wenig Plausibilität und weist vielmehr darauf hin, dass die Bevölkerungsdynamik immer Gegenstand diverser Einflüsse ist, die es zu berücksichtigen gilt. Matsutani und Fujimasa (2002) weisen darauf hin, dass der Zusammenhang zwischen steigender Lebenserwartung und fallender Geburtenrate durchaus nicht gut verstanden wird. Der gleichzeitige Vollzug beider Entwicklungen in vielen Industrieländern deutet auf gemeinsame Ursachen hin. Aber die unterschiedlichen sozioökonomischen Bedingungen in den entwickelten Industrieländern machen die Aufdeckung gemeinsamer Kausalfaktoren schwierig. Warum nimmt die Fertilität ab, während die Lebenserwartung zunimmt? Warum sind beide Trends nicht unabhängig voneinander? Das ist die demographische Preisfrage. Lassen sich externe Variablen wie Hygiene und Technik identifizieren, die beide Entwicklungen beeinflussen, oder ist die Annahme eines selbstregulierenden, nach einem Bevölkerungsgleichgewicht strebenden Systems ein aussichtsreicherer Ansatz der Fertilitätsanalyse, wie z. B. Hirschman (1994) vorgeschlagen hat? Wenn die sinkende Geburtenrate auf die Eigendynamik des Systems zurückzuführen ist, ist jedenfalls das systemsteuernde zugrunde liegende homöostatische Prinzip bisher verborgen geblieben. Die Frage ist nicht allein von theoretischem Interesse, denn ohne die Gesetzmäßigkeiten des Systems zu kennen, können gezielte Beeinflussungen desselben unvorhergesehene und unwillkommene Folgen haben.

Die Fertilitätsdynamik in Japan weist nach zwei Jahrzehnten relativer Stabilität ab Mitte der 1970er-Jahre einen beschleunigten Rückgang auf. Die Ölkrisen 1973 und 1980 dämpften das Wirtschaftswachstum. Die Zuwachsrate des Bruttoinlandsprodukts ging zurück, während Bodenpreise weiter stiegen, wodurch die Finanzierung von Immobilien für junge Paare, die eine Familie gründen wollten, immer schwieriger wurde. Gleichzeitig strebten die Frauen

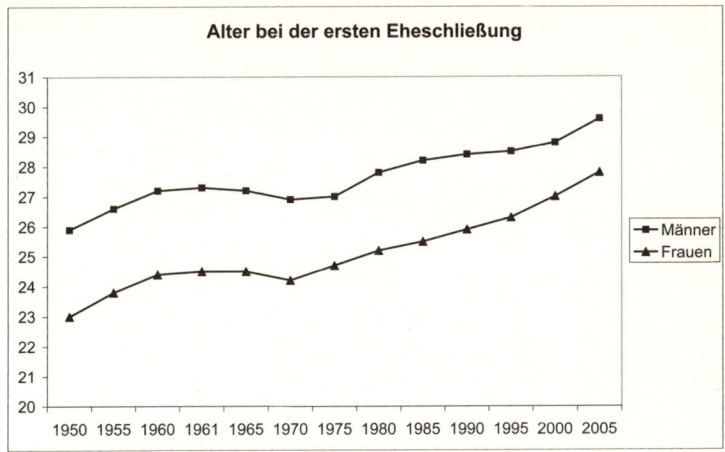

Abb. 4.1: Alter bei der ersten Eheschließung
Quelle: Statistische Abteilung des Ministeriums für Gesundheit, Arbeit und Wohlfahrt, 2005

in die Universitäten, und die weibliche Erwerbsbeteiligung stieg kontinuierlich an. Nach dem Zensus von 1995 gingen 60 Prozent aller Frauen zwischen 20 und 60 einer bezahlten Tätigkeit nach. In der Alterskohorte von 20 bis 24 waren es 74 Prozent. Diese Entwicklung ging mit dem stetigen Anstieg des Heiratsalters (Abb. 4.1) für beide Geschlechter und mit der Verringerung der durchschnittlichen Haushaltsgröße (Tabelle 4.1) einher.

Zwischen 1950 und 2005 stieg das Alter bei der ersten Eheschließung um durchschnittlich vier Jahre für beide Geschlechter, wodurch auch das Alter bei der ersten Geburt anstieg und die Zahl der Geburten pro Frau sank. Eine Korrelation zeigte sich auch zwischen Einkommen und Eheschließung, und zwar dergestalt, dass die Unverheiratetenrate unter Männern mit den niedrigsten Einkommen am höchsten ist (Abb. 4.2).

Tab. 4.1: Anzahl der Haushaltsmitglieder, 1970–2000

Jahr	Haus-halte (1000)	Zuwachs durchschn. pro Jahr	Haushalts-mitglieder (1000)	Mitglie-der pro Haushalt	Bevölke-rung (1000)	Zuwachs durchschn. pro Jahr
1970	30 297	3,00 %*	103 351	3,41	104 665	1,08 %
1975	33 596	2,09 %	110 338	3,28	111 940	1,35 %
1980	35 824	1,29 %	115 451	3,22	117 060	0,90 %
1985	37 980	1,18 %	119 334	3,14	121 049	0,67 %
1990	40 670	1,38 %	121 545	2,99	123 611	0,42 %
1995	43 900	1,54 %	123 646	2,82	125 570	0,31 %
2000	46 782	1,28 %	124 725	2,67	126 926	0,21 %

* Jährliche Zuwachsrate zwischen 1960 und 1970
Quelle: Statistische Abteilung, Ministerium für Inneres und Telekommunikation

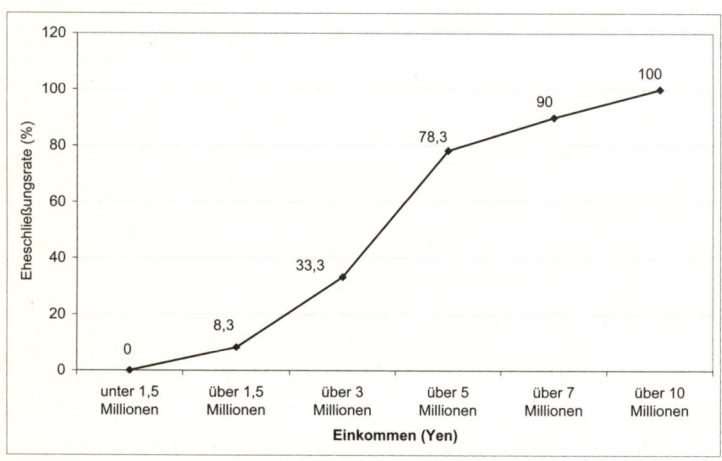

Abb. 4.2: Einkommen und Eheschließung, Männer (Miura 2005: 124)

Diese Beobachtung hat der Schlussfolgerung Vorschub geleistet, dass die Geburtenrate mit der Eheschließungsrate zurückgeht, weil die niederen Einkommensgruppen es sich nicht mehr leisten können zu heiraten. Die wachsenden Ausbildungskosten und die immer stärker empfundene Notwendigkeit, den eigenen Kindern eine gute Schulbildung zu bieten, um ihnen einen aussichtsreichen Start in eine Gesellschaft immer stärkeren Wettbewerbs und wachsender sozialer Disparitäten zu ermöglichen, werden als zusätzlicher, wenn nicht entscheidender Faktor angesehen. Bildung ist teurer geworden. Nach Berechnungen des Wirtschaftswissenschaftlers Morinaga (2004) kostet eine vierzehnjährige Ausbildung vom Kindergarten bis zum Oberschulabschluss je nach der gewählten Kombination öffentlicher und privater Schulen 5 bis 10 Millionen Yen und ein vierjähriges Universitätsstudium mindestens 4 Millionen Yen zusätzlich. Diese Summen beinhalten keine Kosten für Nachhilfe, Lebensunterhalt und Hobbys. Gemessen an dem durchschnittlichen Haushaltsjahreseinkommen von 5,8 Millionen Yen (2003), ist das eine schwere Belastung.[2] Nicht wenige Paare, die eine solche Rechnung aufstellen, entscheiden sich gegen Kinder oder schieben die Realisierung ihres Kinderwunsches auf.

Die These, die Geburtenrate gehe zurück, weil die Japaner sich keine Kinder mehr leisten können, ist dennoch nicht haltbar, denn trotz der langen Konjunkturflaute in den 1990er-Jahren war die japanische Gesellschaft noch nie so reich wie heute. Das Argument von den zu stopfenden Mäulern ist oft vorgebracht worden, und eine positive Korrelation zwischen Familiengröße und Armut ist oft nachgewiesen worden. Bezogen auf das Japan der Nachkriegszeit ist sie jedoch wenig überzeugend, nicht zuletzt weil Armut ein relativer Begriff ist. Japans Entwicklung von der Nachkriegszeit bis zum Ende der Hochwachstumsperiode in den 1980er-Jahren war durch kontinuierliche Wohlstandssteigerung praktisch der gesamten Gesellschaft gekennzeichnet. Niemand blieb zurück. In dieser Zeit entstand die Ideologie von der Mittelschichtgesellschaft (*chūryū shakai*), und jeder wollte «ein anständiges Leben führen, so wie andere» (*hitonamini kurasu*). Jeder hatte Anteil an dem scheinbar unbegrenzten Wachstum. Nichtsdestotrotz ging die Geburtenrate zurück. Den scheinbaren Widerspruch der Gleichzeitigkeit von fallender Geburtenrate und steigendem Wohlstand stellt Abb. 4.3 dar.

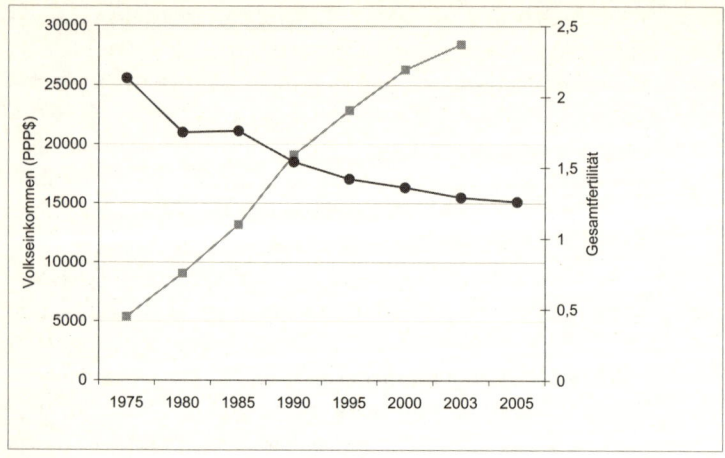

Abb. 4.3: Volkseinkommen pro Kopf und Gesamtfertilitätsrate, 1970–2005

Lebensstil

Bei der Suche nach einer Erklärung des Geburtenrückgangs liegt ökonomischer Reduktionismus nahe, was aber der Komplexität der gesellschaftlichen Wirklichkeit nicht gerecht wird. In dem Sinne, dass sie die Gesellschaft und den Mechanismus ihrer Reproduktion grundlegend verändert, ist die reduzierte Fertilität eine soziale Katastrophe. Für eine Gesellschaft, die beständig wuchs, solange die Erinnerung ihrer ältesten Mitglieder reicht, ist der Beginn der Bevölkerungsschrumpfung ein Ereignis von großer Tragweite. Wenn die Familie schrumpft, Geschwister verschwinden und die Bereitschaft zur Fortpflanzung gehemmt ist, bedeutet das nicht lediglich eine Verkleinerung der Gesellschaft, sondern die Auflösung der Gesellschaftsorganisation und ihre Ersetzung durch eine neue. Wirtschaftliche Parameter reichen nicht aus, um die gesellschaftlich geregelte Fertilität und die Umwälzungen, die sie nach sich zieht, zu erklären. Die elegante S-Kurve in Abbildung 4.2 mag das illustrieren. Sie stellt einen Zusammenhang zwischen Einkommen und Heiratsrate dar, aber ein Kausalzusammenhang zwischen beiden lässt sich daraus nicht unbedingt ableiten. Denn junge Männer sind nicht deshalb unverheiratet, weil sie niedrige Einkommen haben, sondern weil sie jung sind. Der dritte Faktor, das Lebensalter, beeinflusst Einkommen und Familienstand mehr, als diese einander bedingen. Einen Haushalt zu gründen und Kinder zu kriegen verursacht Kosten, aber in die individuelle Entscheidung, zu heiraten und eine Familie zu gründen, fließen andere Faktoren mit ein. Sie werden summarisch als Lebensstil bezeichnet. Dieser vage Begriff ist unverzichtbar, wenn wir verstehen wollen, weshalb Kinder aus der Mode – und dieses Wort ist mit Bedacht gewählt – gekommen sind und warum Japanerinnen und Japaner die Eheschließung hinausschieben oder ganz vermeiden und weniger Kinder in die Welt setzen, als sie sich wünschen.[3]

Lebensstil betrifft Einstellungen und Werte, Präferenzen und Prioritäten, kulturelle Orientierungen, Ideen und Vorstellungen, die von den Medien verbreitet werden; Wünsche, Konsumdruck, Ideologien und mögliche Lebenspläne. Seit Ende des Zweiten Weltkriegs hat die japanische Gesellschaft in dieser Hinsicht enorme Veränderungen durchgemacht. Das allgemeine Bildungsniveau ist stark gestiegen, was eine Hinwendung zum Individualismus nach sich gezogen hat, wie sie in der Frühphase der Industrialisierung unvorstellbar gewesen wäre. Möhwald (2000) diagnostiziert «seit Mitte der 1980er-Jahre eine deutliche Relativierung und Abschwächung von Werten in allen Lebensbereichen, insbesondere bezüglich Familie, Ehe, Arbeit und Alltagsverhalten». Gleichzeitig und als Ausdruck dieser Entwicklung hat sich der Charakter der Ehe dahingehend verändert, dass die Liebesheirat anstelle der arrangierten Ehe weitere Verbreitung gefunden hat. Allein diese eine Veränderung ist äußerst folgenreich, und sie ist eine von vielen. Gegenseitige Liebe als Voraussetzung der Eheschließung impliziert die Möglichkeit, dass sich kein geeigneter Partner findet. Das ist ein fundamentaler Unterschied zur Ehe als arrangierter Wirtschafts- und Reproduktionsgemeinschaft, die einzugehen nicht weniger eine Option als eine Frage des Alters ist. In dem Maße, wie die Liebesheirat auf Kosten der arrangierten Ehe an Boden gewonnen hat, ist die Anzahl der lebenslang unverheirateten Männer und Frauen gestiegen. Und in dem Maß, wie ein Leben ohne Heirat weniger ungewöhnlich wird, verblasst das damit verbundene Stigma, was

Tab. 4.2: Anteil lebenslang unverheirateter Männer und Frauen und Alter bei erster Eheschließung, 1950–2000

Jahr	Männer lebenslang unverheiratet	Alter bei Erstheirat	Frauen lebenslang unverheiratet	Alter bei Erstheirat
	in %			
1950	1,46	26,2	1,35	23,6
1960	1,26	27,4	1,87	25,0
1970	1,7	27,5	3,33	24,7
1975	2,12	27,6	4,32	24,5
1980	2,6	28,7	4,45	25,1
1985	3,89	29,6	4,32	25,8
1990	5,57	30,3	4,33	26,9
1995	9,07	30,5	5,28	27,2
2000	12,57	30,81	5,82	28,58

Quelle: Forschungsinstitut für Bevölkerung und Soziale Sicherheit, 2005

den Trend weiter verstärkt. Die einflussreiche Monatszeitschrift *Chūō Kōron* verkündete dementsprechend bereits die «Ankunft einer ehelosen Gesellschaft».[4]

Demographischer Druck und Einstellungswandel machen sich auch bei der Veränderung anderer gesellschaftlicher Bedingungen bemerkbar. Seit den 1950er-Jahren hat die Zuwachsrate der Haushalte die der Bevölkerung beständig übertroffen. Zwischen den Volkszählungen 1990 und 1995 wuchs die Bevölkerung um 1,6 Prozent, die der Haushalte aber um 7,9 Prozent (Sagaza 1999: 42). Bis 2000 wurde dieser Trend noch ausgeprägter: Die Zuwachsrate der Haushalte war mit 6,56 Prozent mehr als das Sechsfache des Bevölkerungswachstums von 1,08 Prozent. Das bedeutet, dass die durchschnittliche Größe der Haushalte stetig abnimmt, was zum Teil auf die Zunahme von Einpersonenhaushalten und zum Teil auf den Geburtenrückgang zurückzuführen ist. Heute haben daher die meisten Kinder sowohl ältere Eltern als auch weniger Geschwister als ihre Eltern in deren Kindheit. Da sie innerhalb der Familie weniger

Gelegenheit zur Interaktion mit anderen Kindern haben, wachsen sie in einer anderen Welt auf und in eine andere Gesellschaft hinein. Ihre Sozialisation bringt eine Generation hervor, die eine neue Gesellschaft erzeugt, die *shōshika shakai* oder «kinderarme Gesellschaft».[5]

Folgen des Geburtenrückgangs

Sowohl *otaku* auch *hikikomori* sind Kinder dieser Gesellschaft. Seit den späten 80er-Jahren haben diese beiden Ausdrücke rasche Verbreitung gefunden. Sie bezeichnen sowohl bestimmte Formen unangepassten Verhaltens als auch diejenigen, die es an den Tag legen. *Otaku*, die mittlerweile als Repräsentanten einer legitimen Subkultur anerkannt sind, bleiben für sich und verbringen ihre Freizeit monoman mit Manga, Computerspielen und anderen Produkten der Popkultur, die sie bewundern. Obwohl viel allein, sind sie nicht antisozial und verkehren miteinander, zumindest im virtuellen Raum der elektronischen Kommunikation. Das Phänomen *hikikomori* – «akuter Rückzug aus der Gesellschaft» – begann die Öffentlichkeit zu interessieren, nachdem der Psychologe Tamaki Saitō ihm 1998 in einem Buch diesen Namen gegeben hatte. Es ist durch unkommunikatives Verhalten und extreme Meidung sozialer Kontakte gekennzeichnet. Saitō schätzt die Zahl der davon Betroffenen, mehrheitlich männliche Jugendliche, landesweit auf zwischen 500 000 und eine Million. Sie sind in mehr als einem Sinne ein Produkt der japanischen Gesellschaft. Zwar gibt es bisher keine statistischen Daten, aber die enorme Aufmerksamkeit, die dem Problem seit der Veröffentlichung von Saitōs Buch und einiger Folgestudien geschenkt wird, deutet darauf hin, dass viele Familien Grund haben, sich damit zu beschäftigen. Wenn Saitōs Schätzung auch nur in der genannten Größenordnung zutrifft, sind die *hikikomori* ein ernsthaftes gesellschaftliches Problem, da ein beträchtlicher Teil dieser Alterskohorte davon betroffen ist.[6]

Die Verkleinerung der Familie bringt neue Persönlichkeitstypen und neue Interaktionsmuster hervor, wie sie z. B. die *otaku* und *hikikomori* exemplifizieren. Beweise dafür, dass diese Arten der

Unangepasstheit eine Folge der verminderten Familiengröße sind, gibt es nicht, aber die wachsende Zahl von Einzelkindern wird von vielen Japanern mit Sorge betrachtet. Von 1975 bis 2003 fiel der Anteil der Haushalte mit mehr als einem Kind von 33 Prozent auf 16,1 Prozent.[7] Der Anteil der Haushalte mit einem Kind ging ebenfalls zurück, aber ihr Anteil an den Haushalten mit Kindern ist gestiegen. Die Einzelkindfamilie ist auf dem Vormarsch. Je weniger Kinder sie hervorbringen, desto mehr befassen sich die Japaner mit Problemen ihrer Erziehung, so hat es den Anschein. Das Einzelkind ist Gegenstand intensiver öffentlicher Diskussionen. Der Psychologe Akira Tago (2005) rät, diese Kinder nicht zu bedauern und ihnen gegenüber keine apologetische Haltung einzunehmen, weil sie keine Geschwister haben, aber offenbar ist es nicht einfach, diesen Rat zu befolgen. Das Einzelkind im Mittelpunkt der Familie bedeutet vor allem eins: Ungleichheit und asymmetrische Kommunikation. Innerhalb der Familie interagieren diese Kinder mangels Geschwistern ausschließlich mit Erwachsenen. Andere zu überreden, zu beschwichtigen, zu überzeugen bedeutet, Erwachsene zu überreden, zu beschwichtigen und zu überzeugen. Ihre Kommunikationsfähigkeiten in der Kommunikation von Angesicht zu Angesicht sind oft schlecht entwickelt. Sie ziehen es vor, elektronisch vermittelt miteinander zu kommunizieren.

Das Einzelkind ist sowohl für die Eltern als auch für die Kinder problematisch. 2004 veröffentlichte Tago «Ein Buch für Söhne, die Einzelkinder sind». Der durchschlagende Erfolg – siebzehn Nachdrucke in zwei Monaten – veranlassten Autor und Verlag dazu, ein entsprechendes Buch für «Töchter, die Einzelkinder sind», gefolgt von zwei weiteren Bänden für die Eltern solcher Kinder (Tago 2004 a, b, 2005 a, b), zu veröffentlichen. Die öffentliche Aufmerksamkeit, die dem Thema geschenkt wird, ist lediglich ein Gradmesser seiner gesellschaftlichen Bedeutung. Über die sozialen Folgen der wachsenden Zahl der Kinder, die ohne Geschwister aufwachsen, lassen sich nur Vermutungen anstellen. In ihrer frühen Kindheit werden diese Individuen in vielen Fällen von zwei Eltern und vier Großeltern verwöhnt, aber wenn sie erwachsen sind, wird von ihnen erwartet werden, sich dafür zu revanchieren, was sowohl für den Einzelnen als auch für die Gesellschaft insgesamt eine erhebliche Belastung zu werden verspricht.

Da der Zensus nur die Zahl der Haushaltsmitglieder zum Zeitpunkt der Erhebung und ihre Beziehung zum Haushaltsoberhaupt erfasst, ist es schwer, die Zahl der lebenslang Einzelkinder bleibenden Individuen zu ermitteln. Die schrumpfende Haushaltsgröße lässt jedoch vermuten, dass ihre Zahl steigt und die Einzelkindfamilie zu einem weiter verbreiteten Muster häuslichen Lebens wird. Ob daraus eine «Gesellschaft der Ungebundenen» entsteht, ist eine wichtige Frage, deren volle Bedeutung noch auszuloten ist.

Regionale Unterschiede

Um den Geburtenrückgang zu erklären, sollte man sowohl die wirtschaftlichen Bedingungen als auch den Lebensstil betrachten. Denn Marktmechanismen und Lebensstil wirken nicht als unabhängige Variable auf das demographische Verhalten ein. Vielmehr wirken wirtschaftliche Interessen, kulturelle Werte und Ideologien auf vielfältige und komplexe Weise zusammen. Regionale Unterschiede des demographischen Wandels machen das deutlich.

Japans Hauptstadt ist bezüglich aller Indices des Geburtenrückgangs an der Spitze der Entwicklung. Mit 7,8 Lebendgeburten pro 1000 der Bevölkerung hat Tokio die niedrigste Geburtenrate im ganzen Land. Es folgen andere Großstädte wie Sapporo, 8,1, Kitakyushu, 8,4, Kioto, 8,6, Osaka, 8,8, und Nagoya, 8,9. Am oberen Ende der Fruchtbarkeitsskala stehen ländliche Präfekturen, angeführt von dem südlichen Okinawa mit 12,1, gefolgt von Shiga, 10,1, und Aichi, 10,1.[8] Zusammengenommen ergeben diese Zahlen eine sehr niedrige Gesamtfertilitätsrate. Die Tokios fiel 2003 zum ersten Mal unter 1,0, während Okinawa mit 1,72 zwar weit über dem landesweiten Durchschnitt, aber immer noch deutlich unter dem Ersatzniveau von etwas über 2,0 lag. Die allgemeine Fertilität und die der nie Verheirateten ist in Tokio und anderen Ballungsräumen am niedrigsten. Der Anteil der Einzelkindfamilien ist in Tokio am größten, das Alter bei der ersten Eheschließung am höchsten.[9] Mit nur 12 Prozent ist der Anteil der Kinder an der Gesamtbevölkerung

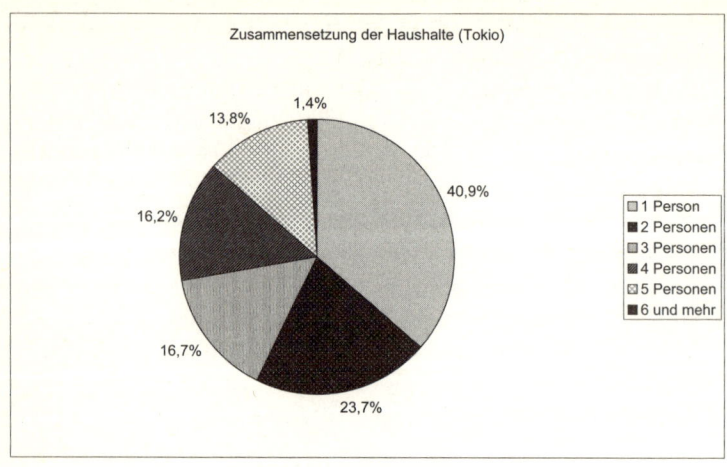

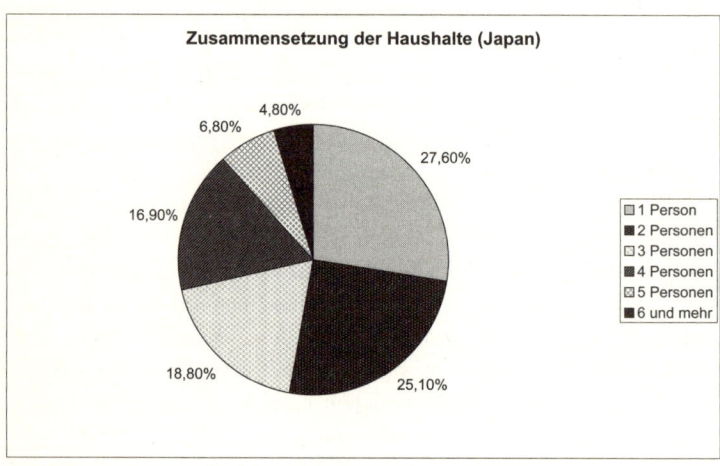

Abb. 4.4: Zusammensetzung der Haushalte in Japan und Tokio
Quelle: Statistische Abteilung, Ministerium für öffentliche Verwaltung, Post und Telekommunikation, 2005

Tokios der niedrigste aller Präfekturen, wohingegen Okinawa mit 19 Prozent den höchsten aufweist.[10]

Der interregionale Vergleich der Haushaltszusammensetzung enthüllt ähnliche Tendenzen und Unterschiede. 2000 betrug die durchschnittliche Zahl der Haushaltsmitglieder für Japan 2,67, für Tokio aber nur 2,21. Von den 5 371 057 Haushalten der Stadt waren erstaunliche 2 194 342 oder 40,9 Prozent Einpersonenhaushalte.[11] Tokio führt die Nation auch nach dem Anteil der nie verheirateten Bevölkerung beider Geschlechter an. Nach Auskunft des Eheinformationsrats waren 2004 54,2 Prozent der Tokioter Männer zwischen 30 und 34 unverheiratet und 65,3 Prozent der Tokioter Frauen zwischen 25 und 29. Der Landesdurchschnitt lag bei 42,9 resp. 54,0 Prozent.[12] Mit 5517 Einwohnern pro Quadratkilometer ist die Bevölkerungsdichte in Tokio sechzehnmal so hoch wie der Landesdurchschnitt von 340, verglichen mit Hokkaido, dessen Bevölkerungsdichte mit 73 Personen/km² weniger als ein Viertel des Durchschnitts beträgt.

Nicht alle demographischen Indikatoren bieten sich für eine dichotomische Anordnung nach Stadt und Land an. So weist etwa die ländliche Präfektur Okinawa einen hohen Anteil von Einpersonenhaushalten auf. Dennoch lässt sich insgesamt sagen, dass das hektische, gedrängte Stadtleben und vieles, was damit verbunden ist, wie hohe Immobilienpreise, lange Arbeits- und Pendelzeiten, starke Konkurrenz auf dem Arbeitsmarkt, hohe weibliche Erwerbsbeteiligung und auch das reiche kulturelle Angebot der Familiengründung im heutigen Japan am abträglichsten sind. Aber obwohl die kinderarme Gesellschaft in Tokio am weitesten fortgeschritten ist, spart der Geburtenrückgang keine Stadt und keinen Landkreis aus. Tokio verkörpert den nationalen Trend am deutlichsten, und jetzt fühlt sich die Nation gezwungen, sich dazu zu verhalten. In den vergangenen zwei Jahrzehnten sind diverse Maßnahmen vorgeschlagen und durchgeführt worden, um eine Trendwende herbeizuführen, bisher mit wenig Erfolg.

Gegenmaßnahmen

In der Öffentlichkeit wurde dem Geburtenrückgang zuerst 1989 anlässlich des «1,57-Schocks» große Aufmerksamkeit geschenkt, als die Fertilitätskurve einen neuen Tiefpunkt erreichte. 1990 wurde eine interministerielle Kommission zur «Schaffung einer gesunden

Umgebung für Mutterschaft und Kindererziehung» eingerichtet, was 1991 zur Verabschiedung eines Mutterschaftsurlaubsgesetzes führte. 1994 trat der «Angel Plan»[13] der japanischen Regierung in Kraft, dem 1999 der «New Angel Plan» folgte. Mit diesen Plänen wurde die Absicht verfolgt, durch die Förderung von Erziehungsurlaub, Unterstützung arbeitender Mütter und Ausbau der Kinderbetreuung eine familienfreundlichere Umgebung entstehen zu lassen. 1997 wurde das Gesetz zur Wohlfahrt der Kinder novelliert, um Unterstützungszentren für Haushalte mit Kindern einzurichten. Da diese Maßnahmen keine erkennbare Wirkung zeigten, legte die Regierung weitere Programme zur Geburtenförderung auf.

Das «Grundgesetz zu Maßnahmen für die Gesellschaft mit sinkender Geburtenrate» und das «Gesetz zur Förderung der Entwicklung der nächsten Generation» traten 2003 in Kraft. Das «Grundgesetz» bestimmt die Zuständigkeiten der Regierung und der lokalen Verwaltungen für Maßnahmen gegen die niedrige Geburtenrate, während im «Gesetz für die nächste Generation» die Sozialisation der Kinder, insbesondere die Verantwortung der Betriebe betont wird. Die Zusammenarbeit von Regierung und Wirtschaft für die Ausbildung der nächsten Generation wird betont, und die Betriebe werden aufgerufen, auf die Bedürfnisse ihrer Mitarbeiter in Bezug auf die Kindererziehung Rücksicht zu nehmen. Weiterhin wurden 2004 der «New-New Angel Plan» für 2005–2009 angenommen und das Erziehungsurlaubsgesetz novelliert. Auf den früheren Angel-Plänen aufbauend, betont der «New-New Angel Plan» 1. die wirtschaftliche Unabhängigkeit junger Menschen, 2. die Harmonisierung von Arbeit und Familie, 3. den Wert des menschlichen Lebens und der Familie und 4. die gegenseitige Unterstützung bei der Kindererziehung.

Da man nicht weiß, wie sich die Geburtenrate ohne diese Maßnahmen entwickelt hätte, lässt sich ihre Wirksamkeit nicht mit Gewissheit einschätzen, aber eine Trendwende haben sie nicht bewirkt. Über die zweckdienlichsten politischen Rezepte zur positiven Beeinflussung der Geburtenrate besteht keine Einigkeit; die Bevölkerung favorisiert nach einer Umfrage der *Asahi Shimbun* von 2005 die wirtschaftliche Unterstützung von Familien mit Kindern

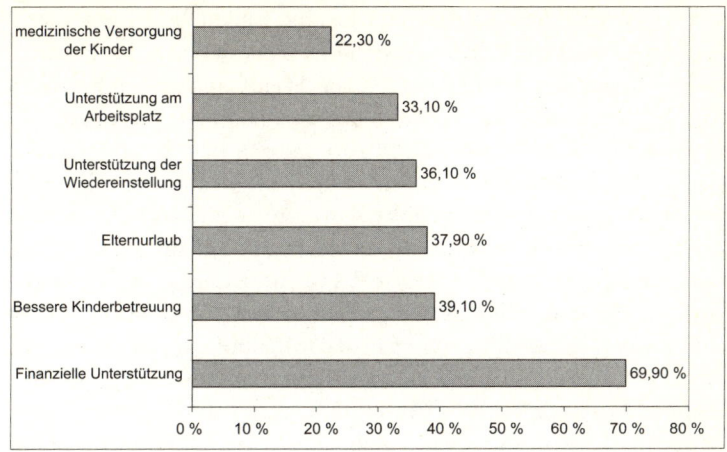

Abb. 4.5: *Asahi Shimbun*-Umfrage über Maßnahmen zur Steigerung der Geburten-rate, 10. September 2005 (Mehrfachantworten möglich)

(Abb. 4.5), während in einer Erhebung von 2006 die Veränderung der Arbeitsumgebung als wichtigste Bedingung genannt wurde.[14]

Die Vielfalt der auf lokaler und Präfekturebene ergriffenen Maß-nahmen reflektiert diese Unsicherheit. 2004 legte der Wohlfahrtsrat der Tokioter Stadtregierung einen Reformplan für die Kinderbe-treuung und Wohlfahrt vor, der die Einrichtung neuer Kindertages-stätten und die Erleichterung der Zulassung privater Träger und NPOs zur Betreibung solcher Einrichtungen vorsah. In den einzel-nen Stadtbezirken wurden diese Vorschläge auf sehr unterschied-liche Weise umgesetzt und durch weitere Maßnahmen wie z. B. die 2005 im Stadtteil Minato beschlossene kostenfreie Gesundheitsver-sorgung von Kindern bis 15 ergänzt. Die öffentlichen Verwaltungen appellieren an die Wirtschaft, einen aktiven Beitrag zur Anhebung der Geburtenrate zu leisten. So schlug etwa der Gouverneur der Präfektur Ishikawa einen «Vorzugspass» für Familien mit drei oder mehr Kindern vor, denen Firmen bis zum vollendeten achtzehnten Lebensjahr der Kinder Rabatte auf Waren und Dienstleistungen einräumen sollen.[15] Die Präfektur Osaka erhöhte 2007 das ab dem dritten Kind von der Zentralregierung gezahlte Geburtsgeld von ¥ 350 000 um ¥ 50 000.[16]

Der Druck auf die Regierung, eine umfassende Bevölkerungspolitik zu entwickeln, nahm beständig zu, was sie nach der Unterhauswahl 2005 dazu veranlasste, einen Staatsminister für Fertilität und Gleichstellung zu schaffen, dessen Hauptaufgabe es ist, die Gründe des Geburtenrückgangs zu ermitteln und Gegenmaßnahmen zu entwickeln. Als politisches Desiderat identifizierte das Amt bald nach seiner Einrichtung die Korrektur des Ungleichgewichts der Staatsausgaben für Alte und Kinder. Im Fiskaljahr 2002 wurden 3,2 Trillionen Yen für Kinderbetreuung und Kindergeld aufgewendet, was einem Anteil von nur 3,8 Prozent des Sozialhaushalts entspricht, verglichen mit rund 70 Prozent für die Unterstützung der Alten. Eine Verschiebung der Gewichte zugunsten der Kinder und auf Kosten der Älteren kann nur ein Ziel auf lange Sicht sein. In der Zwischenzeit wird nach Maßnahmen mit höherer Akzeptanz bei den Wählern gesucht, wie die Reduktion oder Erstattung der Kinderbetreuungskosten ab dem zweiten Kind[17] oder die kostenfreie Geburt.[18] Dass ein Flickwerk von Einzelmaßnahmen zur Lösung des Problems der extrem niedrigen Fertilität führen wird, glauben jedoch nur wenige. Ein gründlicher Umbau der japanischen Gesellschaft ist unvermeidlich.

V Frauen und Männer an der Arbeit

Ein Seufzer ging durch Japan, als am 6. September 2006 die Geburt des Prinzen Hisahito verkündet wurde, ein Seufzer der Erleichterung. 41 Jahre lang hatte das Kaiserhaus keinen männlichen Nachwuchs hervorgebracht, nur Prinzessinnen, und die, ganz im Trend liegend, nicht einmal in großer Zahl. Da der Kronprinz nur eine Tochter hat, zeichnete sich die Nachfolgekrise bereits ab, das Undenkbare: eine Frau im höchsten Amt. Schon wurde an der Novellierung des Thronfolgegesetzes gearbeitet, diejenigen, die auf die Signalwirkung der potenziellen Gleichstellung an der Spitze des Landes hofften, witterten Morgenluft. Mit der Geburt des ersten Enkelsohns von Kaiser Akihito war sie sofort verflogen. Die Traditionalisten, denen der Angriff der Japanerinnen auf männliche Bastionen viel zu weit geht, konnten wieder ruhig schlafen, denn die Erbfolge in der männlichen Linie war gesichert. Dass sie die Entwicklung hin zu mehr Gleichberechtigung aufhalten können, ist dennoch fraglich.

Erwerbsbeteiligung der Geschlechter

Eines der auffälligsten Merkmale der schrumpfenden, kinderarmen, überalterten Gesellschaft ist die Rekonfiguration der Geschlechterrollen. Die Arbeitsteilung der Geschlechter lässt beide Enden der demographischen Krise hervortreten, denn sowohl das Kinderkriegen als auch die Altenpflege belastet vor allem die Frauen. Sie überleben ihre Männer um sieben Jahre (s. S. 47), wodurch es abgesehen von der gesellschaftlichen Rollenverteilung sehr viel wahrscheinlicher ist, dass Frauen alte Männer pflegen als umgekehrt. Allein aus diesem Grund ist der Beitrag der Frauen zum Wohlergehen und der Reproduktion der Gesellschaft entscheidend, freilich ohne dass ihnen das die Anerkennung als gleiche Partner der gesellschaftlichen Entwicklung eingetragen hätte. Die Frauenerwerbsbeteiligung hat seit Japans Industrialisierung beständig zugenommen. Einerseits gaben sie sich nicht mehr mit dem Haushalt als einzigem Lebensinhalt zufrieden, und andererseits mussten sie in wachsendem Maße durch Übernahme einer Erwerbstätigkeit einen Beitrag zum Haushaltseinkommen leisten. Doppelverdienerhaushalte sind heute eher die Norm als die Ausnahme. Die weibliche Erwerbsbeteiligung ist mit der in anderen Industrieländern vergleichbar (Tabelle 5.1), aber die Struktur der Erwerbsbevölkerung unterscheidet sich. Japanische Frauen sind von dem Ziel der Gleichstellung weiter entfernt als ihre Kolleginnen in Europa und Nordamerika.

Tab. 5.1: Erwerbsbeteiligung nach Geschlecht und im Verhältnis zur Gesamtbevölkerung (2003)

	Erwerbsbevölkerung (1000)		Erwerbsbeteiligung %	
	Männer	Frauen	Männer	Frauen
Japan	39.340	27.320	91,8	64,2
Australien	5.515	4.451	82,4	66,8
Kanada	9.136	7.911	83,5	73,0
Frankreich	14.286	12.647	73,8	64,8
BRD	21.590	17.686	77,6	64,9
Italien	14.453	9.456	74,5	48,8
UK	16.643	13.442	83,1	68,7
USA	78.238	68.272	80,5	70,3

Quelle: OECD, Arbeitsmarktstatistiken 1983–2003

Die M-Kurve der Frauenerwerbsbeteiligung nach Lebensalter verdeutlicht die strukturelle Ungleichheit der Geschlechter am besten (Abb. 5.1). Sie zeigt einen starken Abfall nach Erreichen des (sozialen) Gebärfähigkeitsalters und einen Wiederanstieg nach der Kinderpause, aber nicht auf das Niveau davor. Die entsprechende Kurve für Männer weist ein ähnliches Tal nicht auf.

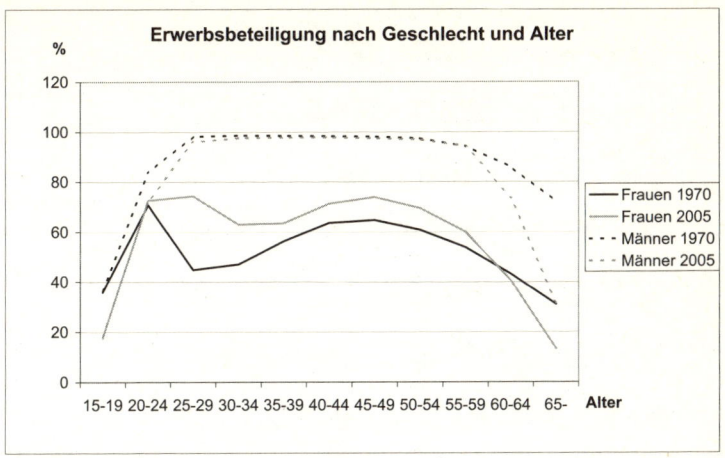

Abb. 5.1: Erwerbsbeteiligung nach Geschlecht und Alter
Quelle: Statistisches Amt, Ministerium für öffentliche Verwaltung, Inneres, Post und Telekommunikation

Shirahase (2005: 25 f.) hat gezeigt, dass dieses Muster in den 1960er-Jahren als Reaktion auf die sich beschleunigende Verstädterung und die ihr folgenden Beschäftigungsmöglichkeiten für Frauen entstand. Zwar blieb die weibliche Erwerbsbeteiligung über lange Zeit stabil und ging zeitweise sogar etwas zurück, aber die Frauen drängten zunehmend aus selbstständiger oder unbezahlter Arbeit in Familienbetrieben in entlohnte Tätigkeiten im sekundären und tertiären Sektor. Im Jahre 2000 gingen 80 Prozent aller arbeitenden Frauen einer entlohnten Erwerbstätigkeit nach. Der wachsende Anteil der Frauen, deren Lohn ein spürbarer Beitrag zum Haushaltseinkommen ist, hat Auswirkungen auf das Bild der Familie und die Geschlechterrollen der Beteiligten. Die Ergebnisse einer im fünfjährigen Abstand durchgeführten Langzeitstudie des staatlichen Rundfunks NHK zur «idealen Familie» lassen einen deutlichen Trend weg von der geschlechterspezifischen Rollenverteilung zur kooperativen Partnerschaft erkennen. 1973 favorisierten nur 21 Prozent der Befragten die «Zusammenarbeit von Mann und Frau» als ideales Ehemodell; bis 2003 hatte sich diese Zahl auf 46 Prozent mehr als verdoppelt. Gleichzeitig fiel die Befürwortung

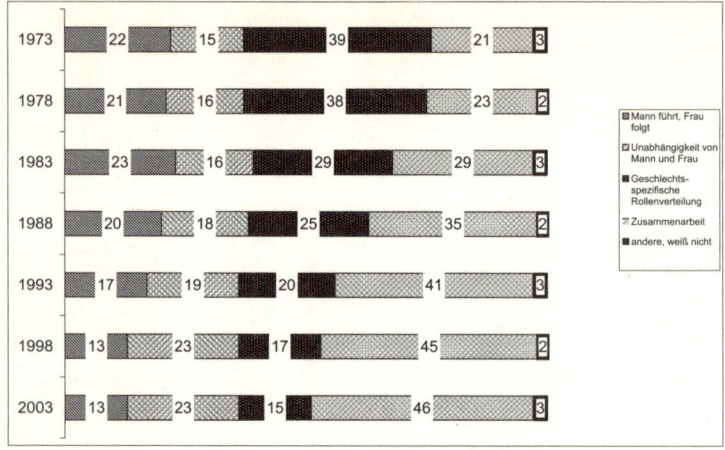

Abb. 5.2: Ideale von Beziehungen zwischen Eheleuten im Wandel, 1973–2003
Quelle: NHK Hōsō Bunka Kenkyūsho (2004: 28)

von «Mann führt, Frau folgt» um fast die Hälfte von 22 auf 13 Prozent. Bemerkenswert ist weiterhin die größere Zustimmung zur Unabhängigkeit verheirateter Frauen, die die ökonomische Stärkung der Frau reflektiert und die Zurückdrängung des Modells der Familie, die aus einem Brotverdiener und einer Hausfrau besteht.

Diese Erhebung lässt den allgemeinen Trend von Dominanz zu Partnerschaft in der Ehe und Reduktion der Ungleichheit in der gesellschaftlichen Arbeitsteilung deutlich werden. Andere Untersuchungen weisen in dieselbe Richtung, zum Beispiel eine Längsschnittstudie zu Geschlechterrollen. Dass «der Mann arbeiten geht und die Frau das Haus versorgt», befürwortete 1978 die Hälfte der Befragten, 32 Prozent waren dagegen, und 18 Prozent waren unentschieden. Zwanzig Jahre später wurde dieses Modell von 61 Prozent der Befragten abgelehnt und nur noch von 18 Prozent befürwortet, während 20 unentschieden waren (Inoue und Ehara 2005: 141). Zwischen 1972 und 2002 hat sich die Zustimmung dafür, dass die Frau ihre Erwerbstätigkeit nach der Geburt eines Kindes fortsetzt, von 11,5 Prozent auf 37,2 Prozent mehr als verdreifacht (Inoue und Ehara 2005: 145). Daten verschiedener Quellen deuten darauf hin, dass eine stärkere Frauenbeteiligung am wirtschaftlichen und gesellschaftlichen Leben ebenso notwendig wie erwünscht ist. Dennoch besteht noch immer eine Kluft zwischen Einstellungen und Realität. Das Arbeitsleben vieler Frauen wird nach wie vor durch eine jahrelange Periode der Kindererziehung unterbrochen. Nach einer 1999 durchgeführten Untersuchung des Forschungsinstituts für Bevölkerung und Soziale Sicherheit hörten 70 Prozent der erwerbstätigen Frauen nach der Geburt ihres ersten Kindes auf zu arbeiten.[1] Hinzu kommt, dass sich die Arbeitsbedingungen für Männer und Frauen trotz relativ hoher weiblicher Erwerbsbeteiligung und trotz der über die Jahre gewachsenen Zustimmung für ein partnerschaftliches Verhältnis gemeinsamer Verantwortung der Eheleute nach wie vor stark unterscheiden. Aufstiegsmöglichkeiten sowie Status in der Firma und Entlohnung weisen trotz Gleichstellungsgesetz und wiederholter Empfehlungen des Arbeitsministeriums geschlechtsspezifische Muster auf (Bishop 2000, Osawa 2004).

Im Jahre 2005 hat der Anteil der weiblichen Firmenpräsidenten um 0,04 Prozent zugenommen. Das geht aus einer Studie von *Teikoku Databank*[2] hervor, die 1 179 369 Firmen erfasst. 67 299 oder 5,71 Prozent davon hatten eine Chefin. Dieser niedrige Anteil ist charakteristisch für den privaten Sektor, aber im öffentlichen Sektor ist es nicht sehr anders. Nur sieben Prozent aller gewählten Politiker in kommunalen und Präfekturversammlungen sind Frauen, acht Prozent der Abgeordneten des Unterhauses und 16 Prozent derer des Oberhauses. Die oberen Ränge der Bürokratie sind eine männliche Domäne. Recht wird vornehmlich von Männern praktiziert, da nur 12 Prozent aller Richter und Anwälte Frauen sind. Lediglich im Erziehungs- und Bildungsbereich sind die Geschlechter gleich stark vertreten, was darauf zurückzuführen ist, dass 94 Prozent aller Kindergärtnerinnen Frauen sind. Auch bei der Entlohnung gibt es einen deutlichen Unterschied zwischen Männern und Frauen (Tabelle 5.2).

Lohnunterschiede zwischen den Geschlechtern sind oft damit begründet worden, dass Frauen keine Familie zu ernähren bräuchten (Osawa 2004: 62). Ihr Verdienst wurde als «zusätzliche Einnahme» klassifiziert, was die Position der Frauen auf dem Arbeits-

Tab. 5.2: Unterschiede der Stundenlöhne von Frauen und Männern

Jahr	Frauen			Männer		
	Vollzeit-arbeiter	Teilzeit-arbeiter	Differenz	Vollzeit-arbeiter	Teilzeit-arbeiter	Differenz
1990	989 Yen	712 Yen	72.0	1632 Yen	944 Yen	57.8
1992	1127 Yen	809 Yen	71.8	1812 Yen	1053 Yen	58.1
1994	1201 Yen	848 Yen	70.6	1915 Yen	1037 Yen	54.2
1996	1255 Yen	870 Yen	69.3	1976 Yen	1071 Yen	54.2
1998	1295 Yen	886 Yen	68.4	2002 Yen	1040 Yen	51.9
2000	1329 Yen	889 Yen	66.9	2005 Yen	1026 Yen	51.2

Quelle: *Statistische Erhebung zur Lohnstruktur*, Ministerium für Gesundheit und Arbeit, 2001

markt schwächte und vom Arbeitgeber ausgenutzt werden konnte. Dabei drängten die Frauen weniger aus ideologischen als aus wirtschaftlichen Gründen auf den Arbeitsmarkt; nicht Selbstverwirklichung, sondern Lebenshaltungskosten stehen im Vordergrund. Aber mit zunehmender Frauenerwerbsbeteiligung ändert sich unvermeidlich das Verhältnis von Arbeit und Familienleben. Als Frauen vorwiegend selbstständig waren oder unbezahlte Arbeiten in Familienbetrieben verrichteten, war es einfacher, Arbeit und häusliche Pflichten miteinander zu vereinbaren. Für Arbeiterinnen und Angestellte ist das schwieriger, schon weil sie länger von zu Hause weg sind.

Die Geschlechterdiskriminierung ist ein Merkmal der japanischen Wirtschaftskultur, wie sie sich in der Industriegesellschaft entwickelt hat. Diese Kultur ist aus verschiedenen Richtungen unter Druck geraten, da sie der Wohlfahrt des Landes nicht mehr zweckdienlich zu sein scheint. Die Globalisierung der Märkte und die demographische Entwicklung der Alterung und des Bevölkerungsrückgangs sind die Hauptfaktoren, die unterstützt von ideologischen Strömungen die Gleichheit der Geschlechter begünstigen. Ein vielschichtiges Zusammenspiel wirtschaftlicher und kultureller Neugestaltungen wirkt sich gegen eine geschlechtsspezifische Rollenverteilung im herkömmlichen Sinne aus, was wiederum Folgen für die Geburtenrate hat. Die Zunahme der weiblichen Erwerbsbeteiligung ist auch eine Reaktion darauf, dass die Erwerbsbevölkerung schon seit Ende der 1980er-Jahre schrumpft. Frauen arbeiten und verbringen mehr Zeit außer Haus, um ein Haushaltseinkommen zu gewährleisten, das dem Lebensstil der Familie genügt, zu dem auch eine gute Ausbildung für die Kinder gehört. Anders als in der Vergangenheit konkurrieren Frauen heute in wachsender Zahl mit Männern auf dem Arbeitsmarkt, da sie die quasi automatische Koinzidenz von Heirat und Kindsgeburt und Beendigung ihres Arbeitsverhältnisses nicht mehr akzeptieren. Da jedoch viele Arbeitgeber noch immer diese Erwartung hegen, schieben viele Frauen die Eheschließung und das Kinderkriegen hinaus, wodurch die Fertilitätsrate weiter gedrückt wird. Es ist unbestreitbar, dass Zeit höher bewertet wird, wenn sie bezahlt wird. Dieser Zusammenhang findet seinen Ausdruck darin, dass die Opportunitätskosten des Kinderkriegens in dem Maße gestiegen sind, wie Frauen aus unbezahlten in bezahlte Tätigkeiten gewechselt sind. In einem Beschäftigungssystem wie dem japanischen, wo Kinderkriegen verminderte Beförderungschancen, niedrigere Löhne und eine langfristige Unterbrechung des Arbeitslebens mit sich bringt, ist das besonders ausgeprägt. Zunehmende Frauenerwerbsbeteiligung drückt die Geburtenrate überall. In Japan stellt sich die Frage, wie das Beschäftigungssystem reformiert werden kann, um diesen Effekt zu minimieren.

Konservative Kritiker der Gleichstellung betrachten importierte Ideologien, den hohen Bildungsstand der Frauen und ihre vermehrte Erwerbsbeteiligung als Ursachen des Geburtenrückgangs.[3] Demgegenüber setzt sich in der japanischen Gesellschaft immer mehr die Auffassung durch, dass nicht Ideologie und Ausbildungsniveau das eigentliche Problem sind, sondern das Beschäftigungssystem, das Frauen benachteiligt, indem es für Männer Karrieren, für Frauen aber vorwiegend nur die Möglichkeit, ein zusätzliches Einkommen zu erarbeiten, vorsieht. Es herrscht weithin Konsens, dass der Abbau der Geschlechterdiskriminierung und entsprechende Umstrukturierungen des Arbeitsmarkts für die Umkehrung der Geburtenentwicklung unverzichtbar sind.[4] Aus diesem Grund ist Gleichstellung zu einem wichtigen und anerkannten politischen Ziel geworden.

Gleichstellungspolitik

Dem Grundgesetz für eine Gesellschaft der Gleichheit der Geschlechter (*Danjo Kyōdō Sankaku Shakai Kihonhō*, Gesetz Nr. 78, 1999) zufolge ist die Verwirklichung der Gleichstellung eine der höchsten Prioritäten der japanischen Regierung. Dafür ist weniger die ideologische Orientierung der Regierungspartei verantwortlich – der Frauenanteil der Parlamentsabgeordneten der LDP liegt um 10 Prozent – als die Einsicht, dass mehr Gleichstellung und bessere Arbeitsbedingungen für Frauen für Japans internationale Wettbewerbsfähigkeit unverzichtbar sind. In der Präambel des Gesetzes heißt es deshalb:

> Die schnellen ökonomischen und sozialen Veränderungen wie der Trend zu weniger Kindern, die Bevölkerungsalterung und der Reifeprozess der inländischen Wirtschaftstätigkeit machen es dringend erforderlich, eine Gesellschaft zu schaffen, in der Gleichstellung verwirklicht ist, Männer und Frauen ihre Menschenrechte achten und Verantwortung teilen und alle Bürger ihre Individualität und ihre Fähigkeiten unabhängig von ihrem Geschlecht voll entfalten können.[5]

Feministinnen waren gegen die Erwähnung sozioökonomischer Veränderungen in der Präambel. Sie hätten es vorgezogen, wenn sich der Staat um der Sache willen und nicht nur unter dem Druck äußerer Umstände auf die Verwirklichung der Gleichstellung verpflichtet hätte. Tatsache ist jedoch, dass wirtschaftliche und demographische Entwicklungen seit einiger Zeit gegen die strikte Arbeitsteilung der Geschlechter arbeiten, die Japans Wirtschaftswachstum über eine Generation lang bis in die späten 1980er-Jahre so förderlich war.[6] Das Gesetz ist eine Reaktion auf diese veränderte Wirklichkeit, während die Kämpfe an der ideologischen Front die Hintergrundmusik zu den gesellschaftlichen Veränderungen liefert, die damit einhergehen.

1985 ratifizierte das japanische Parlament die UN-Konvention zur Beseitigung jeder Form der Diskriminierung der Frau von 1979 und verabschiedete eine Reihe von Gesetzen, um das japanische Recht entsprechend anzupassen. Das Chancengleichheitsgesetz (*Danjo Koyō Kikai Kintō Hō*) trat 1986 in Kraft und wurde 1997 nach intensiver Kritik verschiedener nichtstaatlicher Akteure novelliert. Während das erste Gesetz kaum mehr als eine Absichtserklärung ohne Sanktionsmechanismen war, verbietet die revidierte Fassung nicht nur Diskriminierung auf jeder Stufe des Beschäftigungssystems von der Stellenausschreibung bis zur Rente, es hat auch die Möglichkeit des gerichtlichen Klagewegs und damit der Sanktionierung eröffnet. In jeder Präfektur ist ein Frauen- und Jugendamt eingerichtet worden, das Information und Beratung in Gleichstellungsfragen bietet. Nach dem Gesetz müssen die Namen von Arbeitgebern, die sich nicht an die Richtlinien des Amts halten, veröffentlicht werden. Eine weitere Verbesserung des Gesetzes ist, dass es Arbeitnehmern danach möglich ist, ohne Zustimmung des Arbeitgebers ein Vermittlungsverfahren anzustrengen.

Durch den wirksameren Schutz der Interessen der Frauen und die Verbesserung ihrer Ausbildungs- und Arbeitsmöglichkeiten haben die Gleichstellungsgesetze die japanische Gesellschaft verändert; aber die negative Geburtenentwicklung haben sie nicht merkbar beeinflusst. Außerdem sind gewisse Schwächen des Gesetzes und ebenso unerwartete wie unerwünschte Nebeneffekte wie insbesondere indirekte Diskriminierung offenbar geworden.

Das Gesetz verbietet die diskriminierende Festsetzung einer Altersgrenze für die Beschäftigung von Frauen und den Zwang zum Ausscheiden aus der Firma bei Eheschließung oder Schwangerschaft. Viele Arbeitgeber haben jedoch die Einrichtung einer Elternurlaubsregelung delatorisch behandelt und das Personal nicht ermutigt, die geltenden Bestimmungen zu nutzen. In den wenigsten Fällen wird am Arbeitsplatz auf die Bedürfnisse junger Paare mit kleinen Kindern Rücksicht genommen, und viele Firmen haben ein Beschäftigungssystem eingeführt, das die Diskriminierung faktisch perpetuiert. Denn zwar verbietet das Gesetz die Benachteiligung weiblicher Arbeitnehmer am Arbeitsplatz, nicht aber eine Einstellungspraxis, nach der Laufbahn- und Managementstellen (*sōgō-*

shoku) vorzüglich mit Männern besetzt werden, während Frauen hauptsächlich allgemeine Stellen ohne Aufstiegsmöglichkeit (*ippan-shoku*) angeboten werden (Shire 2000). Die strukturellen Bedingungen für die Bevorzugung von Männern in Laufbahnpositionen wurden somit außerhalb des beabsichtigten Wirkungsbereichs des Gesetzes geschaffen. Ebenso ist das Gesetz nicht auf die unterschiedliche Behandlung von Vollzeit- und Teilzeitbeschäftigten anwendbar und bietet den vielen mehrheitlich weiblichen Vollzeit-Teilzeitbeschäftigten – denen nämlich, die auf Teilzeitstellen Vollzeit arbeiten – keinen Schutz. Aufgrund ihres nominellen Status erhalten sie geringeren Lohn und kommen nicht in den Genuss von Sozialleistungen. Für Frauen in solchen Arbeitsverhältnissen sind die Opportunitätskosten des Kinderkriegens hoch, denn sie haben keinen Anspruch auf Mutterschaftsurlaub und laufen Gefahr, nach einer Auszeit nicht auf ihren Arbeitsplatz zurückkehren zu können.

Trotz der langsam wachsenden Zahl von Frauen in *sōgōshoku*-Laufbahnpositionen hat das Gleichstellungsgesetz Frauen noch nicht wie beabsichtigt gleiche Aufstiegschancen und gleichen Lohn beschert. Es hat außerdem zur Diversifizierung der Belegschaftsstruktur beigetragen. Der Anteil der als Teilzeit ausgewiesenen, aber für Vollzeitbeschäftigung genutzten Stellen hat auf Kosten regulärer Stellen mit Sozialabgaben stetig zugenommen, was für die Arbeitgeber Einsparungen bei den Lohnnebenkosten bedeutet. Die Firmen reagieren damit ebenso auf Deregulierung und Globalisierung wie auf die durch das Gleichstellungsgesetz veränderten Rahmenbedingungen. Nach Miuras (2005: 70) einleuchtender Analyse verringert das Gesetz zwar die Benachteiligung der Frauen, verschärft aber gleichzeitig die Konkurrenz unter den Frauen und fördert die soziale Differenzierung der Erwerbsbevölkerung insgesamt. Im ersten Jahrzehnt seit Verabschiedung des Gesetzes verdoppelte sich der Anteil der Frauen, die nach der Geburt eines Kindes weiterarbeiteten, von 16,1 Prozent auf 32,5 Prozent (Araki 1998), und die Anzahl der Frauen in Managementpositionen hat ebenfalls zugenommen. Gleichzeitig ist jedoch der Anteil der regulären Vollzeitpositionen am Gesamtarbeitspotenzial zurückgegangen, während Teilzeit- und andere irreguläre Beschäftigung stark zugenommen hat. Das wirft die Frage auf, ob der Preis für mehr Gleichheit der Geschlechter mehr Ungleichheit für beide Geschlechter ist.

Welche Auswirkungen die Gleichstellungsgesetzgebung für die Fertilitätsentwicklung hat, ist unklar. Am Beispiel der Stadt Hitachi in der Präfektur Ibaraki lässt sich verdeutlichen, dass nicht immer die beabsichtigten Wirkungen eintreten. 2004 lag die zusammengefasste Geburtenrate der Stadt unter dem Durchschnitt der Präfektur von 1,33. Eine Untersuchung der Ursachen ergab, dass der größte Arbeitgeber der Stadt, die Firma Hitachi, nicht mehr wie früher der Ort ist, an dem junge Menschen ihren Ehepartner kennenlernen.[7] Vor der Verabschiedung des Grundgesetzes für die Gleichstellung von Männern und Frauen (*Danjo Kyōdō Sankaku Shakai Kihonhō*) 1999 stellte die Firma zahlreiche junge Frauen ohne Karriereaussichten und -absichten ein, von denen viele die Firma nach der Eheschließung wieder verließen. Dank der Kurzfristigkeit der Beschäftigung in diesem Teil der Belegschaft kam die Personalverwaltung immer ohne Entlassungen aus. Anfang der 1990er-Jahre hatte Hitachi Co. 2000 weibliche Mitarbeiter. 2005 waren es noch 200. Nach Inkrafttreten der Gleichstellungsgesetze hatte Hitachi seine Einstellungspraxis geändert. Statt Frauen einzustellen, die mit Anspruch auf Mutterschaftsurlaub und der Erwartung, ihren Arbeitsplatz nach Familiengründung behalten zu können, die Personalverwaltung unvermeidlich komplexer und kostspieliger machen würden, stellten sie Männer ein und reduzierten die Belegschaft. Ein Problem war gelöst, aber ein neues geschaffen, denn mit dem durch Mutterschaftsurlaub und Karriereambitionen der Frauen verbundenen potenziellen Mehraufwand waren gleichzeitig die Chancen der männlichen Mitarbeiter, eine Partnerin zu finden, reduziert worden. Weder die daraus resultierende Unzufriedenheit der Männer noch den verstärkten Geburtenrückgang hatte die Personalverwaltung vorausgesehen.

Solchen unvorhergesehenen und unwillkommenen Folgen können rationale Entscheidungen zugrunde liegen, durch die gesellschaftliche Strukturen und kulturelle Normen verändert werden sollen. Im Laufe der letzten Jahrzehnte sind Frauen in traditionell männlich dominierte Beschäftigungsdomänen eingedrungen. Die

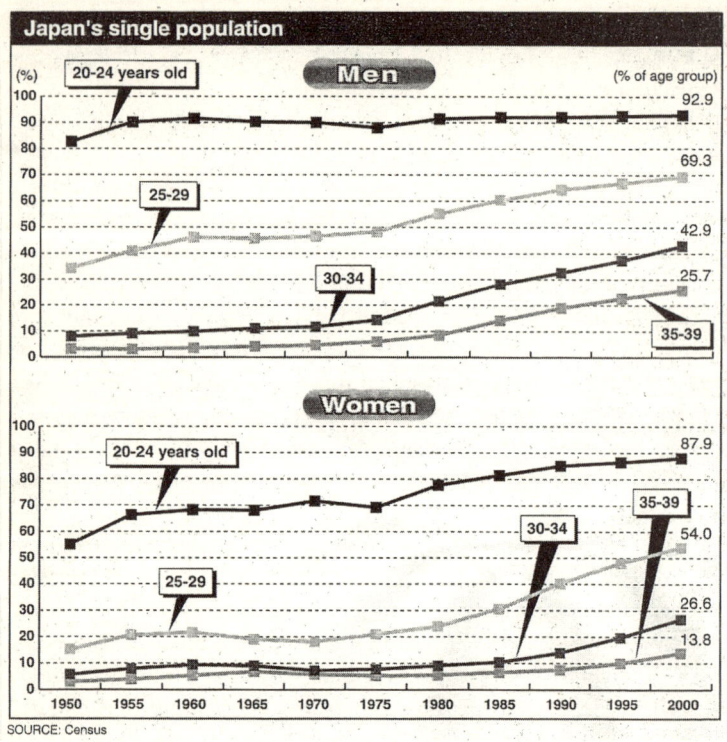

Abb. 5.3: Japans alleinstehende Bevölkerung. Quelle: Volkszählung, 2000

Verringerung des Abstands zwischen den Geschlechtern in Qualifikation und Erwerbsbeteiligung zieht eine Redefinition ihrer Rollen nach sich. Eine deutliche Mehrheit der Japaner befürwortet es, dass Frauen arbeiten gehen und nach der Geburt ihrer Kinder weiterarbeiten. Die Richtung der gesellschaftlichen Veränderung ist deutlich, aber die gegenwärtige Situation wird dennoch von vielen als ungewiss erfahren, weil wirtschaftliche Notwendigkeiten – größere Erwerbsbeteiligung der Frauen – und traditionelle Sitten – die ideale Ehefrau als gute Mutter und Hausfrau – nicht zusammenpassen. Die wachsende ledige Bevölkerung reflektiert diese Ungewissheit. Was Hodge und Ogawa vor mehr als zwei Jahrzehnten feststellten, gilt auch heute noch: «Japanische Paare schieben die Heirat auf, bis sie bereit sind, Kinder zu kriegen» (1991: 31). Die Rekonfiguration der japanischen Gesellschaft bringt Ungewissheit und Unsicherheit mit sich und macht es jungen Menschen, worauf Yamada (2004) hingewiesen hat, schwer, Lebenspläne zu entwerfen, da diese in vielem unvermeidlich von den Voraussetzungen ihrer Mittelschichtssozialisation abweichen werden. Deshalb sind sie nicht bereit, Kinder zu kriegen und bleiben ledig.

Werktätige, Ehemänner und Väter

Die Bevölkerung der Alleinstehenden wächst relativ zur Gesamtbevölkerung auch deshalb, weil die Kluft zwischen Erwartung und Wirklichkeit breiter wird. Obwohl immer mehr Frauen erwerbstätig sind, haben sich ihre Erwartungen an einen Ehepartner nicht wesentlich verändert. Es gelten immer noch die sprichwörtlichen *sankō*,[8] dass Männer nämlich eine gute Ausbildung, ein gutes Einkommen haben und hochgewachsen sein sollen. Miura (2005: 45) erwähnt eine Erhebung, der zufolge sich 63,8 Prozent der unverheirateten Frauen einen Mann wünschen, dessen Jahreseinkommen nicht weniger als 6 Millionen Yen (rund € 40 000 nach Wechselkurs Anfang 2007) beträgt. Nicht viele Männer der Altersgruppe zwischen 25 und 34 können diese Erwartung erfüllen. Shirahase (2005: 54 f.) weist darauf hin, dass die Zahl der zeitlebens ledigen Männer seit den 1960er-Jahren stark angewachsen ist, wobei der Anteil der Unverheirateten besonders hoch in der Einkommensgruppe bis jährlich 1,5 Millionen Yen ist. Sie interpretiert diesen Befund als Indiz dafür, dass sich Einstellungen zu Ehe und Geschlechterrollen langsamer wandeln als die sozialen Verhältnisse. Töchter wohlhabender Väter mit guter Ausbildung vermeiden das Risiko einer Eheschließung, die ihren Lebensstandard verringern könnte. Weibliche *freeter* wollen keinen männlichen *freeter*, sondern einen Mann mit fester Stelle und hohem Einkommen heiraten, ganz wie die konventionelle Familie der Mittelschichtgesellschaft der Hochwachstumsperiode, in der sie aufgewachsen sind. Andererseits wünschen sich nur 18 Prozent der unverheirateten Männer eine Vollzeithausfrau als Ehepartner (Yamada 2004 b: 21). Die Erwartungen von Frauen und Männern an den prospektiven Ehepartner sind schwer vereinbar, was sich dahingehend auswirkt, dass Männer, insbesondere der niederen Einkommensgruppen, Schwierigkeiten haben, eine Frau zu finden.

Einen weiteren Grund für das Anwachsen der ledigen männlichen Bevölkerung und seines negativen Einflusses auf die Bevölkerungsentwicklung seit den 1980er-Jahren erkennt Ibe (2000: 13) in der «Verweichlichung der Männer», eine Veränderung des Verhältnisses der Geschlechter, die seiner Meinung nach ein charakteristischer Aspekt von Japans Nachkriegsentwicklung ist. Die Niederlage im Zweiten Weltkrieg und die gesellschaftlichen Veränderungen, die ihr folgten – die Statusminderung des Haushaltsvorstands, bessere Bildungschancen, zunehmende Erwerbsbeteiligung und effektive Leistungen der Frauen sowie der Übergang von der arrangierten Ehe zur Partnerwahl der Beteiligten –, haben die Stellung der Männer in der japanischen Gesellschaft destabilisiert und ihr Selbstvertrauen untergraben. Als Jungen werden sie angehalten, fleißig zu lernen, «zu Hause von ihren Müttern und in der Schule von Lehrerinnen getadelt und von ihren Mitschülerinnen gehänselt. […] Mädchen haben kein Interesse an Jungen mit schlechteren Noten, und auf der Universität wird diese Art der Rangordnung noch ausgeprägter» (Ibe 2000: 12). Sportlerinnen haben sich bei internationalen Wettkämpfen ausgezeichnet, und sogar die Selbstverteidigungskräfte sind dazu übergangen, wegen ihrer hohen Ausbildungs- und Motivationsniveaus mehr Frauen zu beschäftigen. Japans Zukunft, schließt Ibe, hängt davon ab, dass die Männer ihr Selbstvertrauen und ihre Selbstachtung zurückgewinnen und dadurch wieder attraktiver für die Frauen werden.

Diese Analyse beruht zwar offenkundig auf traditionellen Rollenvorstellungen von maskulinen Männern und femininen Frauen, aber dass viele Männer das weibliche Vordringen in bislang männlich dominierte Bereiche als Bedrohung erfahren, lässt sich kaum von der Hand weisen. Die Anpassung an die Neuordnung von Familie und Geschlechterrollen wird den Männern durch die verschlechterten Beschäftigungsbedingungen zusätzlich erschwert. Den starken Frauen der zweiten Babyboomgeneration der 1970er-Jahre, die diese Entwicklung vorantreiben, sind sie nicht gewachsen, worauf nicht zuletzt das sexuelle Verhalten dieser Alterskohorte hindeutet. In internationalen Vergleichen der Häufigkeit des Geschlechtsverkehrs weist Japan sehr niedrige Werte auf. In der Altersgruppe zwischen 30 und 40 ist die japanische Frequenz z. B. nur ein Fünftel der französischen.[9] Dass Sex einstweilen noch in einem ursächlichen Zusammenhang mit der Geburtenrate steht, ist kein Geheimnis, aber das ist es nicht, weswegen Vergleiche dieser Art von Interesse sind. In einer Gesellschaft, in der intime Beziehungen normativ von Männern initiiert werden, deutet geringe sexuelle Aktivität entweder auf Mangel an Initiative seitens der Männer oder auf Desinteresse der Frauen hin, wie Ibe vermutet. Männer finden sich offensichtlich schwerer mit den neuen gesellschaftlichen Verhältnissen ab als Frauen.

Diese Einschätzung wird durch männliche Reaktionen auf die Gleichstellungsgesetzgebung gestützt. Nach dem Elternzeitgesetz von 1991 haben Beschäftigte beiderlei Geschlechts Recht auf Erziehungsurlaub. Das Gesetz war ein familien- und sozialpolitischer Meilenstein, da es die gemeinsame Verantwortung der Ehepartner für die Kindererziehung hervorhebt und das Recht des Ehepaars anerkennt zu entscheiden, wie sie Familie und Arbeit miteinander vereinbaren. Deshalb wurde es als wichtiger Schritt in Richtung auf eine Gesellschaft gepriesen, in der die Gleichstellung der Geschlechter verwirklicht ist. In der Praxis haben bisher aber nur wenige männliche Arbeitnehmer von den damit eröffneten Möglichkeiten Gebrauch gemacht.[10] So gesehen, lief das Gesetz der Akzeptanz der sozialen Entwicklung voraus. Männer, die Erziehungsurlaub nehmen, müssen nicht nur den Spott ihrer Kollegen fürchten, sondern auch eingeschränkte Karrierechancen. In der japanischen Firmenkultur hat die Vorstellung, dass Väter am Leben ihrer Kinder ebenso Anteil nehmen wie Mütter, keinen festen Rückhalt. Erst unter dem Eindruck der einsetzenden Bevölkerungsschrumpfung haben einige große Firmen – nicht zufällig ist Nissan, eine Firma mit einem Ausländer an der Spitze, einer der Vorreiter – begonnen, Erziehungsurlaub unter männlichen Mitarbeitern aktiv zu fördern und so eine familienfreundlichere Arbeitsumgebung entstehen zu lassen. In vielen Betrieben akzeptieren die Männer weiterhin lange Arbeitszeiten und überlassen Kinder und Haushalt ihren Frauen. Dass einer von vier Vätern zwischen 30 und 40 mehr als 60 Stunden pro Woche arbeitet, zeigt, wie schwer es ist zu garantieren, dass politische Maßnahmen, die auf Gleichstellung zielen und die Doppelbelastung der Frau verringern sollen, die beabsichtigte Wirkung haben.[11]

Die japanische Regierung hat mit diversen Initiativen versucht, die eingeschliffenen Arbeitsgewohnheiten der Männer zu beeinflussen. Der Bericht einer Expertenkommission an den Premierminister «Maßnahmen gegen die geringe Kinderzahl plus eine» von 2002 baut auf den vorausgegangenen *Angel-Plänen* von 1995–1999 bzw. 2000–2004 auf, wobei sich «plus eine» auf weitere Maßnahmen zur Geburtenförderung bezieht, insbesondere die stärkere Beteiligung der Männer/Väter an der Kindererziehung. Die Regierung hat zu diesem Zweck selbst obligatorischen Vaterschaftsurlaub und Minimalquoten von männlichen Mitarbeitern auf Erziehungsurlaub für Firmen in Erwägung gezogen. Das Erziehungsurlaubsgesetz besagt explizit, dass die auf Gleichstellung zielende Gesellschaftsplanung nicht auf die Beseitigung diskriminierender Praktiken und die Verbesserung der Arbeitsbedingungen junger Mütter beschränkt ist. Das Leben der Männer wird ebenso davon berührt, und dieser Aspekt ist es, der mit den größten Schwierigkeiten verbunden ist. Eine Bewusstseinsänderung der Männer ist, wie die Geschlechterforschung seit langem betont, für die Verwirklichung des Gleichstellungsauftrags entscheidend.[12] Ansätze dazu sind in den zahlreichen Internetforen, die sich mit Geschlechterrollen befassen, und in Ratgeberkolumnen für Männer zu erkennen. Beobachter wie der oben zitierte Ibe lenken die Aufmerksamkeit auf die Verunsicherung der Männer auf dem Weg in die sich rasch konstituierende Gesellschaft mit einer neuen Rollenverteilung der Geschlechter, die viele als Einschränkung ihrer Vorrechte erfahren.

Rückzugsgefecht

Eine neue Rollenverteilung trifft unvermeidlich auf Ressentiments und den Widerstand konservativer Kräfte, die das traditionelle Familienmodell des arbeitenden Vaters und der sorgenden Mutter als Schlüsselelement des Wiederaufbaus nach dem Krieg und erfolgreichen Aufstiegs zu Wohlstand erlebt haben. Dass viele damit eine heile Welt assoziieren, ist nicht verwunderlich und mag ein Grund dafür sein, dass einige Reformen der Beschäftigungs- und Sozialsysteme von der Voraussetzung auszugehen scheinen, eine Rückkehr zu diesem Familienmodell sei möglich, wenn die gegenwärtige Krise überwunden ist. Die Gleichstellung der Geschlechter wird von vielen als Bedrohung der Familie empfunden. Symbolische Maßnahmen, die dazu geeignet sind, die Selbstständigkeit der Frau zu betonen, sind deshalb auf erbitterten Widerstand gestoßen, wofür der langjährige Streit um die Revision des Namenrechts das beste Beispiel ist.

Japans erstes BGB von 1898 schreibt den gleichen Nachnamen für Ehemann und Ehefrau (*fūfu dōsei*) vor, und seine revidierte Fassung von 1947 verlangt, dass sich Ehepartner für einen Familiennamen, den des Mannes oder den der Frau, entscheiden. In 97 Prozent aller Fälle nimmt die Frau den Namen des Mannes an (Hisatake 2003). In dem Maße, wie das Erstheiratsalter anstieg und Frauen vor der Ehe eine Laufbahn einschlugen, wurde das Verlangen nach der Möglichkeit, in der Ehe den Geburtsnamen beizubehalten (*fūfu bessei*), dringlicher. Seit Anfang der 1990er-Jahre wird deshalb eine politische Diskussion darüber geführt, ob Mann und Frau die Option haben sollten, einen gemeinsamen oder einen unterschiedlichen Nachnamen zu tragen. Obwohl weder Frauen noch Männer inklusive die älteren glauben, dass verschiedene Namen dem Zusammenhalt der Familie abträglich sind,[13] hat die Liberaldemokratische Partei (LDP) Gesetzesvorlagen in diesem Sinne wiederholt abgelehnt. Da aber der Zwang zum gemeinsamen Namen für viele Männer und Frauen das paternalistische Familienmodell symbolisiert, setzen sie sich für die Legalisierung der Option *fūfu bessei* ein.

Die Unabhängigkeit der Ehefrau erfreut sich bei beiden Geschlechtern wachsender Zustimmung, aber ihrer Verwirklichung stehen strukturelle Hindernisse entgegen, auch solche, die soziale Einstellungen betreffen. So werden unverheiratete Frauen noch immer anders angesehen als unverheiratete Männer. Dieser Unterschied wurde zum öffentlichen Diskussionsgegenstand, als eine solche Frau, Junko Sakai, 2003 ein Buch mit dem Titel «Geheul des geprügelten Hundes» veröffentlichte. Es wurde ein Bestseller und Grundlage eines im Januar 2005 ausgestrahlten Fernsehspiels. Als Folge davon wurde *makeinu*, ‹der geprügelte Hund› oder ‹Verlierer›, zum geflügelten Wort. Sakai verwendete diesen Ausdruck, um deutlich zu machen, dass unverheiratete Frauen über 30 bemitleidet werden, ganz unabhängig davon, ob sie selber ihren Zustand bedauernswert finden oder nicht. Entgegen dieser Absicht wurde er aber schon bald zu einer herablassenden Bezeichnung für Frauen, die zu dieser Gruppe gehören, und damit zu einer Chiffre der wahren Natur der arbeitenden Frau. Ganz gleich, wie gut und befriedigend ihr Beruf ist und wie schön sie ist, wenn sie ledig, über 30 und kinderlos ist, dann ist sie ein Verlierer. So jedenfalls, das ist Sakais Erfahrung, werden Frauen dargestellt, die ein unabhängiges, erfülltes Leben führen. Auch wenn sie sich anders geben, können sie nur unglücklich sein und heulen wie ein geprügelter Hund, der sich nach seinem Herrn und der Wärme und Sicherheit der Familie sehnt, so, wie es sein soll.

Dieses Bild entspricht zwar nicht mehr der gesellschaftlichen Wirklichkeit, es ist aber ambivalent, weil es traditionelle Werte evoziert, die namentlich für Mütter lediger Töchter des zweiten Babybooms einen gewissen nostalgischen Reiz haben. Viele Frauen betonen, dass sie es vorziehen, ledig zu bleiben und zu arbeiten, statt zu heiraten, eine Familie zu gründen und von ihrem Mann abhängig zu sein. Andererseits ist Arbeit für viele keine Frage der Präferenz, sondern vielmehr der wirtschaftlichen Notwendigkeit oder sowohl das eine als auch das andere. Hinzu kommt «das Gefühl, dass wir schwach und von einem Mann beschützt sein wollen», das, wie Sakai (2005: 34) bemerkt, «ist in [dieser] Generation noch immer tief verwurzelt». Diese Zwiespältigkeit verlieh dem Schlagwort *makeinu* seine Wirkung, und es verkörpert aktuelle Spannungen im

Verhältnis der Geschlechter. Die Stigmatisierung der ledigen Frau ist überholt, hat ihre Wirkung aber noch nicht ganz verloren, und manche sehnen sich nach dem traditionellen Familienmodell zurück, obwohl es offensichtlich von anderen Formen sozialer Bindungen verdrängt wird.

Eine Beziehung, die hier noch erwähnt werden muss, da sie in den Zusammenhang zwischen Gleichstellung, Geburtenrückgang und der Balance von Arbeit und Familienleben eingeht, ist die zwischen Eltern und erwachsenen Kindern. Von vielen wird sie als Begründung dafür angeführt, ledig zu bleiben. Die zweiten Babyboomer empfinden die doppelte Last der Sandwichgeneration, eingequetscht zwischen Eltern und Kindern, besonders schwer und sind in vielen Fällen nur bereit, die Sorge für Eltern oder Kinder auf sich zu nehmen. Elternpflege oder Kindererziehung wird zur Alternative. Lange Arbeitstage, verringerte Arbeitsplatzsicherheit, die Ungewissheit der eigenen Altersversorgung und die Versorgung der Eltern lässt viele auf Kinder verzichten. Die vierunddreißigjährige Angestellte einer Lieferfirma für Speisen und Getränke illustriert die Problematik. Sie ist unverheiratet, lebt bei ihren Eltern und kommt nach der Arbeit gewöhnlich gegen 23 Uhr nach Hause. Mehrere Liebesverhältnisse, die sie in der Vergangenheit hatte, sind aus Zeitmangel im Sande verlaufen. Sie hätte gern Kinder, wird aber wahrscheinlich keine bekommen, da sie weiter arbeiten und bei ihren Eltern leben will. Ihre Sicht der Dinge erklärt sie so:

> Mir ist schon klar, dass die geringe Geburtenrate ein ernsthaftes Problem ist, aber ob man ein Kind haben will, hängt von der eigenen Einstellung zum Leben ab. Damit, dass die Regierung aus einem durch die angespannte Finanzlage verursachten Krisengefühl heraus nach mehr Kinder ruft, macht sie es sich meines Erachtens zu einfach. [...] Mein Bestreben ist es, aus dem Zwiespalt zwischen Arbeit und Privatleben herauszukommen und meinen Eltern ein ruhiges Leben zu ermöglichen.[14]

Ein dreißigjähriger Mann aus dem Tokioter Stadtteil Edogawa
wurde unter dem Verdacht festgenommen, seinen Vater getötet
zu haben. Als der Vorfall geschah, schlief der Vater unter dem
Kotatsu im Wohnzimmer. Nachforschungen ergaben, dass der
ältere Bruder des Sohns behindert war und seine Mutter krebs-
krank. Der Vater (50 kg) war herzkrank und litt an rasch fort-
schreitender Demenz. Dass er unter dem Kotatsu eingeschlafen
war, reizte den korpulenten Sohn (100 kg) so sehr, dass er ihm
mit Tritten tödliche Verletzungen zufügte. Der Stress und die
Erschöpfung durch die Pflege waren zu viel für den Sohn, so
das Ergebnis der Ermittlungen.[1]

Dieser tragische Vorfall kam 2001 in die Schlagzeilen, da er auf ein
wachsendes Problem aufmerksam machte, das mit einem weiteren
Begriff aus dem Wörterbuch der überalterten Gesellschaft um-
schrieben wird: *kaigo jigoku*, ‹Pflegehölle›. Die Internetsuche nach
diesem Begriff erzielt 623 000 Treffer in 0,13 Sekunden (Anfang
2007), die zu Büchern, Kolumnen in Druckmedien und Internet-
blogs führen. Sie sind von und für Menschen, die sich um bettlägerige, gebrechliche oder demenzkranke Angehörige kümmern müssen, ohne je darauf vorbereitet worden zu sein. Als Folge der
Bevölkerungsalterung sind so viele Menschen mit pflegebedürftigen Familienmitgliedern konfrontiert, dass die Gesellschaft als
Ganze davon betroffen ist.

2004 überstieg die Bevölkerung über 90 die Millionenmarke, und
die Anzahl der Menschen mit Anspruch auf Pflege näherte sich
4 Millionen.[2] 1,6 Millionen Menschen über 65 oder 7,7 Prozent dieser Altersgruppe litten 2005 unter seniler Demenz.[3] Diese Entwicklung ist eine Herausforderung für Staat und Gesellschaft, die auch

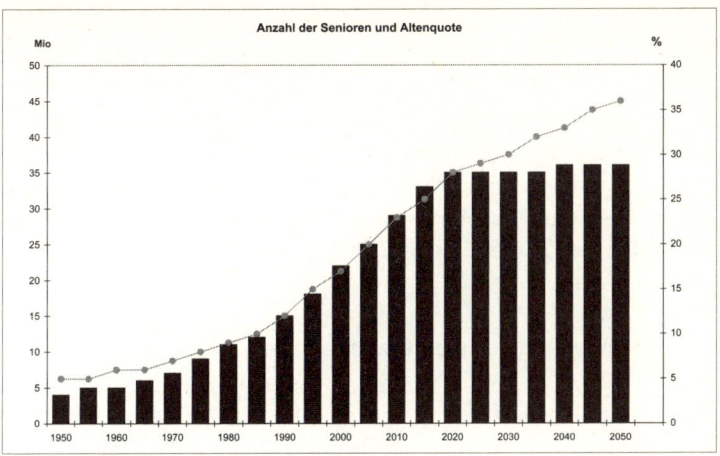

Abb. 6.1: Anzahl der Senioren und Altenquote
Quelle: Kokuritsu Shakaihoshō Jinkōmondai Kenkyūsho. 2004, S. 30

von den Sozialwissenschaften nicht ignoriert werden kann (Ogawa, Retherford 1993, Institute for Social Education 1994, Sagaza 1999, Ueno 2005). Im internationalen Vergleich hat Japan den höchsten Altersabhängigkeitsquotienten, definiert als Verhältnis der Bevölkerung über 60 zur Erwerbsbevölkerung zwischen 30 und 65. Nach einer Hochrechnung des Forschungsinstituts für Bevölkerung und Soziale Sicherheit wird der Wert von gegenwärtig 26 Prozent (3,9 Werktätige unterstützten 1 Senior) bis 2030 auf 50 Prozent (also 2 zu 1) ansteigen.[4] Einen so hohen Abhängigkeitsquotienten wird Japan eher erreichen als andere OECD-Länder. Wie nach fast allen Parametern schreitet die Alterung in Japan auch nach diesem schneller voran. Die Altenquote – der Anteil der Alten an der Gesamtbevölkerung – wird 2040 36 Prozent betragen (Abb. 6.1).

Besorgniserregend sind nicht allein die Zahlen, denn die japanische Gesellschaft ergraut in einer Zeit, da die Familie einen Strukturwandel durchmacht. Die Bevölkerungsalterung erzwingt Veränderungen im Verhältnis der Generationen innerhalb der Familie und in der Gesellschaft als Ganzer. Der Begriff *kaigo jigoku* ist eine Chiffre für eine vielschichtige soziale Transformation. In der Vergangenheit war die Familie für die Alten die wichtigste Quelle der Unterstützung und das Zentrum ihres Lebens. Dass sich Kinder ihrer gebrechlichen Eltern annahmen, war selbstverständlich. Aber aufgrund der geringeren Kinderzahl, der zunehmenden weiblichen Erwerbsbeteiligung und der erwähnten[5] Zunahme der Einpersonenhaushalte wird es für Söhne oder Töchter immer schwieriger, pflegebedürftige Eltern im eigenen Haus zu versorgen. Was bedeutet das für die Gesellschaft, und wie reagiert sie darauf?

Vom *Ie*-System zur Kleinfamilie

Wie in Kapitel 3 deutlich geworden ist, verliert die japanische Familie unter dem Druck der demographischen Entwicklung einige ihrer traditionellen Funktionen für die Prägung im frühen Kindesalter, indem sie die Kleinkinderbetreuung an professionelle Institutionen abgibt. Bei der Altenpflege vollzieht sich ein ähnlicher Prozess. Gegenwärtig existieren in Japan zwei Familientypen nebeneinander, die traditionelle Abstammungsfamilie, das *Ie* (Haus), und die Kleinfamilie (zwei Generationen). Das *Ie*-System beruhte auf der Kontinuität des Hauses, der Ahnenverehrung und der Verantwortung für die Eltern. Es impliziert gewöhnlich das Erstgeburtsrecht und dass der älteste Sohn nach der Eheschließung im Elternhaus wohnen bleibt. Die Tradition verlangt, dass sich die Frau des ältesten Sohns um seine Eltern kümmert, wenn sie pflegebedürftig sind. Töchter heiraten in andere Häuser ein, und nichterstgeborene Söhne gründen ihren eigenen Haushalt. Das ideologische Fundament dieses Systems ist die konfuzianische Kardinaltugend der kindlichen Pietät (*oyakōkō*). Die Klein- oder Kernfamilie besteht nur aus Eltern und Kindern. Gesetzesreformen nach dem Zweiten Weltkrieg, durch die gleiche Rechte für beide Geschlechter und gleiche Erbanteile für alle Kinder festgeschrieben wurden, bereiteten den Weg für den Übergang vom Drei-Generationen-*Ie* zur Kernfamilie. Er vollzog sich langsam, und das Zusammenleben mit alten Eltern ist auch heute noch viel weiter verbreitet als in Europa und Nordamerika (Linhart 1997), aber das *Ie*-System verliert deutlich an Boden.

Der Trend zur Kleinfamilie wird durch eine ideologische Um-orientierung, insbesondere den zunehmenden Individualismus, ge-fördert und durch die demographische Entwicklung weiter ver-stärkt. Selbst wenn Konsens bestünde, dass die Alten von der Familie versorgt werden sollten, ist es immer mehr Menschen prak-tisch unmöglich, nach diesem Ideal zu leben, denn die Babyboom-generation hat keine Nachkommen in ausreichender Zahl produ-ziert. Manche sind kinderlos; in anderen Fällen müssen sich zwei Einzelkinder, die heiraten, um vier Eltern kümmern. So macht sich die Verschiebung der Altenquote auf der individuellen Ebene be-merkbar. Kindermangel bedeutet im Alter, dass häusliche Pflege für viele nicht praktikabel ist. Auf diese veränderten Realitäten stellt sich die Gesellschaft langsam ein. Das geht aus Umfragen hervor, die zeigen, dass die Anzahl derer, die wünschen, im Alter bei ihren Kindern zu wohnen, langsam zurückgeht. Es fällt auf, dass dieser Rückgang besonders die Erwartung des Zusammenlebens mit dem ältesten Sohn betrifft, während der Wunsch, bei einer Tochter zu leben, zunimmt. Der Grund dafür ist die Erwartung, von einer leib-lichen Tochter besser versorgt zu werden als von einer Schwieger-tochter. Dabei nimmt der Anteil der Älteren, die erwarten, allein oder nur mit ihrem Ehepartner zu leben, beständig zu (Linhart 1997: 315 f.). In einer 2003 durchgeführten Erhebung des Kabi-nettsbüros (n 3565) sagten 48,6 Prozent der Befragten, es sei natür-lich, von Kindern zu erwarten, dass sie sich um ihre alten Eltern kümmern – 8,7 Prozent weniger als 1995. 36,1 Prozent, ein Plus von 7,4 Prozent, sagten, das sei nicht unbedingt so. Nach derselben Erhebung hoffen 80,1 Prozent der Befragten, im Alter öffentlich finanzierte Pflegedienste in Anspruch nehmen zu können, wenn sie nicht mehr selbst für sich sorgen können.[6] Diese Zahlen sind ein deutliches Indiz für die Verlagerung der Altenpflege aus der Familie in einen institutionellen Rahmen.

Da das *Ie*-System nicht mehr aufrechtzuerhalten ist, sind Ein-stellungsanpassungen unvermeidlich. Während der vergangenen beiden Jahrzehnte ist es für älteste und einzige Söhne immer schwie-riger geworden, eine Frau zu finden, da die Erwartung, dass die Schwiegertochter sich um die alten Eltern kümmern wird, noch im-mer ein kultureller Topos ist, von jungen Frauen aber gleichzeitig zunehmend als inakzeptable Bedingung der Eheschließung betrachtet wird. Die ältere Generation trennt sich nur schwer von dieser Norm, die in ihrer Jugend unangefochten war und nach der sie selbst gelebt hat. In dieser Hinsicht hat die Pflege der Alten Vertragsqualität und definiert herkömmliche soziale Beziehungen und den Transfer zwischen den Generationen. Kindliche Pietät wird als Wert nach wie vor hochgehalten, seine Umsetzung stößt jedoch auf praktische Hindernisse, zum Missfallen der Eltern ebenso wie der Kinder. Fukiko Nakayama, eine auf Erbrecht spezialisierte Anwältin, berichtet von einem Witwer, der bei seinem Sohn wohnte, bis er sich mit dessen Familie überwarf. Dann zog er zu seiner Tochter, von der er «natürlich» erwartete, dass sie ihn versorgte, vermachte aber dennoch seinen gesamten Besitz dem Sohn als seinem legitimen Nachfolger (Nakayama 2005: 32). Der alte Witwer handelte nach den Prämissen des *Ie*-Systems und konnte sein Benehmen nicht widersprüchlich oder ungerecht finden. Von der Kindergeneration wird es jedoch so beurteilt. Dieser Fall exemplifiziert die Diskrepanz der Auffassungen von Familie und der Beziehung zwischen Eltern und Kindern dieser beiden Generationen. Inkongruenzen dieser Art, die ein Teil der gesellschaftlichen Realität des heutigen Japan sind, können unter den Bedingungen des *Ie*-Systems nicht überwunden werden. Nakayama (2005: 30) plädiert deshalb für die Emanzipation vom *Ie*-Bewusstsein als Voraussetzung dafür, Konsens über einen neuen «Gesellschaftsvertrag» und den intergenerationellen Transfer zu erreichen.

Ungleiche Lasten

Das Problem der Altenpflege betrifft Männer und Frauen auf unterschiedliche Weise. Die Verteilung der Lasten ist so ungleich, dass es mit einiger Berechtigung als Problem der Frauen bezeichnet worden ist (Sugimoto 2001 a: 203). Die Beziehung zwischen den Geschlechtern ist daher von überragender Bedeutung für die Sozialpolitik unter den heutigen Bedingungen des demographischen Wandels. Denn 85,1 Prozent der pflegebedürftigen Alten sind Frauen.[7] Die meisten von ihnen haben ihre Schwiegereltern oder

Eltern gepflegt, können aber nicht erwarten, auf entsprechende Weise gepflegt zu werden, da Familie und Wohlfahrtsstaat sich im Umbruch befinden. *Zaitaku kaigo*, häusliche Pflege, wird von Sozialpolitikern als spezifisch japanischer Aspekt des Wohlfahrtsstaats propagiert, der beinhaltet, dass die Hauptlast der Versorgung der Alten und Gebrechlichen von der Familie getragen wird. Was einmal die Regel war, ist jedoch durch Veränderungen der Wohnverhältnisse, der Geschlechterrollen und der Beschäftigungspraktiken zu einer Option geworden, die nur noch einer Minderheit offensteht. *Zaitaku kaigo* ist außerdem ein Euphemismus dafür, was in der Praxis die Pflege für Tochter oder Schwiegertochter bedeutet (Jenike 1997: 332; Saito 2000: 304). Sie sind jedoch immer weniger bereit, diese Last zu schultern. Auch die Pflege im institutionellen Rahmen wird im Wesentlichen von Frauen geleistet, da Pflege und Versorgung mit Weiblichkeit assoziiert werden und Pflegerinnen nach der herrschenden Norm der Vorzug vor Pflegern gegeben wird. Nur eine kleine, aber wachsende Gruppe von Männern, die in der Seniorenbetreuung tätig sind und eine Laufbahn als Pflegemanager einschlagen, kann als Vorbote eines gewissen Einstellungswandels und veränderter Geschlechterrollen betrachtet werden (Long und Harris 2000: 34). Er könnte zu einem neuen Gesellschaftsvertrag führen, der gewährleistet, dass die Alten unter der gegenwärtigen Umformung von Familie und Wohlfahrtssystem nicht über Gebühr leiden.[8]

Die Erscheinungsform der Familie ist ein kulturelles Konstrukt, das die Regelung des Verhältnisses der Generationen zueinander und den Transfer zwischen ihnen beinhaltet, wobei die kulturellen Determinanten mit sozialen und wirtschaftlichen zusammengehen. Die wirtschaftlichen Verhältnisse von Eltern und Kindern beeinflussen Pflegearrangements sowie den Transfer von Geld und Zeit (Ohtake und Horioka 1994). Versorgung und Pflege alter Eltern im eigenen Haus ist in niedrigen Einkommensschichten häufiger als in hohen. Erwartungsgemäß erhalten arme Eltern von ihren Kindern mehr finanzielle Unterstützung, und die Wahrscheinlichkeit, dass Kinder die Pflege ihrer alten Eltern übernehmen, ist größer, wenn sie im Haus der Eltern leben. Auf der Grundlage einer Umfrage des Kabinettsbüros von 2000 über Einstellungen zu Kinderbetreuung und Langzeitpflege der Eltern kommen die Wirtschaftswissenschaftler Kohara und Ohtake (2004) zu dem Schluss, dass die Bereitschaft der Kinder zur Pflege der Eltern hauptsächlich davon abhängt, ob die Eltern reich genug sind, die Kosten ihrer Pflege zu tragen. Sie erwarten, dass die Neigung dazu in dem Maße zunimmt, wie die Erwerbsbeteiligung der Töchter und Schwiegertöchter zunimmt. Stärker als durch Altruismus, behaupten Kohara und Ohtake, wird das Pflegeverhalten in der japanischen Familie durch das Motiv des Austauschs beeinflusst. Ob und in welchem Maße Kinder Geld und Zeit für ihre Eltern aufbringen, hängt von der Gegenleistung ab, die sie erwarten können – ernüchternd für die, die in der Familie primär eine emotionale Ligatur auf konfuzianischer Grundlage sehen.

Nun beinhaltet die Beziehung zwischen Eltern und Kindern zweifellos ein Element des Austauschs, aber was gegeben und empfangen wird, lässt sich nicht allein auf Geld und Zeit, also Verdienstausfall, reduzieren. In Anlehnung an Bourdieus Theorie eines Systems von Dispositionen, Einstellungen und Verhaltensmustern charakterisiert Hashimoto (1996: 169) das Verhältnis zwischen Eltern und Kindern deshalb als Gesellschaftsvertrag, durch den in dem Sinne symbolische Gerechtigkeit hergestellt wird, dass Eltern durch die Erziehung der Kinder einen Anspruch auf Pflege im Alter erwerben. Grundlegend ist dabei nicht ein quantifizierbares Quidproquo, sondern der *symbolische* Austausch. Da sich die Gesellschaft beständig entwickelt, ist es niemals möglich, dass eine Generation genau die Verpflichtungen einlöst, die ihr durch den Empfang der Dienste der vorigen Generation entstanden sind. Bei der Aushandlung einer neuen symbolischen Gerechtigkeit kommt es darauf an, dass die Generation in der Übergangsperiode nicht benachteiligt wird. Was die Altenpflege anbelangt, so wird das Intergenerationenverhältnis als System von Rechten und Pflichten von Geber und Empfänger definiert. Die Antworten auf die Frage «Wer hat Anspruch worauf?» reflektieren stets traditionelle Normen und Wertvorstellungen sowie die verfügbaren Mittel. In der Vergangenheit beruhte der Austausch zwischen den Generationen in Japan weniger auf Unterstützung durch den Staat als durch die Familie. Die heutige alte und mittlere Generation muss sich umorientieren und ihre Anspruchserwartungen aus dem häuslichen in den öffentlichen Bereich verlegen. In Anbetracht der großen Bedeutung der Familie als Grundstein der japanischen Gesellschaft und des traditionellen Werts der kindlichen Pietät ist es nicht verwunderlich, dass dieser Wandel Spannungen und Unzufriedenheit mit sich bringt. Denn es geht nicht nur um die Neuberechnung materieller Transferleistungen, sondern um die Reharmonisierung von Norm und Realität. Es besteht Übereinstimmung darüber, dass Gemeinschaft und Staat leisten müssen, wozu die Familie nicht mehr in der Lage ist, aber diese Einsicht entspricht noch nicht den emotionalen Erwartungen aller Beteiligten. Wu (2004) hat gezeigt, dass die Bewohner von Altenpflegeheimen viel stärker ein Gefühl der Verpflichtung gegenüber dem Personal empfinden, mit dem sie nicht verwandt sind, als dass sie einen Anspruch gegenüber dem Staat erheben. Aber die demographische Entwicklung und die Notwendigkeit, länger im Erwerbsleben zu bleiben, bewirken auch hier langsame Einstellungsänderungen, und so wird die Pflege der Alten und Gebrechlichen aus dem familiären in den institutionellen Verantwortungsbereich verlagert. Das Vertrauen auf kindliche Pietät wird durch außerfamiliäre Unterstützungssysteme ersetzt, die die Pflege der Eltern übernehmen.

Der Staat springt ein

Der demographische Druck hat den japanischen Staat dazu gezwungen anzuerkennen, dass die Altenpflege im Zeitalter des Geburtenrückgangs nicht mehr der Familie überlassen werden kann. Emotionale Bindungen und traditionelle Werte reichen nicht mehr aus, um Altersarmut zu verhindern, nicht einmal in einer so reichen Gesellschaft. Schon in den 1970er-Jahren wurde die Wohlfahrt der Alten daher zum Politikum. Die ersten diesbezüglichen politischen Programme wie «Lebenspläne machen. Entwurf für eine japanische Wohlfahrtsgesellschaft» (1975)[9] und das Weißbuch des Wohlfahrtsministeriums von 1978[10] gingen von einem spezifisch japanischen Wohlfahrtssystem aus, das Familie und Gemeinschaft betont. Die fortschreitende Alterung machte jedoch deutlich, dass ein neuer

Ansatz vonnöten war, der die Bedürfnisse der Senioren unangesehen ihrer familiären Situation in den Mittelpunkt stellt.

Die erste Reaktion der Regierung auf die zunehmenden Wohlfahrts- und Gesundheitsbedürfnisse der Alten war der *Gold Plan*,[11] der 1990 in Kraft trat, als der Anteil der über 65-Jährigen 12 Prozent der Bevölkerung erreicht hatte. Hierauf folgte eine Reihe von Initiativen wie das Programm für mobile Pflege (Hausbesuche) (1992), das Behindertengesetz (1993), der neue *Gold Plan* (1994),[12] der *Gold Plan 21* (2000),[13] das Grundgesetz der Maßnahmen für die alternde Gesellschaft (1995), das Pflegeversicherungsgesetz (1997, in Kraft getreten 2000), das Grundgesetz für eine Gesellschaft der Gleichheit der Geschlechter (1999), das Erwachsenenbetreuungsgesetz (2000) u. a. Mit den drei *Gold*-Plänen wurde die Entwicklung der Infrastruktur für Dienstleistungen vorangetrieben, wobei der Schwerpunkt darauf lag, Familie und Nachbarschaft dabei zu unterstützen, es Senioren zu ermöglichen, so lange wie möglich in ihrer eigenen Wohnung zu leben.

Dieses Konzept ging bereits von einer Schwächung der Familie aus. In den 1980er- und 90er-Jahren kreiste die Diskussion über Pflege und Fürsorge für ältere Menschen um die Aufgabenverteilung zwischen Familie, Gemeinschaft und öffentlicher Verwaltung. Man einigte sich auf eine Pflegeversicherung anstelle eines steuerfinanzierten Wohlfahrtssystems. Das Ergebnis war das im Dezember 1997 verabschiedete Pflegeversicherungsgesetz nach deutschem Vorbild. Auf Grundlage dieses Gesetzes wurde die Pflegeversicherung eingerichtet, die im April 2000 in Kraft trat. Damit wurde die Absicht verfolgt, die Gesundheitskosten für die Alten durch die Integration von Sozialfürsorge, Pflege und medizinische Versorgung zu reduzieren. Denn obwohl Japans Senioren relativ gesund sind, ist ihre Hospitalisierungsrate im internationalen Vergleich hoch, weil es an der Infrastruktur zur Unterstützung häuslicher Pflege fehlt und wenige Einrichtungen offiziell als Pflegeheime klassifiziert sind (Yoshikawa, Bhattacharya, Vogt 1996: 24). Der neue *Gold Plan* machte Zielvorgaben für die Errichtung neuer Einrichtungen, Altentagesstätten mit pflegerischer oder ärztlicher Betreuung, Einrichtungen für Prävention, Rehabilitation sowie medizinische, pflegerische und soziale Betreuung, ambulante Pflege-

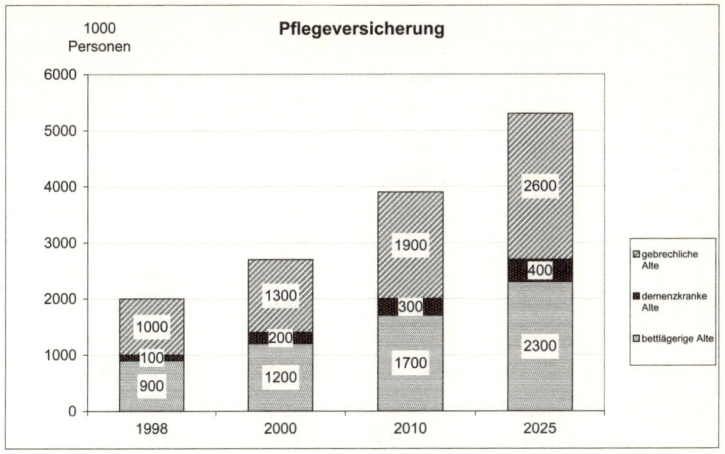

Abb. 6.2: Geschätzte Anzahl bettlägeriger und anderer alter Patienten
Quelle: *Points for Long-Term Care Insurance*, 2. Aufl. Ministerium für Gesundheit und Wohlfahrt

stationen und Heime für Demenzkranke. In geriatrische Kliniken sollen möglichst nur wirklich kranke Alte eingeliefert werden (Hashimoto 2004). Hinzu kommt der von den Sozialämtern von Gemeinden und Stadtbezirken zu koordinierende Einsatz von Freiwilligen, die Alte und Pflegebedürftige zu Hause unterstützen. Dank der so geschaffenen Vielfalt der Einrichtungen stehen weniger Menschen vor der früher unausweichlichen Alternative, pflegebedürftige Angehörige entweder selbst zu Hause zu versorgen oder ins Krankenhaus einweisen zu lassen. Die Pflegeversicherung ist eine Pflichtversicherung für alle Bürger zwischen 40 und 65. Ihre Finanzierung erfolgt zur Hälfte durch Beiträge und zur Hälfte durch die öffentliche Hand (Zentralregierung 25 Prozent, Präfekturen und Gemeinden je 12,5 Prozent). Der monatliche Beitrag wurde auf 2500 Yen zuzüglich regional variierender Verwaltungsgebühren festgelegt. Zwar wurde das System anfangs unter Kapazität genutzt (Talcott 2002) und erwirtschaftete deshalb einen Überschuss, aber inzwischen hat es sich als geeignetes Instrument für kommunale Verwaltungen erwiesen, älteren Menschen die von ihnen benötigte Pflege zukommen zu lassen.

Der obligatorische Charakter der Versicherung impliziert einen Wechsel «von Status zu Vertrag» (Kimura 2002: 337), vom Wohlfahrtsempfänger zum Vertragspartner. Nach dem Gesetz für die Wohlfahrt der Älteren[14] von 1963 mussten pflegebedürftige Alte zunächst als Empfangsberechtigte der Pflegeleistungen anerkannt werden, weshalb sie den Behörden ihre familiären und wirtschaftlichen Verhältnisse offenlegen mussten. Da dieses Verfahren mit dem Stigma verbunden war, von der Familie vernachlässigt zu werden und deshalb von staatlichen Zuwendungen abhängig zu sein, zögerten viele Menschen, von dem System Gebrauch zu machen. Mit der Pflegeversicherung, die dem Prinzip der Gegenseitigkeit verpflichtet ist, ist die Absicht verbunden, diese Hemmungen abzubauen. Das Pflegeversicherungsgesetz impliziert somit eine kulturelle Neudefinition der Fürsorge. Aus Wohltätigkeit für Bedürftige wurde ein auf den eigenen Beiträgen beruhendes Anrecht aller. Diese Neudefinition ist von entscheidender Bedeutung, um die Last der Familien mit pflegebedürftigen Mitgliedern zu reduzieren. Ihre wachsende Zahl erzwingt die «Vergesellschaftung der Pflege» (Sugimoto 2001 a: 213). Freilich wird die vollständige Ersetzung der familiären Pflege in naher Zukunft von dieser Politik weder erreicht werden, noch ist sie beabsichtigt. Aber das Verschwinden der Vollzeithausfrau, die wachsende Altenquote und die anwachsenden Pflegebedürfnisse aufgrund erhöhter Lebenserwartung machen die Entlastung der Familie unverzichtbar.

Diese Entwicklungen haben noch andere Probleme mit sich gebracht, die der Gesetzgeber nicht unbeachtet lassen konnte, insbesondere die Misshandlung alter Menschen. Die häusliche Pflege verursacht oftmals psychische Belastungen, manchmal mit fatalen Folgen. Eine 2003 vom Ministerium für Gesundheit, Wohlfahrt und Arbeit durchgeführte Umfrage[15] ergab, dass 10 Prozent der pflegebedürftigen älteren Menschen unter grausamer Behandlung leiden. Erschöpfung der pflegenden Person, schlechte Beziehungen zwischen Pflegern und Gepflegten, der schwierige Charakter des Opfers und durch Demenz verursachte Verwirrtheit sind die Hauptursachen, die das Ministerium anführt. Ältere Statistiken sind nicht verfügbar, aber es ist unwahrscheinlich, dass das Problem plötzlich auftrat. Eher ist zu vermuten, dass das konfuzianische Ideal des

Respekts vor den Alten es nicht in den Blick treten ließ. An Hinweisen darauf, dass dieses Ideal mit der rauen Wirklichkeit des vormodernen Japans auch kollidierte, fehlt es nicht. Bekannt ist die Legende vom *Obasuteyama*, dem Berg, auf dem die Alten ausgesetzt wurden, wenn sie sich nicht mehr selbst ernähren konnten.[16] Aus jahrhundertelangen Überlieferungen eines kulturellen Topos kann nicht geschlossen werden, dass er immer das Gleiche bedeutete. Grausamkeit und Misshandlung sind historisch kontingent und verändern sich. Aber gerade wegen seiner Unschärfe konnte der Topos so lange von einer Generation zur nächsten weitergegeben und für Japans Selbstverständnis so bedeutsam werden. Die Ergebnisse der Umfrage des Gesundheitsministeriums von 2003 haben die Öffentlichkeit daher sehr beunruhigt und intensive Diskussionen über das Problem ausgelöst. Das Ergebnis war, dass die kulturellen Werte der kindlichen Pietät und des Respekts vor den Alten kein hinreichender Schutz vor Altenmisshandlung mehr waren und das Problem nur mit gesetzgeberischen Mitteln gelöst werden konnte. Im November 2005 verabschiedete das Parlament deshalb das Gesetz zur Verhinderung der Misshandlung älterer Menschen und zur Unterstützung pflegender Personen,[17] das im April 2006 in Kraft trat.

Das Gesetz definiert grausame Behandlung als körperliche Übergriffe, psychologische Quälerei, böswillige Vernachlässigung und widerrechtliche Besitzaneignung. Wer die Misshandlung älterer Menschen beobachtet, ist nach dem Gesetz gehalten, den Behörden davon zu berichten. Die Verantwortung für den Schutz der Alten wird von dem Gesetz der lokalen Gemeinschaft und der Kommunalverwaltung auferlegt. Ausgehend von der Annahme, dass Unwissen und Hilflosigkeit oft Ursache der Altenmisshandlung sind, und angesichts der statistischen Voraussagen, nach denen die Anzahl der alten Demenzkranken weiter steigen wird, hat das Gesundheitsministerium eine Aufklärungskampagne begonnen, um die Öffentlichkeit über die Natur dieser Krankheit zu unterrichten und Ratschläge für den Umgang damit zu geben. Als Teil davon propagierte es eine neue Bezeichnung, *ninchishō*, ‹kognitives Syndrom›, um den abwertenden Begriff *chihō*, ‹Schwachsinn›, zu ersetzen.[18] Die Altenpflege, besonders die von Demenzkranken, kann sehr aufreibend sein und ist letztlich ohne Unterstützung durch die Gemeinschaft nicht mehr zu machen. Der vage Appell an die konfuzianische Tugend des Respekts vor den Älteren wird durch die Bezugnahme auf spezifische Gesetze auf der Grundlage der Menschenrechte ersetzt. So wirkt die demographische Wende als Katalysator der sozialen Transformation und der fortschreitenden Legalisierung menschlicher Beziehungen.

Freiwillige

Die Verlagerung der Last der Versorgung älterer Menschen von der Familie auf den Staat ist nur ein Aspekt der Vergesellschaftung der Pflege. Begleitet wird er von der Entwicklung der Zivilgesellschaft, die sich durch ein wachsendes Engagement Freiwilliger auszeichnet (Eijingu Sōgōkenkyū Sentā 2002: 110). Kommunale Verwaltungen haben viele neue Infrastruktureinrichtungen geschaffen, es fehlen ihnen aber die Mittel, um ausreichend Personal dafür zu beschäftigen. Wie in vielen anderen Fällen war die Gesellschaft dem Staat in dieser Hinsicht voraus. Bereits in den 1980er-Jahren bildeten sich Bürgerinitiativen zur Unterstützung häuslicher Pflege. Seither sind auf lokaler und nationaler Ebene viele NGOs und NPOs gegründet worden, um die durch die Schwächung der Familie entstandenen Defizite bei der Unterstützung pflegebedürftiger Menschen auszugleichen. Sie waren die Wegbereiter der Zivilgesellschaft, deren verstärkte Aktivitäten von der Regierung nicht immer begrüßt wurden (Tanaka 1998, Kingston 2004). Der Staat reagierte mit der Gründung öffentlicher Wohlfahrtskörperschaften (*fukushi kōsha*), deren Aktivitäten denen der Freiwilligenorganisationen ähnelten und mit denen erreicht werden sollte, dass dem Staat die Kontrolle über die Wohlfahrt nicht entgleitet (Adachi 2000). Die Zunahme der älteren Bevölkerung ließ jedoch immer deutlicher werden, dass es bei der Zusammenarbeit des Staates mit Freiwilligenorganisationen nicht mehr darum gehen kann, wer letztlich die Kontrolle über die Pflege ausübt. Der Einsicht, dass der Staat auf stärkeres Bürgerengagement angewiesen ist, konnte sich die politische Führung nicht länger verschließen. Nicht zufällig wurde deshalb ein neues NPO-Gesetz fast zeitgleich mit dem novellierten *Gold Plan* und dem Pflegeversicherungsgesetz auf den Weg gebracht. Nach intensiven Diskussionen und Lobbying seitens diverser Organisationen und Interessenverbände brachte die LDP einen Entwurf für das spezielle Gemeinnützigkeitsgesetz ein, das 1998 verabschiedet wurde. Eine entsprechende Novellierung des Steuergesetzes folgte 2001. Die von der LDP betriebene Verwaltungsreform hatte das Ziel, den Staat kleiner und wirtschaftlicher zu machen. Die Erkenntnis, dass dieses Ziel nur durch stärkere Beteiligung gemeinnütziger Organisationen erreicht werden konnte, veranlasste die LDP dazu, ihre feindselige Haltung gegenüber nichtstaatlichen Akteuren zu ändern. Der wachsende Pflegebedarf älterer Menschen war dabei ein wesentlicher Faktor. Das neue Gesetz erleichtert gemeinnützigen Organisationen zwar die staatliche Anerkennung, die ihnen eingeräumten Steuervorteile sind jedoch im internationalen Vergleich noch immer gering (Pekkanen 2000). Obwohl viele Selbsthilfeorganisationen deshalb nach wie vor auf staatliche Anerkennung verzichten, hat das Gesetz Wirkung gezeigt. Anfang 2005 überschritt die Zahl der nach dem Gesetz inkorporierten Organisationen die Zahl 20 000. Die Altenpflege ist einer der wichtigsten Bereiche, in denen sie tätig sind.

Im ersten Jahr nach Beginn der Pflegeversicherung hat die Zahl der Freiwilligen in der Altenpflege um 3,6 Prozent zugenommen.[19] Selbsthilfegruppen und offiziell anerkannte gemeinnützige Vereine wie die «Vereinigung der Frauen für eine bessere alternde Gesellschaft»[20] (*Kōrei shakai o yoku suru josei no kai*) leisten für die pflegerische und soziale Betreuung älterer Menschen heute unverzichtbare Dienste. Die Pflegeversicherung wird von den Kommunen verwaltet, aber die Pflege erfolgt im Wettbewerb zwischen gemeinnützigen Organisationen und solchen in privater Trägerschaft (Abb. 6.3).

Aus soziologischer Sicht liegt die Bedeutung des Engagements gemeinnütziger Organisationen für die Altenpflege in ihren kooperativen Netzwerken, durch die sie die Belastung der Familien verringern und die gleichzeitig zwischen Staat und Familie eine neue Funktion für die Produktion und Reproduktion des gesellschaftlichen Lebens übernehmen. Neben den existierenden Macht-

Abb. 6.3: Gesellschaftliche Unterstützung der Altenpflege
Quelle: *Asahi Shimbun* 19. Februar 2006, S. 9, mit freundlicher Genehmigung der Künstlerin Mariko Mikami und der *Asahi Shimbun*

verhältnissen und Verhaltensmustern entstehen neuartige soziale Beziehungen. Ob sich als Folge davon das Machtgefälle zwischen den Geschlechtern ändern wird, weil die adäquate Pflege der Alten beider Geschlechter so sehr vom Engagement der Frauen abhängig ist, lässt sich noch nicht absehen. Unbezweifelbar jedoch hat das NPO-Gesetz die japanische Zivilgesellschaft gestärkt. Die Pflege der Alten ist eine höchst wichtige Aufgabe, durch deren Entledigung die Gesellschaft ihr Selbstverständnis neu definiert. Sie ist zu einer treibenden Kraft des sozialen Wandels geworden.

VII «REIFE» KUNDEN

Als ich nach Hause zu meinen Eltern kam, um mit ihnen Neujahr zu feiern, war ich schockiert. Es war nicht der Schnee auf der Kanetsu-Autobahn (der schon etwas überraschend war), sondern der 45-Zoll-LCD-Fernseher im Wohnzimmer. Und darunter war ein DVD-Aufnahmegerät plus HDD. Mir fiel ein, dass mein Vater mich vor einiger Zeit angerufen hatte, um zu fragen, was besser sei, Plasma oder Flüssigkristall. Auf den Gedanken, dass er ein Gerät mit so einem großen Bildschirm (zu groß für den Raum, unter uns) kaufen würde, wäre ich nie gekommen. Als ich meine Taschen abgelegt hatte, sah ich mich in der Küche um. Ein neuer Eisschrank. «Ich hab all das alte Zeug ersetzt», sagte mein Vater. Aus dem Drucker in der Ecke war ein Kopierer-Farbdrucker mit integriertem Scanner geworden. Und Vater, der für seine Neujahrskarten immer das alte Textverarbeitungsprogramm benutzt hatte, managte nun eine Adressenkartei mit Spreadsheet-Software.

«Mann, was ist das denn», dachte ich, als ich zur Entspannung von der langen Fahrt ins Bad ging, neue Geräte auch hier: statt der alten Waschmaschine das neueste Modell mit extra leiser Trommel. «Wirklich wahr», seufzte ich, «ihr einziger Sohn hat nichts dergleichen.»

Meine Eltern sind gerade etwas älter als die Babyboomer. Sie sind gewiss nicht reich; Senioren mit etwas mehr Spielraum, weil die Kinder erwachsen sind, das ist alles. Zum Glück sind sie gesund und haben Arbeit. Aber diese Senioren, hört man, haben einen gewaltigen Konsumhunger. Von jetzt an werden sie großen Einfluss auf den Markt haben.

Allerdings scheinen all diese Produkte noch nicht völlig ausgereift zu sein. Sie funktionieren, da kann man nicht klagen, aber für Senioren sind sie nicht sehr benutzerfreundlich. Ältere Leute haben Schwierigkeiten, all die Funktionen zu beherr-

schen. Außerdem gibt es jetzt vier verschiedene Fernbedie-
nungen für Fernsehen, DVD, Video und Kabelfernsehen. Was
die alternde Gesellschaft braucht, sind qualitativ hochwertige
Multifunktionsgeräte, die jeder bedienen kann. Das waren
meine Gedanken zu Neujahr. (Masaru Yoshida)[1]

Wenn der Wirtschaftsjournalist Masaru Yoshida in seiner Neujahrs-
glosse von der «Macht der Senioren» (*shinia pawā*) spricht, meint er
ihre Potenz als Konsumenten. Im Jahr 2010 wird die Hälfte der Bevölkerung über 50 sein, und die Zusammensetzung der älteren Bevölkerung wird anders sein als heute. 2005 waren rund 40 Prozent
der Alten über 75; zwanzig Jahre später wird ihr Anteil 60 Prozent
betragen. Gleichzeitig wird die Erwerbsbevölkerung um 15 Prozent schrumpfen. Was bedeutet das für die Japan AG?

Darüber, dass die Bevölkerungsalterung weitreichende Folgen
für die Wirtschaft hat (Higuchi 2004a, MacKellar et al. 2004), sind
sich die Ökonomen einig, aber einige prophezeien Ruin, die anderen Rettung. Die Pessimisten (z. B. Hewitt 2002, 2003) betonen die
Entvölkerung, die wachsende Abhängigkeitsquote und den Bei-
tragsanstieg für die Sozialsysteme, Konflikte zwischen den Generationen, die schrumpfende Erwerbsbevölkerung, zurückgehende
Steuereinkünfte und geringere Investitionen in Infrastrukturpro-
jekte, negatives Wachstum, ein abnehmendes Bruttoinlandsprodukt
und die schwindende Bedeutung Japans in der Welt. Im Gegensatz
dazu richten die Optimisten (z. B. Fuji, Furukawa 2000; Kusaka
2005) die Aufmerksamkeit auf die wohlhabenden Babyboomer, die
ab 2007 in Pension gehen und mit ihren enormen Ersparnissen und
großzügigen Renten den Konsum anheizen und die Wirtschaft
wiedererstarken lassen, indem sie einen neuen Lebensstil schaffen,
was neue Industrien und damit Wachstum hervorbringt. Dass fast
sieben Millionen Menschen in den Ruhestand treten, bedeutet
auch, so argumentieren sie, dass die Arbeitslosigkeit zurückgeht
und die Firmen Einsparungen bei den Lohnkosten machen, weil die
Ausscheidenden altersgemäß in den höheren Lohngruppen sind
und durch jüngere, billigere Arbeitskräfte ersetzt werden können

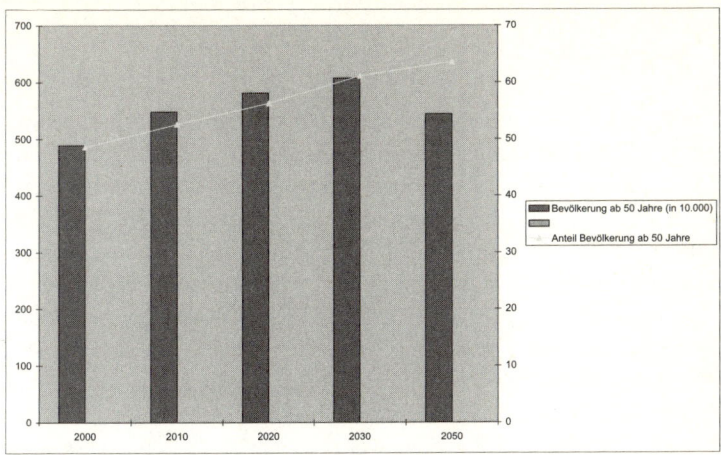

Abb. 7.1: Der wachsende Anteil der Bevölkerung über 50

(Higuchi 2005). «Japans Wirtschaft kommt zurück. Das große Missverständnis des Geburtenrückgangs und der Alterung» verkündet dementsprechend das Wirtschaftsmagazin *Daiamond*[2] auf der Titelseite. Und um nicht zurückzustehen, veröffentlicht *Shūkan Ekonomisuto* von der Konkurrenz eine Liste von Firmen, die von Alterung und Entvölkerung profitieren.[3] Die Tatsache, dass die Fachleute hinsichtlich der wirtschaftlichen Auswirkungen der sozialen Alterung geteilter Meinung sind, deutet auf die Komplexität der involvierten Faktoren hin. Wird der Konsum der Alten stärker zunehmen, als der Konsum der Jungen abnimmt, und wird er den Rückgang der Konsumenten ausgleichen? Diese Fragen sind schwer zu beantworten, weil die Auswirkungen des demographischen Wandels auf das menschliche Verhalten unbekannt sind. In einer Umfrage der *Mainichi Shimbun*[4] von 2005 erklärten 76 Prozent der Befragten, dass sie angesichts des Geburtenrückgangs und der Alterung Beklommenheit empfänden. Niemand kann deshalb voraussagen, ob die positiven oder die negativen wirtschaftlichen Auswirkungen überwiegen werden.

Trotz dieser Unwägbarkeiten zeichnen sich einige wachstumsfördernde Entwicklungen ab, an erster Stelle der seit den 1990er-Jahren als solcher bekannte «Silbermarkt». Japans silberhaarige Senioren sind so betucht, dass sie sich den Spitznamen *rōjin kizoku*, «Alter Adel», zugezogen haben. Viele von ihnen sind Nettosparer, wohnen im eigenen Haus und haben mehr Platz zur Verfügung als jüngere Haushalte. Im Durchschnitt stehen einem Einpersonenhaushalt 80 m² zur Verfügung und einem älteren Ehepaar 123 m² (Whitten 2003). Sowohl die Ersparnisse als auch das verfügbare Einkommen der heutigen Senioren sind reich bemessen, aber die vor und während des Zweiten Weltkriegs geborenen Generationen haben Hunger und Not am eigenen Leibe erfahren. Einmal zu Geld gekommen, neigten sie eher zum Sparen als zum Ausgeben, wodurch sie Japans expandierender Industrie das nötige Kapital zur Verfügung stellten. Die Babyboomgeneration ist anders. Ihre Mitglieder sind umgeben von Waren, die für junge Leute hergestellt wurden, aufgewachsen, sie haben 50 Jahre Wachstum erlebt und eine «Hyperkonsumgesellschaft» (Clammer 1997) geschaffen. Hikaru Hayashi, der Präsident von Japans größter Werbeagentur, dem *Hakuhodo Institute of Life and Living* (HILL), ist zuversichtlich, dass sie auch im Ruhestand nicht aufhören werden zu konsumieren.[5] 2002 besaßen die Babyboomer, die rund 5,3 Prozent der Bevölkerung ausmachten, 10,8 Prozent aller Privatvermögen, zum großen Teil in Form von Ersparnissen. Es wird erwartet, dass dieser Anteil durch ihre Verrentung bis 2009 auf 16,6 Prozent ansteigen wird.[6] Schätzungen über die Höhe der jährlichen Auszahlungen an die neuen Pensionäre zwischen 2007 und 2009 schwanken zwischen 35 und 60 Billionen (10^9) Yen. Nach dem Regierungsbericht über die allgemeinen Lebensverhältnisse der Bevölkerung 2003 haben die Senioren mehr finanziellen Spielraum als der Durchschnittshaushalt. 52,1 Prozent der Senioren gegenüber 44,7 Prozent aller Haushalte sagten, dass sie in finanziell gesicherten oder komfortablen (*yaya yutori ga aru*) Verhältnissen lebten.[7] Die Wirtschaft ist daher gut beraten, den Älteren genügend Beachtung zu schenken, was sie freilich nicht nur wegen ihrer Kaufkraft tut, sondern auch weil die Zahl der jüngeren Konsumenten abnimmt.

Wie diese Kaufkraft ausgeschöpft werden kann, ist eine wichtige und schwierige Frage, denn Senioren sind sehr spezielle Kunden. Der «Silbermarkt» zielt auf diese Altersgruppe, aber obwohl die Babyboomer eine Generation mit ähnlichen Erfahrungen darstellen, sind sie auch die erste, die jahrzehntelang ermutigt worden ist, eigene Vorlieben und einen individuellen Geschmack zu entwickeln. Es ist deshalb ein sehr vielschichtiger Markt. Ihn adäquat zu bedienen setzt voraus, sowohl kohortenspezifisches Verhalten als auch altersspezifische Präferenzen zu berücksichtigen. Da sich das Konsumverhalten mit dem Alter ändert, beschäftigen sich Marktanalysen intensiv damit, wie physiologisches Altern, die soziale Kategorisierung von Lebensphasen und kulturelle Werte im Wandel des Lebensstils der Konsumenten zusammenwirken. So richtete das Hakuhodo Institute 2000 eine Abteilung «Geschäftsentwicklung für ältere Kunden» ein (HILL 2003); das *Nikkei Research Institute of Industry and Markets* (2003) führte eine Erhebung durch, die sich speziell auf die Babyboomgeneration konzentrierte; und die Industrie- und Handelskammer von Tokio bietet Ratschläge an, wie das Vertrauen älterer Kunden zu erlangen ist. Ihre Empfehlungen hat sie in einer Broschüre veröffentlicht, deren Inhalt nach acht Stichworten angeordnet ist. Die Anfangsbuchstaben dieser Wörter ergeben zusammen ein neujapanisches Fremdwort, das die Ansprüche der «neuen Senioren» symbolisiert: *konsheruju*, oder CONCIERGE, Chiffre für hochwertige Dienstleistungen.

Schlüsselbegriffe

Die von der Tokioter Handelskammer identifizierten Schlüsselbegriffe für eine erfolgreiche Bedienung des Seniorenmarkts sind – dem Geist der Zeit entsprechend auf Englisch – die folgenden: *comfortable*, *one to one*, *nostalgia*, *community*, *identity*, *edutainment*, *relation* und *generation free*. Sie beziehen sich auf die Bedürfnisse und Erwartungen dieser Konsumentengruppe, deren Langlebigkeit die Bedeutung des Alters selbst verändert. Sie thematisieren deshalb das Zusammenspiel von biologischem und psychosozialem Alter. *Comfortable* bezieht sich auf Annehmlichkeiten und Ruhe, die den Pensionären nach einem vierzigjährigen Arbeitsleben zustehen, sowie ein gewisses Maß an Luxus. Begriffe wie «Universaldesign», «alterslos» und «benutzerfreundlich», die in diesem Zusammenhang verwendet werden, betonen Mühelosigkeit und bagatellisieren das Alter. *One to one* bezieht sich auf persönlichen Service, insbesondere beim Verkauf von Hochqualitätsprodukten. *Nostalgia* heißt, dass das Marketing an die Erinnerung der Kunden appellieren soll, um ihnen einen Anlass zu geben, bei den fraglichen Produkten auf ihr Leben zurückzublicken. *Community* appelliert an die vielfältigen Erfahrungen dieser Personen, die sie mit anderen teilen können, wenn sie weiterhin am gesellschaftlichen Leben teilnehmen. So, wie die Tokioter Handelskammer das Wort *identity* verwendet, bedeutet es so etwas wie Eigentümlichkeit und modeunabhängige Nachfrage. *Edutainment* steht für den wachsenden Markt der Freizeit- und Weiterbildungsindustrie und das Bedürfnis vieler Senioren, sich neue Fähigkeiten anzueignen. Im Leben der Senioren dreht sich vieles um *relations*, ihre Beziehungen, was bei dem Versuch, sich Kundschaft zu sichern, berücksichtigt werden soll. Der Euphemismus *generation free* beschließt den Katalog, um daran zu erinnern, dass gesunde vitale Senioren nicht gern auf ihr fortgeschrittenes Alter aufmerksam gemacht werden.[8] In Werbe- und Informationsmaterial werden Umschreibungen bevorzugt. Statt «Ältere» oder «Betagte» (*kōreisha, toshiyori*) werden Bezeichnungen wie «Senior» (*shinia*), «reife Person» (*seijukusha*) und «Erwachsener» (*otona*) empfohlen.

Zusammengenommen umschreiben diese Schlüsselbegriffe das Profil älterer Kunden, das es den Firmen nach Auffassung der Tokioter Handelskammer erleichtern wird, den «Silbermarkt» zu bedienen und von dem Konsumpotenzial dieser Seniorengeneration zu profitieren. Wichtig ist es, sowohl die kohortenspezifischen als auch die altersspezifischen Merkmale dieses Marktsegments zu berücksichtigen. Gründliche Kenntnisse der Bevölkerungsstruktur und ihrer Entwicklung sind eine offenkundige Voraussetzung erfolgreichen Marketings; aber dass gutes Marketing allein nicht ausreicht, ist ebenso offenkundig. Um auf diesem Markt erfolgreich zu sein, müssen nicht nur Werbestrategien, sondern auch Produkte und Dienstleistungen an die Bedürfnisse der Senioren angepasst werden.

Konsumtrends

Als Reaktion auf die Alterung sind ganz neue Industrien entstanden und neue Produkte entwickelt worden, zum Teil mit großem Aufwand. Die Firmen sind zuversichtlich, dass sich die Investitionen lohnen werden, denn ein wachsender Bedarf für diese Produkte wird von der demographischen Entwicklung gleichsam garantiert. Das Nikkei Reseach Institute of Industry and Markets (2003) hat ermittelt, in welchen Konsumbereichen die Ruheständler ihr Geld auszugeben planen:

Tab. 7.1: Erwartetes Konsumverhalten der Babyboomgeneration (mehrfache Antworten)

	Männer		Frauen	
1	Inlandsreisen	54,4 %	Inlandsreisen	53,7 %
2	Autos	31,6 %	Renovierung	33,1 %
3	Auslandsreisen	29,8 %	Neue Fähigkeiten	30,0 %
4	Renovierung	26,8 %	Auslandsreisen	29,6 %
5	Neue Fähigkeit	16,7 %	Autos	13,6 %

Quelle: Nikkei Reseach Institute of Industry and Markets (2003)

Abgesehen von geringfügigen Unterschieden zwischen den Geschlechtern treten vier Industriezweige besonders hervor: Tourismus, Bau, Autos und Fortbildung.

Tourismus. Japans inländische Tourismusbranche hat sehr unter der Stagnation der 1990er-Jahre gelitten. Nur ein Marktsegment konnte wachsende Nachfrage verzeichnen, Wellness- und Kulturreisen für Senioren, wozu auch der wiederentdeckte religiöse Tou-

50歳からの旅クラブ

50+

フィフティ・プラス

日本の文化・歴史・自然、 体験するなら

〜JR東海「50+」へご入会ください〜

（50歳以上の方ならご入会できます）

Abb. 7.2: Reiseklub für über 50-Jährige «JR Tōkai Fünfzig Plus». Treten Sie bei (jeder über 50 kann mitmachen) und erleben Sie Japans Kultur, Geschichte und Natur!

rismus gehört. Kunden zwischen 70 und 90 gehen auf Pilgerfahrt zu Kultstätten im ganzen Land. Transportbetriebe wie die japanische Staatsbahn bieten Gruppenreisen und Rabatte für Senioren schon ab 50 an.[9] Und Hotelketten haben Klubs eingerichtet, deren Mitglieder den Anspruch auf eine bestimmte Anzahl von Übernachtungen pro Jahr an verschiedenen Orten erwerben, wozu oft Besichtigungs-, Unterhaltungs- und Kulturprogramme gehören.

Mit Auslandsreisen verhält es sich anders. Das Gesamtvolumen wächst seit Jahrzehnten, teils auf Kosten des inländischen Tourismus, und ist ein Indikator der zunehmenden Prosperität. Dieses Marktsegment lebt von der Schnittmenge der gesunden und wohlhabenden Rentner. JR Kyushu warb 2001 für eine 14 000 km lange Reise im Orient Express von Amsterdam durch Europa, Russland, Zentralasien und China zum Preis von 1,5 bis 2,1 Mio. Yen. Für die 50 Plätze gingen über 250 Reservierungsanfragen ein. Das Durchschnittsalter der Kunden war 67 (Sumitomo Group 2001). Neue Firmengründungen wie Eurasia Travel Co., Ltd., die «reifen Kunden» Musik- und Kulturreisen zu Sehenswürdigkeiten in Europa, Kreuzfahrten und individuell gestaltete Luxusreisen anbieten, operieren in einem Markt mit Wachstumspotenzial. 2005 gründete Japans größter Reiseveranstalter, JTB, die Tochterfirma JTB Grand-Tour and Service, die auf Senioren spezialisiert ist, denen sie «eine Zeit des Reisens für Erwachsene» (*otona no tabi jikan*) und eine «Auswahl für das dritte Lebensalter» anbietet.

Fortbildung. Die Tourismusindustrie profitiert von den Wachstumsbranchen Freizeit und lebenslanges Lernen, die auf den Programmen der «sozialen Bildung» (*shakai kyōiku*) aufbauen können, die traditionell in der Gemeinde verankert sind. Das Gesetz zur Förderung lebenslangen Lernens von 1999 war in dieser Hinsicht ein Meilenstein. Im Erziehungsministerium wurde ein Büro für lebenslanges Lernen eingerichtet, das Gemeindeverwaltungen bei der Entwicklung neuer Fortbildungsprogramme unterstützen soll. Auch private Anbieter im Bildungsbereich (*bunka sentā*) bieten immer mehr nicht laufbahnorientierte Kurse an, von Fremdsprachen und technischen Fertigkeiten zu kultureller Bereicherung und Erholung. Immer mehr Menschen vor dem und im Ruhestandsalter entdecken, wie sehr sie ihre Lebensqualität verbessern können, wenn sie mit der modernen Informationstechnologie vertraut sind, die es ihnen nicht nur erlaubt, mit Familie und Freunden in Verbindung zu bleiben, sondern auch von einer Vielfalt von Dienstleistungen Gebrauch zu machen. Zudem haben die Rentner Zeit zum Lernen, die sie kaum auf befriedigendere Weise verbringen könnten.

Bau. Viele Ruheständler planen Ausgaben für die Renovierung und den Ausbau ihrer Häuser und Wohnungen, wobei das Ziel meist eine barrierefreie Einrichtung für das Leben im Alter ist. Japanische Eigenheime waren lange für eine relativ kurze Lebensdauer von 25 bis 30 Jahren geplant, so lange, wie ein Eigentümer glaubte, darin zu leben.[10] Ein Haus war ein Heim für eine Generation, dann wurde es abgerissen, um auf dem Grundstück ein neues zu errichten. Als Folge der Bevölkerungsalterung leben die Menschen heute länger in ihrem Haus. Baustandards werden veränderten Bedürfnissen angepasst, und mehr Menschen können sich haltbarere Häuser leisten. Nachdem die Babyboomgeneration in den 1970er-Jahren ihre Häuser gebaut hatte, ist der Häusermarkt wegen der nachfolgenden kleineren Alterskohorten geschrumpft. Wachstum gab es allein in dem Marktsegment, das sich an die Senioren richtet. Von 1995 bis 2010 wird der Umsatz für Ausbau und Renovation von 7,3 Billionen Yen auf geschätzte 9,3 Billionen Yen wachsen.[11] Hochwertige Eigentumswohnungen, barrierefreie Wohnungen für Alte und Behinderte, Einbruchsicherheit und höhere Energieeffizienz sind besonders vielversprechende Bereiche der Branche. Sowohl aus Gründen der Kostenersparnis als auch aus Freude an der Tätigkeit sind Senioren auch vermehrt auf dem wachsenden Heimwerkermarkt präsent.

Die Finanzkraft der Senioren und ihre Neigung, in ihre Häuser zu investieren, haben ein ebenso unerwartetes wie unerwünschtes Tätigkeitsfeld entstehen lassen, den Renovierungsschwindel (*rifōmu sagi*). Gutgläubige allein lebende Alte sind leichte Beute für gewissenlose Vertreter, die ihnen Verträge für überteuerte und unnötige Reparaturarbeiten aufschwatzen und sie um riesige Beträge betrügen. Da die Achtung des Alters ein fester Bestandteil des japanischen Selbstverständnisses ist, verursachte die Aufdeckung von umfangreichen und zum Teil organisierten Verbrechen dieser Art 2005 einen Aufschrei der Empörung in den Medien.[12] Diese neue Verbrechenssparte ist weniger deshalb von Interesse, weil sie von wirtschaftlich harten Zeiten zeugt, sondern vielmehr weil ein großer Teil der älteren Bevölkerung zwar über reichlich Bargeld verfügt, jedoch zunehmend sozial isoliert lebt. Hinzu kommt die Tatsache, dass das Urteilsvermögen älterer Menschen in der

Regel nachlässt, was sie geradezu als Opfer von Betrügern prädestiniert.[13]

Autos. Die Reaktion der Automobilindustrie auf die Alterung beinhaltet dreierlei: die Produktionsausdehnung von Wagen der Luxusklasse, den Ausbau neuer Technologien zur Kompensation nachlassender körperlicher Fähigkeiten und die Entwicklung von barrierefreien Autos für Behinderte. Für Luxusautomobile wird mit großen Umsatzgewinnen durch die Verrentung der Babyboomer gerechnet. Bisher wurde dieses Marktsegment von ausländischen Prestigemarken, insbesondere Mercedes-Benz und BMW, beherrscht, die im letzten Jahrzehnt ständig wachsende Verkaufszahlen vorweisen konnten. Die japanischen Hersteller Toyota, Nissan und Honda hat das veranlasst, eigene Fahrzeugserien der Luxusklasse (Lexus, Fuga und Legend) auf den heimischen Markt zu bringen.

Nur wenige Senioren fahren Luxusautos, aber viele fahren Auto. 7,98 Millionen Fahrern unter 25 standen 2004 8,79 Millionen Fahrer über 65 gegenüber. Die Anzahl der Älteren steigt jährlich um 500 000 (Hoffman 2004). Dass auch die Zahl der von älteren Fahrern verursachten Unfälle zunimmt, ist nicht überraschend (Abb. 7.3).

Die körperlichen Fähigkeiten älterer Fahrer, insbesondere ihr Sehvermögen, ihre Reflexe und ihre Konzentration, nehmen oft ab. Um die daraus folgenden Unfallrisiken zu mindern, sind die Vorschriften zum Führen von Kraftfahrzeugen dahingehend abgeändert worden, dass sich Fahrer ab 70 jedes Mal bei der dreijährigen Erneuerung ihres Führerscheins einem Seh- und Reflextest unterziehen müssen. Die Autoindustrie hat ihrerseits begonnen, sich auf diese Klientel einzustellen, indem sie neue Technologien zur Unterstützung der Fahrer entwickelt, wie etwa Fahrspurassistenten, Bremshilfesysteme, adaptives Kurvenlicht und Geschwindigkeitskontrolle (Moerke, Kamann 2005). Die Entvölkerung ländlicher Regionen, die wachsende Anzahl allein lebender Senioren und die zunehmende behinderungsfreie Lebenserwartung machen die Erhaltung der Mobilität älterer Menschen zu einem immer dringlicheren Desiderat und die Technologie zum wichtigsten Hoffnungsträger seiner Realisierung.

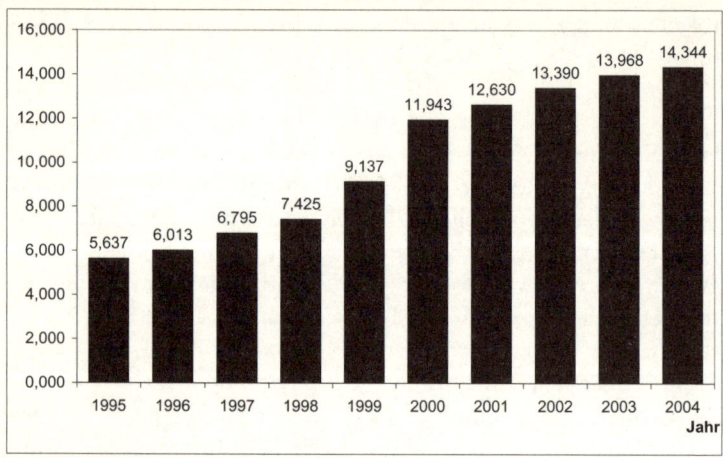

Abb. 7.3: Von Fahrern über 65 verursachte Unfälle
Quelle: *Zenkyōren*, der japanische Versicherungsverband landwirtschaftlicher Kooperativen, zitiert nach *Shūkan Bunshun*, 1. Dezember 2005, S. 137

Entsprechendes gilt für Fahrzeuge für Behinderte. Obwohl es sich hier um einen Nischenmarkt handelt, betätigen sich wegen des zu erwartenden Wachstums alle japanischen Hersteller auf diesem Gebiet.[14] Gemeinsam haben sie die industrieübergreifende Initiative *Japanese International Association for Universal Design*[15] gegründet, die an der Verbesserung von Komfort, Benutzerfreundlichkeit und Sicherheit arbeitet, ohne die Bedeutung dieser Merkmale speziell für die Älteren hervorzuheben.

Roboter. Wie in der Autoindustrie setzt man auch in anderen Sparten große Hoffnungen in den technologischen Fortschritt, um den negativen Begleiterscheinungen der Alterung zu begegnen und älteren Menschen das Leben lebenswert zu machen. Japan ist in der Herstellung von Robotern aller Art führend. In Ergänzung des Bereichs der Industrieroboter richtet sich in neuester Zeit vermehrte Anstrengung auf die Entwicklung von Robotern für den Haushalt sowie den Gesundheits- und Pflegesektor. Große Firmen wie Mitsubishi Heavy Industries, Ltd. und Honda haben die Humanoid-Roboter Wakamaru bzw. Asimo entwickelt, die eine große Zahl komplexer Funktionen in einem Gerät integrieren – sie können sich bewegen, Objekte transportieren und auf Signale verschiedenster Art inklusive sprachlicher Befehle reagieren.

«Der Heimroboter ‹Wakamaru› ist ein völlig neuer Kommunikationspartner, mit dem Sie und Ihre Familie als einem neuen Familienmitglied zusammenleben können. Ihre Träume werden wahr. Sie begegnen einem futuristischen Roboter, der Sie im Alltag auf gänzlich neue Weise unterstützt.»[16]

So wirbt Mitsubishi Heavy Industries für ihren Haushaltsroboter. Ob er einen Traum oder einen Albtraum wahr macht, ist vom Betrachter abhängig, aber dass er für einen Bereich steht, in dem viel techniknahe Forschung betrieben wird, lässt sich nicht bestreiten. Die Hersteller betonen die Kommunikationsfähigkeiten und das Design, wobei der psychologische Aspekt der gefälligen Erscheinung des Geräts besonders beachtet wurde. Tomy Co. brachte 2005 «Yumel» auf den Markt, einen Humanoid-Roboter, der wie ein kleiner Junge aussieht und 1200 Sätze sprechen kann. Sechs Sensoren befähigen ihn, die Ruhezeiten seiner Eigentümer zu registrieren und auf verschiedenerlei Weise mit ihnen zu «interagieren». Tomy Co. ist ein Spielzeughersteller, aber dieses Produkt wird als «Heilpartner» für ältere Menschen bezeichnet, es ist für diesen Zweck gut angenommen worden. Die sozialpsychologischen Folgen solcher «Surrogatenkel» sind noch gänzlich unerforscht; sie als inhuman zu brandmarken wäre jedoch voreilig und würde dem Phänomen des Einsatzes von Maschinen für pathologische kommunikative Zwecke nicht gerecht. Darauf deutet auch die Überschneidung des Markts für Roboterpuppen mit dem für Haustiere hin. In Zusammenarbeit mit AIST,[17] Japans größtem staatlichen Forschungsinstitut, trat die Firma Microjennics Co. 2005 in die Fußspuren von Sonys Hund «Aibo» und brachte den Roboter-Seehund «Paro» zur Produktreife. Zum Preis von ¥ 350 000 eignet sich dieser therapeutische Roboter nicht zum Massenverkauf, aber in Altenpflegeheimen wird er als Hilfsmittel eingesetzt, da sich gezeigt hat, dass er wie auch andere lebensechte Robotertiere bei Demenzkranken zur Verringerung von Stress und Unruhe beitragen kann.

Abb. 7.4: «Wenn Paro auftaucht, lächeln sie.» Der therapeutische Seehund-Robo-ter Paro von Microjennics Co. Mit freundlicher Genehmigung von *Asahi Shimbun*

Die Alterung fördert das Wachstum der Roboterindustrie auch in den Bereichen Medizin (Kusuda 2003) und Pflege, wo zunehmend Maschinen zum Einsatz kommen, um Pfleger und Patienten beim Transport und anderen körperlichen Verrichtungen zu unterstützen. AIST hat zudem Systeme zur Beobachtung und Aufzeichnung von Bewegungen betreuter Personen im Laufe des Tages entwickelt, um die Pflege effizienter gestalten zu können. Toshiba Co. arbeitet an einem tragbaren Positionierungssystem für Patienten, die sich verlaufen. Maschinen, die an Verabredungen erinnern und die regelmäßige Einnahme von Medikamenten überwachen, sind seit einiger Zeit in Gebrauch und werden beständig um weitere Funktionen wie bestimmte Routineuntersuchungen zur Feststellung von Veränderungen des Gesundheitszustands ergänzt. Der maschinell gesteuerte Informationsaustausch zwischen Patient, Pfleger und Arzt kann in Notfällen Zeit sparen und zur Verbesserung der Sicherheit allein lebender älterer Menschen beitragen. Telematik in der Pflege und Therapie alter Menschen ist ein vielversprechender innovativer Anwendungsbereich der Telekommunikationstechnologie, der sich freilich noch gegen Widerstände der Versicherungsbranche und konservativer Ärzte durchsetzen muss (Tsuchiya 2000). Die Entwicklung von Robotern, die Patienten, Pfleger und ältere Menschen bei ihren täglichen Verrichtungen unterstützen können, steht noch am Anfang. Aber es zeichnet sich ab, dass Maschinen künftig vermehrt nicht nur für mechanische Tätigkeiten verwendet werden, die Menschen mit reduzierten körperlichen Fähigkeiten nicht leisten können, sondern auch um Ablenkung und Zerstreuung zu bieten. An der Schnittstelle von Hochtechnologie, künstlicher Intelligenz, Telekommunikation und Konsumentenelektronik gehört die Roboterindustrie noch für Jahrzehnte zu den sicheren Wachstumsbranchen.

Medizinische Versorgung und Wohlfahrt. Obwohl Japans alte Bevölkerung relativ gesund ist, wird der Bedarf an medizinischer und pflegerischer Versorgung zunehmen, je höher die starken Jahrgänge der Babyboomgeneration in der Alterspyramide aufsteigen. Das wachsende Gesundheitsbewusstsein verstärkt diesen Trend. JETRO, die staatliche Außenhandelsorganisation, erwartet, dass

Abb. 7.5: «Ich bin stolz darauf, ein guter Läufer zu sein, und auf Super Collagen», Jirō Basugi, 96, in einer Reklame für einen Gesundheitstrunk. Mit freundlicher Genehmigung von Roicosmo Co.

der Markt für medizinische und Pflegedienste bis 2010 auf ein Volumen von 75 Billionen Yen (etwa 484 Mrd. Euro) anwachsen wird.[18] Die internationale Pharmaindustrie, die Hersteller medizintechnischer Geräte und solcher für medizinische Abfallbeseitigung positionieren sich mit großem Aufwand in diesem Markt und wetteifern um lukrative Aufträge für große Krankenhäuser und Forschungslaboratorien in staatlicher und privater Trägerschaft.

Die Sicherstellung der medizinischen Versorgung alter und pflegebedürftiger Menschen nimmt dabei breiten Raum ein. Insbesondere der Bedarf an Hilfsmitteln für Menschen mit beeinträchtigter Seh-, Hör- und Bewegungsfähigkeit sowie Zahnprothesen und andere Körperersatzstücke nimmt kontinuierlich zu. Seit der Einführung der Pflegeversicherung 2000 expandiert auch der Markt für pflegerische und medizinische Versorgung zu Hause. Über 3,5 Millionen Menschen nahmen derartige Dienste Anfang 2006 in Anspruch, wiederum mit steigender Tendenz.

Freizeit und Konsum. Auf Japans alterndem Markt entstehen neue Geschäftsmöglichkeiten, wie etwa in der Versicherungsbranche, auf dem IT-Markt, in der (Gesundheits-)Nahrungsmittelindustrie und in der Textilbranche. Der Einzelhandel stellt sich nicht nur durch das Angebot von Produkten für ältere Kunden, sondern auch durch ihre Darbietung auf die ergrauende Bevölkerung ein. So machen beispielsweise Frauen über 50 mehr als 70 Prozent der Kundschaft des Warenhauses Keio im Tokioter Stadtteil Shinjuku aus (Kaneyama 2005). Eine Umgebung zu schaffen, in der sich diese Kunden wohlfühlen, ist ebenso wichtig wie das richtige Warenangebot. Schon dank ihrer Gesundheit und Langlebigkeit haben ältere Kunden heute mehr Zeit, um Einkaufen und Bummeln zu gehen. Wie viel Zeit ihnen dafür bleibt und wie viel Geld sie bis zum Ende ihrer Tage brauchen, das wissen sie jedoch nicht. Deshalb versucht der Einzelhandel, Konsumbedürfnisse zu wecken, um so den Seniorenmarkt aktiv zu entwickeln.

Wie das am besten geschehen könnte, beschäftigt die Marketingspezialisten, da immer deutlicher wird, dass die alternde Bevölkerung für den Markt nicht die gleiche, nur etwas ältere Kundschaft bedeutet, sondern qualitativ andere Konsummuster und Vorlieben, die nach darauf ausgerichteten Verkaufsstrategien verlangen. Die Wirtschaftszeitschrift *Shūkan Ekonomisuto* hat entsprechende Empfehlungen in Form von fünf Richtlinien veröffentlicht, wie Firmen die negativen Auswirkungen der Alterung und des Bevölkerungsrückgangs vermeiden können: (1) den Umsatz pro Kunde erhöhen; (2) Marktanteile durch Übernahmen und Fusionen erhöhen; (3) weibliche Kundschaft ansprechen; (4) alles tun, um die Senioren zu erreichen; (5) in Ländern mit wachsender Bevölkerung aktiv werden. Die letztgenannte Empfehlung scheint auf die Binsenwahrheit hinauszulaufen, dass der Handel seine Kunden da suchen muss, wo er sie finden kann. Sie hat aber noch einen weiteren Aspekt. Japans Wirtschaft ist in so hohem Maße mit dem Weltmarkt verflochten, dass die direkten und indirekten Auswirkungen seiner Bevölkerungsentwicklung weit über die Grenzen des Landes spürbar werden.

VIII Das Risiko der Langlebigkeit und die Renten

Der Begriff «langlebige Gesellschaft» ist gleichbedeutend mit «alte Gesellschaft». Ein langes Leben ist begrüßenswert; wenn es aber stattdessen wegen mangelnder Vorsorge für die Risiken, die mit einer höheren Lebenserwartung verbunden sind, zur Quelle von Kummer und Sorge wird, ist es nicht das, was wir uns von einem langen Leben erhoffen.

Shinichi Yokoyama, Vorsitzender des Japanischen Verbandes der Lebensversicherungen[1]

Ein langes Leben ist eine Gnade und eine Errungenschaft, die von medizinischem und wirtschaftlichem Fortschritt zeugt, aber auch ein Risiko. Was geschieht, wenn wir länger leben, als wir es uns leisten können? In der Versicherungsmathematik spricht man vom «Langlebigkeitsrisiko», ein Begriff, der auch unter Vermögensberatern und Investoren geläufig geworden ist. Beim Abschluss von Lebensversicherungen pflegte im Hinblick auf die Versorgung der Angehörigen des Versicherungsnehmers das Risiko seines vorzeitigen Ablebens, nicht das seines übermäßig langen Lebens im Vordergrund zu stehen. Statt «übermäßig lang» sollte man vielleicht besser «unerwartet lang» sagen, aber worum es geht, ist nicht die absolute Länge des Lebens, über deren Maß oder Übermaß man streiten kann, sondern die Langlebigkeit im Verhältnis zur wirtschaftlichen Absicherung. Während der nichtproduktiven Jahre des Ruhestands müssen die Menschen alimentiert werden, aber in welchem Umfang und wie lange? Wie kann sichergestellt werden, dass die Langlebigkeit der Individuen und der Gesellschaft als Ganzer nicht das Maß des Finanzierbaren übersteigt? Die Unwägbarkeit dieser Frage ist es, die dem Langlebigkeitsrisiko zugrunde liegt.

Wenn die Überlebenswahrscheinlichkeit aller Alterskohorten einer gegebenen Population zu jedem Zeitpunkt mit an Sicherheit grenzender Wahrscheinlichkeit kalkulierbar wäre, könnte ein Rentenplan entwickelt werden, der praktisch allen Mitgliedern dieser Bevölkerung lebenslange Bezüge garantiert. Aber zuverlässige Mortalitätsprognosen hat es noch nie gegeben und gibt es auch heute nicht. Das ist der Hauptgrund dafür, dass Aussagen über die Bevölkerungsentwicklung immer wieder revidiert werden müssen. Ebendas ist das Langlebigkeitsrisiko. Wenn die Menschen im Durchschnitt länger leben als erwartet, laufen sie Gefahr, ihre Lebenshaltungskosten in den letzten Jahren ihres Lebens nicht mehr bestreiten zu können. Das ist die Situation, vor der Japans staatliches Rentensystem am Ende des ersten Jahrzehnts des 21. Jahrhunderts steht.

Der Bauplan des Rentensystems[2]

Japans gesetzliche Rentenversicherung begann als staatlich verwalteter Kapitalstock, aus dem Renten in der Höhe der im Laufe des Arbeitslebens erworbenen Ansprüche ausgezahlt wurden. Ein solches System funktioniert gut, wenn die Wirtschaft wächst. Noch 1995 waren die Überschüsse der japanischen Sozialsysteme eine Quelle billigen Kapitals, obwohl die Leistungen bereits seit Mitte der 1980er-Jahre höher waren als die Beiträge. Im Laufe der Zeit ist aus der Rentenversicherung jedoch ein Umlagesystem geworden, in dem die Leistungen aus den aktuellen Beiträgen finanziert werden. Es ist ein dreistufiges System: Die erste Stufe ist eine Volksrente (*kokumin nenkin*), für die alle Japaner zwischen 20 und 63 Pflichtbeiträge entrichten und ab 65 eine einheitliche Rente erhalten. Sie umfasst rund 80 Prozent der Erwerbsbevölkerung.[3] Von den etwa 70 Millionen Versicherten sind 39 Mio. Arbeitnehmer, 20 Mio. Selbstständige und 11 Mio. Ehepartner. Die zweite Stufe enthält eine betriebliche Rentenversicherung für Arbeitnehmer (*kōsei nenkin*) mit etwa 32 Mio. Versicherten des privaten Sektors sowie Unterstützungskassen (*kyōsai nenkin*) für ca. 4,6 Mio. Versicherte. Auch diese Rentenfonds werden öffentlich verwaltet. Die

Altersruhegeld (*taishokukin*)	Qualifizierungs-renten *(tekikaku) taishokukin)*	andere Pensions-fonds	Arbeitnehmer-pensionsfonds
Arbeitnehmerrentenversicherung (*kōsei nenkin*) 32 Mio. Versicherte		Unterstützungskassen (*kyōsai nenkin*) 4,6 Mio. Versicherte	
Volksrente (*kokumin nenkin*) 70 Mio. Versicherte			

Abb. 8.1: Struktur des japanischen Rentensystems, nach Angaben des Ministe-riums für Gesundheit, Arbeit und Wohlfahrt[4]

dritte Stufe umfasst Ruhegeld für Staatsbedienstete, Qualifizie-rungsrentenpläne, Arbeitnehmerpensionsfonds und andere Pen-sionsfonds für 12 Mio. Arbeitnehmer. Wegen mehrfacher Mit-gliedschaft in den verschiedenen Fonds sind die Zahlen nicht zu addieren.

Die Leistungszahlungen der Volksversicherung beginnen nach mindestens 25 Beitragsjahren mit dem 65. Lebensjahr. Sie sind nicht ans Einkommen gebunden und hängen allein von der Dauer der Beitragszahlungen ab. In der betrieblichen Rentenversicherung Versicherte zwischen 20 und 59 können der Volksrentenversiche-rung freiwillig beitreten. 2005 betrug die Volksrente nach vierzig-jähriger Beitragszahlung monatlich 66 208 Yen (ca. 440 Euro). Der regelmäßig angepasste Beitragssatz betrug 12 580 Yen. Nur wenige Rentner leben allein von dieser Altersrente, da sie während ihres Ar-beitslebens diverse andere Ansprüche erworben haben. Die meisten japanischen Firmen bieten ihren Mitarbeitern private Ruhegelder an, oft in Form einer Abfindung. Hat der Arbeitnehmer sein ge-samtes Arbeitsleben ein und derselben Firma gedient, beläuft sich die Summe durchschnittlich auf 60 Monatsgehälter auf dem letzten Stand. Nach der betrieblichen Rentenversicherung erhält der Ar-beitnehmer eine Altersgrundrente zuzüglich einer einkommensab-hängigen Rente. Freiwillige Höherversicherung ist durch steuerlich absetzbare Einzahlungen in einen nationalen Pensionsfonds der dritten Stufe möglich. Gegenwärtig wird der Anteil der Grundrente schrittweise reduziert, um bis 2013 ganz abgeschafft zu werden. Der Beitragssatz für Angestellte betrug 2002 17,35 Prozent. Die zusammengefassten Leistungen aus Volks- und Betriebsrente für einen männlichen Arbeitnehmer nach 40 Beitragsjahren beliefen sich auf rund 70 Prozent des letzten Bruttogehalts und etwa 80 Prozent des letzten Nettogehalts. 2002 betrug die durchschnittliche Monatsrente pro Person 230 000 Yen[5] (ca. 1 500 Euro), ein recht komfortables Ruhestandseinkommen, das die oben (S. 116) erwähnte Bezeichnung «Alter Adel» verständlich macht. Wird es künftigen Rentnergenerationen ähnlich gut gehen? Die niedrige Geburtenrate und der Bevölkerungsrückgang verheißen dafür nichts Gutes.

Zukunftsängste

Als bekannt wurde, dass die Bevölkerung zu schrumpfen begonnen hatte, führte die *Asahi Shimbun* eine Telefonumfrage durch, um zu ermitteln, wie die Menschen diese Nachricht aufnahmen.[6] Nicht weniger als 81 Prozent der Befragten gaben an, dass sie dadurch beunruhigt seien – je älter sie waren, desto mehr. 73 Prozent der Alterskohorte zwischen 20 und 30, aber 88 Prozent derer über 70 äußerten Besorgnis. Nach dem Grund für ihre Besorgnis gefragt, nannten sie an erster Stelle den «finanziellen Kollaps des Rentensystems» (37 Prozent), zweitens «wirtschaftliche Stagnation wegen schrumpfender Erwerbsbevölkerung und weniger Konsumenten» (33 Prozent) und drittens den «Verlust der gesellschaftlichen Vitalität aus Mangel an jungen Menschen» (27 Prozent). Die Angst um die Sicherheit der Renten war am ausgeprägtesten in den jungen und mittleren Altersgruppen zwischen 20 und 50. Dass die Älteren in dieser Hinsicht weniger besorgt waren, ist darauf zurückzuführen, dass die gegenwärtigen Leistungen hoch sind und sie von Beitragserhöhungen nicht betroffen sein werden.

Die Zukunft des Rentensystems beschäftigt Gesellschaft, Staatsverwaltung und Politik gleichermaßen. Woher rührt das plötzliche Interesse? Der erste Babyboomjahrgang, der 2007 in Rente geht, wurde vor 60 Jahren geboren. Die Zahlen sind seit Jahrzehnten bekannt. Hat die Regierung die drohende Krise nicht erkannt oder nicht rechtzeitig entsprechend gehandelt? In dieser Allgemeinheit trifft das nicht zu. Denn einerseits hat die Reform des Rentensystems seit Jahren einen festen Platz auf ihrer Tagesordnung, und andererseits hatte die Bevölkerungsentwicklung einige Aspekte, die nicht antizipierbar waren. In den letzten drei Jahrzehnten gab es mehrere Rentenreformen, mit denen zum Teil auf die veränderte Bevölkerungsstruktur und zum Teil auf wirtschaftliche Entwicklungen reagiert wurde. So wurde nach einem Jahrzehnt hoher Wachstumsraten 1973 eine Lohn- und Preisindizierung von Renten und Sozialhilfe eingeführt. Mit einer weiteren Reform sollte 1985 durch die Umstrukturierung und die Erleichterung der wechselseitigen Subventionierung einzelner Programme die Kapitaldeckung des Systems sichergestellt werden, das 1983 erstmals ein Defizit erwirtschaftet hatte (Conrad 2001: 26f.). Zwei weitere von der Öffentlichkeit stark beachtete Reformen folgten 1999 und 2004. 1999 wurde eine turnusmäßige Revision des Systems unter Berücksichtigung der demographischen Entwicklung alle fünf Jahre beschlossen. Die Regierung war also in Sachen soziale Sicherheit nicht untätig.

Dennoch und trotz der seit den 1980er-Jahren unternommenen Reformen kam es wegen der finanziellen Tragfähigkeit des Systems zu Verunsicherungen. Eine mögliche Erklärung dafür ist, dass zwar die Bevölkerungsalterung vorausgesehen wurde und in die rentenpolitische Planung eingeflossen ist, dass der Bevölkerungsrückgang aber sehr viel schwerer prognostizierbar war. Selbst Demographen waren überrascht, als sie Ende 2005 feststellten, dass damit bereits das erste Jahr der Entvölkerung zu Ende ging. Für die Rentenkassen ist Entvölkerung nur dann problematisch, wenn sie wie im heutigen Japan mit Bevölkerungsalterung zusammenfällt, da dies eine Verschiebung des Verhältnisses von Arbeitsbevölkerung und nicht werktätiger Bevölkerung zuungunsten Ersterer bedeutet. Diese Verschiebung vollzieht sich bereits seit Jahrzehnten, aber bis zur Jahrhundertwende führte sie weder zur Schrumpfung der Erwerbsbevölkerung noch zur Reduktion der Erwerbsbeteiligung. Der Wirtschaftswissenschaftler und Rentenexperte Akihiko Matsutani erklärt: «Trotz der Bevölkerungsalterung hat die Gesamterwerbsbeteiligung dank der steigenden weiblichen Erwerbsbeteiligung und einiger anderer Faktoren nicht abgenommen. Sie war seit den 1970er-Jahren stabil» (2004: 130). Aus diesem Grund, so Matsutani, hat sich die finanzielle Lage der Sozialsysteme nicht verschlechtert, was der Versuchung Vorschub leistete, radikale Reformen, insbesondere Beitragserhöhungen, aufzuschieben, die zwar notwendig, aber auch sehr unpopulär gewesen wären. So wurde beispielsweise im Hinblick auf die Alterung die Anhebung des Renteneintrittsalters bereits 1979 (Campbel 1992: 322 f.) und wieder 1989 (Takayama 2001: 4) diskutiert, aber entsprechende Regierungsvorlagen wurden im Parlament abgelehnt. Die Einsicht, dass ein Renteneintrittsalter von 60 für die alternde Gesellschaft zu jung ist, hatte erst 1995 eine Gesetzesänderung zur Folge (Conrad 2001: 30), vermutlich weil es keine finanzielle Krise gab, die eine solche früher erzwungen hätte. Der eher als erwartet einsetzende Bevölkerungsrückgang hat eine Bewusstseinsänderung herbeigeführt. Die Befürchtung, dass mit der stetig anwachsenden Zahl der Rentner Beiträge steigen und Leistungen sinken werden, ist dadurch zu einem vordringlichen Politikum geworden.

Der wichtigste Indikator der Alterung ist der Altersabhängigkeits- oder Lastquotient. Er bezeichnet das Verhältnis der wirtschaftlich abhängigen Älteren zur Erwerbsbevölkerung und wird errechnet, indem die Bevölkerung über 65 durch die Bevölkerung zwischen 15 und 64 geteilt und das Ergebnis mit 100 multipliziert wird. Von 1920 bis 1960 bewegte sich der japanische Abhängigkeitsquotient um den Wert von 9, aber Mitte der 1960er-Jahre begann er steil anzusteigen. 1990 lag er bei 17,3, und 2000 hatte er 25 überschritten. Diese Verschiebung resultiert aus dem Zusammenwirken von sinkender Fertilität und ansteigender Lebenserwartung. Geburtenfördernde Maßnahmen zur Herbeiführung eines günstigeren Abhängigkeitsquotienten zeigen frühestens nach 15 Jahren Wirkung, wegen der heutigen langen Ausbildungszeiten in Japan dauert es noch länger. Es liegt deshalb nahe, den Abhängigkeitsquotienten vom anderen Ende der Alterspyramide her zu beeinflussen. Da die Menschen nicht nur älter werden, sondern auch die gesunde, behinderungsfreie Lebenserwartung steigt, sind auf lange Sicht weitere Anhebungen des Renteneintrittsalters zu erwarten (Eijingu Sōgōkenkyū Sentā 2002: 21).

Die mit der steigenden Lebenserwartung wachsende Zahl der Rentner ist nur einer der Faktoren der drohenden Rentenkrise. Hinzu kommt das schwindende Vertrauen in das System der gesetzlichen Altersversorgung. Viele Menschen glauben nicht mehr, dass sich ihre Beiträge je bezahlt machen werden. Im Zusammenhang mit den Rentenreformvorschlägen der Regierung von 2004 wurde dieser Vertrauensverlust auf schmerzhafte Weise manifest, als die Presse ans Licht brachte, dass viele Politiker, unter ihnen Kabinettsmitglieder, ihre Pflichtbeiträge nicht gezahlt hatten. Nicht nur sie allerdings. Es stellte sich heraus, dass im Fiskaljahr 2003 nicht weniger als 37 Prozent der in der Volksrente Versicherten keine Beiträge gezahlt hatten.[7] Wenn Politiker ihre Beiträge nicht zahlen, wirkt das nicht allein zynisch, da sie sich die Zahlung leicht leisten könnten, sondern untergräbt auch die Vertrauenswürdigkeit des Systems, da von ihnen angenommen wird, dass sie seine Solvenz besser einschätzen können als die normalen Einzahler. Dadurch verschärft sich das Langlebigkeitsrisiko der Gesellschaft, da immer mehr Menschen versuchen, sich dem System zu entziehen und ihr persönliches Langlebigkeitsrisiko durch Sparen, Lebensversicherungen etc. selbst in die Hand zu nehmen.[8] Exzessives Sparen gefährdet das Wirtschaftswachstum, denn jeder gesparte Yen entgeht dem privaten Konsum und der Investition. Da die Menschen eher fürs Leben als fürs Sterben planen, neigen sie dazu, mehr zu sparen, als sie letzten Endes brauchen. So gesehen, verhindert ein gesetzliches Rentensystem, das die tatsächlichen im Unterschied zu den angenommenen Bedürfnissen der Menschen erfüllt, eine zu hohe Sparrate. Das kann jedoch nur funktionieren, wenn die Benutzer Vertrauen in das System haben. Das wiederum setzt eine effektive Methode des Einzugs der Beiträge voraus. Zu diesem Zweck hat der Gesetzgeber 2005 die Einrichtung einer neuen Rentenkassenagentur beschlossen. Ab 2008 ist diese Agentur berechtigt, die Gültigkeitsdauer der Krankenversicherungskarten von Nichtzahlern zu verkürzen, um sie, wenn sie deren Verlängerung beantragen, im persönlichen Gespräch an die ausstehenden Beiträge erinnern zu

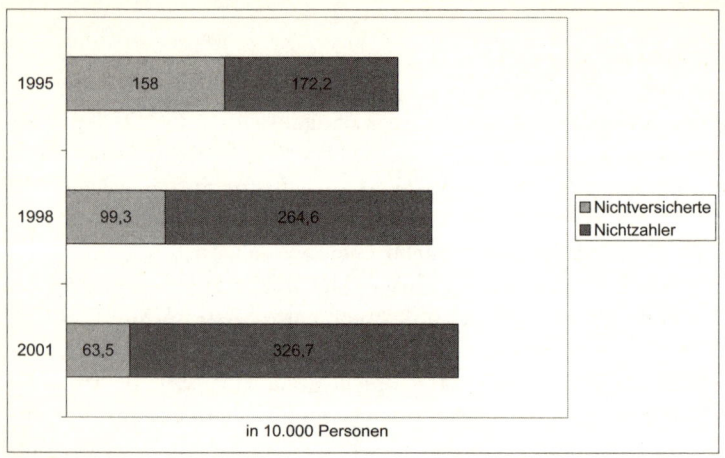

1995	158	172,2
1998	99,3	264,6
2001	63,5	326,7

■ Nichtversicherte
■ Nichtzahler

in 10.000 Personen

Abb. 8.2: Abnehmendes Vertrauen in die Volksrente: Nichtversicherte und Nichtzahler 1995–2001
Quelle: *Wadai no tatsujin club 2004*, 22. *Sekai ichiban omoshiroi nihonjin no dēta*

können. Auch Beitragserhöhungen sind eine wichtige Maßnahme
zur Konsolidierung des Systems, und zwar weniger, um seine Solvenz zu sichern, als um den Vertrauensschwund aufzuhalten.

Negative Bevölkerungsentwicklungen und drastische Veränderungen der Bevölkerungsstruktur wie z. B. die Massenverrentung von
7 Millionen Babyboomern zwischen 2007 und 2009 wirken sich unmittelbar auf das staatliche Rentensystem aus. Das führt zu öffentlichen Diskussionen über bestimmte Aspekte dieses Systems, das
Beitragszahler wegen ihrer regelmäßigen Zahlungen oft für stabil
halten, was es aber tatsächlich niemals ist. Dabei ist im Zusammenhang mit dem sogenannten 2007-Problem des Beginns der Baby-
boomverrentung die Frage der Generationengerechtigkeit in den
Vordergrund gerückt. Viele Japaner sind davon überzeugt, dass sich
das Rentensystem zu einem Mechanismus der ungerechten Umverteilung von Ressourcen und Lebensqualität von den jungen zu den
alten Kohorten der Bevölkerung entwickelt hat (Horioka 2001),
was angesichts der Tatsache, dass der Sozialstaat für die Altersversorgung mehr als zehnmal so viel aufwendet wie für alle familien-
politischen Maßnahmen, nicht verwunderlich ist. Sie fordern des-

halb mehr Generationengerechtigkeit. Aber was ist damit gemeint? Von Wirtschaftswissenschaftlern wird dieser Begriff meist gemieden, weil über seine Bedeutung keine Einigkeit besteht. Mindestens vier verschiedene Bedeutungen sind geläufig.

1) Gerechtigkeit im versicherungsmathematischen Sinn, d. h. Übereinstimmung zwischen geleisteten Beiträgen und empfangenen Leistungen;
2) Gerechtigkeit im Sinne gleicher Rentenbeitragshöhe aufeinanderfolgender Generationen;
3) Gerechtigkeit als gleiche Höhe der Leistungen;
4) Gerechtigkeit als gleiches Konsumniveau pro Kopf.

Hinzu kommt, dass sich der Begriff der Generationengerechtigkeit sowohl auf gleichzeitig existierende Generationen als auch auf aufeinanderfolgende Lebensphasen bezieht, nämlich auf Gerechtigkeit zwischen den aktuellen Generationen der Beitragszahler und Rentenbezieher einerseits und auf das Verhältnis zwischen den in einer Lebensphase geleisteten Beiträgen und den in einer späteren empfangenen Leistungen andererseits. Zwischen beiden Bedeutungen wird in der öffentlichen Diskussion nicht immer sauber unterschieden. Die grundsätzliche Frage, wie unter den Bedingungen fluktuierender Grundgesamtheiten Generationengerechtigkeit hergestellt werden kann, bleibt offen. Deshalb ist der Begriff bei Wirtschaftswissenschaftlern wenig beliebt, obwohl er Beitragszahler intuitiv anspricht. Werden sie aus dem System ebenso viel herausbekommen wie die Ruheständler, deren Renten sie mit ihren Beiträgen finanzieren? Yoshitomi und Hosoya (2005: 4) zitieren eine Berechnung des Gesundheitsministeriums, nach der die Leistungen, die ein 1935 geborener Arbeitnehmer nach dem Ausscheiden aus dem Erwerbsleben bezieht, das 3,2-Fache der von ihm gezahlten Beiträge beträgt. Dieses Verhältnis wird sich bei den 1955 geborenen Arbeitnehmern auf 1,5 reduziert haben und bei den 2005 geborenen weiter auf 1,15 fallen. Solche Diskrepanzen zwischen alterskohortenspezifischen Renditeraten sind es, worüber sich die heutigen Beitragszahler beklagen und mehr Gerechtigkeit fordern. Allein, in Anbetracht makroökonomischer Variablen wie Einkommenssteigerung, Inflation und Kapitalmarktrendite einerseits und der allgemeinen Entwicklungen von gesellschaftlichem Reichtum, Gesundheit, Lebenserwartung, Länge des Arbeitslebens und Renteneintrittsalter, erweist sich Generationengerechtigkeit als unerreichbares politisches Ziel. Was schon im Zusammenhang mit der Altenpflege (S. 104) deutlich geworden ist, zeigt sich auch hier: Das Verhältnis zwischen den Generationen lässt sich nicht auf ein einfach kalkulierbares Quidproquo reduzieren. Matsutani (2004: 138) begründet das so:

> Wie viel man auch fürs Alter spart, zwischen den Ersparnissen der vorausgehenden und der folgenden Generation kann es nur eine große Diskrepanz geben, und der Lebensstandard beider Generationen im Alter wird sich dementsprechend unterscheiden. Das ist aber nicht ungerecht, sondern eben der Grund für Transferleistungen zwischen den Generationen. Denn die hohen Einkommen und daher der hohe Lebensstandard, deren sich die folgende Generation erfreut, sind das Ergebnis der wirtschaftlichen Grundlagen, die von der vorausgehenden Generation gelegt wurden.

Dennoch spielt die Vorstellung von Gerechtigkeit, Fairness oder Gleichheit zwischen den Generationen eine wichtige Rolle im öffentlichen Bewusstsein und Diskurs, weswegen sie vom Gesetzgeber bei der Rentenreform nicht ignoriert werden kann (Takayama 2004).

Reformen

Umlagesysteme sind ihrer Natur nach immer im Fluss und müssen in regelmäßigen Abständen den wirtschaftlichen und demographischen Rahmenbedingungen angepasst werden. In Zeiten des Umbruchs führt diese inhärente Unbeständigkeit zu Unsicherheit und verstärkt die Neigung, Beitragszahlungen zu vermeiden. Wie erwähnt, ist eines der Probleme der Volksrente, dass viele Versicherte ihre Monatsbeiträge nicht bezahlen. Die finanzielle Grundlage des Systems durch Beitragserhöhungen zu verbessern und dadurch das Vertrauen in das System wiederherzustellen sind gleich wichtige Reformziele. Ihre Realisierung wird durch die Bevölkerungsalterung erschwert, weil sie es mit sich bringt, dass die Arbeitsbevölkerung schneller schrumpft als die Gesamtbevölkerung und der Anteil der Rentner Jahr um Jahr zunimmt. 2000 finanzierten drei Arbeitnehmer einen Rentner, aber dieses Verhältnis wird sich rasch verschlechtern, bis 2014 zu 2:1 und weiter zu 1,5:1 im Jahre 2030. Es wird erwartet, dass das verfügbare Einkommen der Arbeitnehmer selbst ohne Beitragserhöhung wesentlich langsamer steigen wird als in den vergangenen drei Jahrzehnten. Der Rentenreform bleibt deswegen nur das Ausbalancieren gleichermaßen unattraktiver Maßnahmen: Leistungsabsenkung (wozu die Heraufsetzung des Renteneintrittsalters genauso gehört wie die Verminderung von Steuerprivilegien für Rentner), Beitragserhöhung und Steigerung des Steueranteils. Mit der Rentenreform von 2000 wurden hauptsächlich Maßnahmen der erstgenannten Art ergriffen. Leistungen wurden vermindert und Beiträge stabil gehalten. Die einkommensbezogenen Leistungen künftiger Leistungsempfänger wurden um 5 Prozent gekürzt, und das Renteneinstiegsalter wird für Männer bis 2013 und für Frauen bis 2018 schrittweise von 60 auf 65 angehoben. In Kombination mit einigen anderen Maßnahmen wird diese Reform bis 2025 zu einer Leistungsminderung um 20 Prozent führen (Takayama 2001). Ohne weitere Leistungskürzungen würde das bis zu diesem Zeitpunkt eine Beitragserhöhung auf 25,4 Prozent erforderlich machen. Matsutanis (2004: 132) Prognose ist noch düsterer. Bei unverändertem Leistungsniveau wäre eine Beitragssteigerung auf 34 Prozent bis 2030 notwendig.

In den Medien wird oft die Frage diskutiert, ob das Rentensystem unter den Bedingungen der Alterung und des Bevölkerungsrückgangs finanziell tragfähig sein kann. 2003 gab es eine Deckungslücke von 337,9 Mrd. Yen, was gemessen an dem Leistungsvolumen von 31,4 Billionen Yen noch nicht dramatisch ist, aber die Tendenz ist steigend. Durch den erwähnten Anstieg der Zahl der Nichtzahler und die steigende Rentnerbevölkerung wird sie verstärkt.[9] Dennoch ist die Fragestellung irreführend, weil sie suggeriert, dass die aktuelle Situation eine drastische Abweichung von einem normalerweise stabilen und ausgeglichenen System darstellt. Als ein solches konnte das Rentensystem aber nur während der drei Jahrzehnte des starken Wachstums von Anfang der 1960er-bis Ende der 1980er-Jahre erscheinen. Die (bis zum Zeitpunkt der Niederschrift im Frühjahr 2007 nicht abgebauten) Überschüsse, die das System in dieser Zeit erwirtschaftete, zeugen ebenso von seiner Instabilität wie die derzeitigen Defizite, nur auf weniger störende Weise. Jedes Solidarsystem intergenerationellen Transfers muss beständig adjustiert und gelegentlich von Grund auf renoviert werden. Der Beginn der Entvölkerung Japans markiert zwar einen Einschnitt und verlangt nach umfassender Revision, aber nicht nach einer Aufgabe des Systems. Jede Rentenreform trägt den Samen der nächsten bereits in sich, da immer nur unvollständige Kenntnisse über die Zukunft vorliegen. Es geht also nicht darum, ein aus dem Gleichgewicht geratenes System wieder ins Lot zu bringen, sondern um «einen permanenten Prozess der Anpassung an die sich wandelnde und unberechenbare Welt» (Takayama 2001: 11).

Der Zweck der Reform von 2004 war die Vermeidung künftiger Defizite. Sie legt eine jährliche Beitragserhöhung von 0,354 Prozent bis 2017 fest. Die Behauptung der Regierung, der dann erreichte Rentenbeitragssatz von 18,30 Prozent könne stabil gehalten werden, wird von Kritikern bestritten (Matsutani 2004: 134). Nicht nur beruhten die Berechnungen auf falschen Voraussetzungen, sie implizierten auch die Anhebung des Steueranteils der Altersrente von einem Drittel auf die Hälfte. Mit dieser Reform wurde eine demographische Indexierung der Rentenformel eingeführt, um der rückläufigen Zahl der Beitragszahler und den Zugewinnen der Lebenserwartung ab 65 Rechnung zu tragen. Der Anteil der Rente am Ruhestandseinkommen wird in Folge dieser Reform von 60 Prozent 2004 auf 43 Prozent 20 Jahre später fallen. Die Begründung dafür ist, dass nach der bisherigen Umverteilungsformel die Rentner bessergestellt waren als Arbeitnehmer der Altersgruppe zwischen 30 und 45, was sich negativ auf die Fortpflanzungsbereitschaft auswirkt. Wenn also der Lebensstandard im Alter nicht sinken soll, ist somit eine Verschiebung von der staatlichen Rente zur privaten Altersvorsorge unausweichlich.

Die öffentliche Diskussion über die Rentenreform wird weiter-gehen. Mit der Frage, wie die finanzielle Tragfähigkeit des Systems unter den Bedingungen des demographischen Wandels durch die Abstimmung von Beitragserhöhungen und Leistungskürzungen zu gewährleisten ist, beschäftigen sich die Experten in hochkompli-zierten Zahlenspielen. Mit Zahlen allein ist es jedoch nicht getan. Die weiterreichende Frage betrifft den Umbau des Sozialstaats. Das Volksrentensystem ist sein bei weitem größter Bestandteil und war bisher die größte Einnahmequelle des Staates.[10] Aus diesem Grund hat jede Rentenreform Folgen für die weitere Entwicklung der Ge-sellschaft. Ob die Alterung Vorwand oder zwingender Grund der Verkleinerung des Sozialstaats ist, ist letzten Endes eine politische Frage, aber es ist deutlich, dass Japan sich in diese Richtung bewegt. In Zukunft wird der Staat einen kleineren und werden die Bürger einen größeren Teil der Lasten der Versorgung der Alten tragen. Der Zwang zur individuellen Altersvorsorge wird die Menschen gleichzeitig unabhängiger machen und ihnen mehr Lebensentschei-dungen abverlangen, wodurch sie auch in größerem Maße dem Langlebigkeitsrisiko ausgesetzt werden. Dass wegen der Kürzun-gen der staatlichen Leistungen ein größerer Teil der Altersvorsorge durch individuelles Sparen und Investieren geleistet werden muss, birgt noch ein anderes, die Gesellschaft als Ganze betreffendes Risiko, nämlich dass Einkommensdisparitäten nach der Verrentung größer werden.

Die Diskussion über den schwierigen Ausgleich zwischen dem vermeintlich erworbenen Anspruch der Rentner auf ein sorgen-freies Alter, der Forderung der wirtschaftlich Aktiven nach Gene-rationengerechtigkeit und dem übergeordneten ökonomischen Imperativ, das Wachstum nicht durch zu große Belastungen von Arbeitnehmern und Arbeitgebern zu drosseln, verstellt den Blick auf das Heraufziehen eines weniger solidarischen Sozialstaats und einer stärker stratifizierten Gesellschaft.

«Risiko» ist eine Schlüsselkategorie der Gesellschaftstheorie (Beck 1986, Giddens 1991). Japans hohes Medianalter und hohe

Lebenserwartung zeugen von einem äußerst erfolgreichen Risikomanagement des Staates für die Gesellschaft. Dass die Alterung selber unterdessen zu einem Risikofaktor geworden ist, ist ein Merkmal der Spätmoderne. Der Vertrauensverlust in den japanischen Staat und seine Fähigkeit, unter den Bedingungen der Entvölkerung soziale Sicherheit zu gewährleisten, zeugt davon. Die Herausforderung, vor der er steht, besteht darin, die ungleiche Verteilung des Langlebigkeitsrisikos nicht zum Stratifizierungsfaktor einer neuen Klassengesellschaft werden zu lassen.

Die bisher erkennbaren Blaupausen für den Umbau des Sozialstaats markieren eine Wende. Das zwanzigste Jahrhundert war durch ein ewiges Tauziehen zwischen Entlohnung nach Leistung und Anhebung des Lebensstandards aller, zwischen Egalitarismus und Elitismus, sozialem Aufstieg und Statusperpetuierung gekennzeichnet. Insgesamt behielt der Egalitarismus dabei die Oberhand. Die Abschaffung der feudalen Stände in der Meiji-Zeit war der erste von vielen Schritten auf Japans Weg in eine weniger stark stratifizierte Gesellschaft. Schulpflicht und allgemeines Wahlrecht folgten. Die Gleichstellungsgesetze der 1980er- und 90er-Jahre zielen durch den Abbau der geschlechtsspezifischen Diskriminierung auf eine egalitärere Gesellschaft. Und auch die Volksrente dient der Gleichheit. Je höher sie ist und je größer der Bestandteil, den sie am Ruhestandseinkommen ausmacht, desto geringer sind die Unterschiede des Lebensstandards im Alter. Nach einer Erhebung des Zentralen Ausschusses für Finanzinformation von 2005 bestand das Einkommen der Älteren (über 60) zu etwa 67 Prozent aus staatlichen Renten.[11] Seit den 1980er-Jahren geht dieser Anteil als Folge der verschiedenen Rentenreformen langsam, aber stetig zurück. Diejenigen, die wie die japanischen Regierungen unter Junichirō Koizumi und Shinzō Abe für Rentenkürzungen und die graduelle Anhebung des privat finanzierten Anteils der Altersvorsorge sind, vertreten die Meinung, Japan sei so reich, dass Altersarmut auch ohne einen starken Sozialstaat vermieden werden kann. Sie sind außerdem überzeugt, dass die Förderung der Privatinitiative und die Verringerung der Abhängigkeit von staatlichen Zuwendungen der Wirtschaft starke Impulse geben werden. Rentenkürzungen beinhalten jedoch das Risiko von Verteilungskämpfen und eines Konflikts der

Generationen. Die Volksrente war lange ein wirksamer Schutz vor Altersarmut. Masuda und Kojima (2001) haben festgestellt, dass die niedrigen Einkommensgruppen über 65 am meisten von der Umverteilung durch die Volksrente profitierten. Kritiker der LDP-geführten Regierung (Ohtake 2005, Tachibanaki 2006) geben zu bedenken, dass es nach den bereits verabschiedeten und noch geplanten Rentenreformen schwer sein wird, diesen wünschenswerten Effekt aufrechtzuerhalten, und dass der Rückzug des Sozialstaats eine neue Klassengesellschaft entstehen lässt. Das ist das Langlebigkeitsrisiko der Gesellschaft als Ganzer.

Die Alten tragen für die Welt größere Verantwortung als die Jungen. Durch ihr langes Leben haben sie das Land geformt, und mit ihrer Stimme hatten sie bei jeder Wahl Gelegenheit, ein Urteil zu fällen. Das Ergebnis ist unsere Gegenwart. Auch künftig werden sie, solange sie leben, aktive Wähler sein. Das ist eine große Verantwortung. Mögen die Erfahrungen dieser älteren Menschen, die den Krieg erlebt haben, sich zu einer positiven historischen Kraft verbinden.
Keiko Higuchi[1]

Das politische System Japans ist oft als Gerontokratie gekennzeichnet worden (Coulmas 2000: 287 f.). Im rhetorischen Repertoire derer, die Japan als «Pseudodemokratie» brandmarken, ist das ein abwertender Ausdruck (z. B. van Wolferen 1990). Andere benutzen lieber eine weniger tendenziöse Diktion und sprechen in Analogie zum «Silbermarkt» von der «Silberdemokratie» (Uchida 1986). Unabhängig davon, wie man das Verhältnis von Alter und Macht beurteilt, ist unbezweifelbar, dass das konfuzianische Gebot des Respekts vor dem Alter Spuren in der politischen Kultur Japans hinterlassen hat. Ob Alter im demokratischen Verfassungsstaat als Determinante der Macht besser oder schlechter ist als andere Faktoren wie z. B. Geld oder Partikularinteressen, ist eine andere Frage. Nach der Umwandlung des feudalen Ständestaats in eine konstitutionelle Monarchie in der Meiji-Zeit wurden die *Genrō*, eine Gruppe von etwa 15 «elder statesmen» um den Kaiser, zu den eigentlichen Machthabern Japans (Hackett 1968). In Staatsgeschäften hat Erfahrung immer viel bedeutet, und in der japanischen Politik spielt Seniorität auch heute noch eine wichtige Rolle. Dem Wiederaufbau und Aufstieg zur Wirtschaftsgroßmacht nach dem

Abb. 9.1: Japans aktivste Wähler
Quelle: Mit freundlicher Genehmigung von *Zenrō Kurabu* und Andreas Seibert, Fotograf

Zweiten Weltkrieg war die Tendenz zu einer relativ alten Regierung ganz offensichtlich nicht hinderlich. Ob daraus aber zu schließen ist, dass die für ältere Politiker und Manager charakteristischen Entscheidungen Japan in dieser Aufholphase tatsächlich nützlich waren, oder nur, dass selbst die Fehlentscheidungen alter Männer das von einer jungen, hart arbeitenden Arbeitnehmerschaft vorangetriebene Wirtschaftswachstum nicht hemmen konnten, ist schwer zu entscheiden. Seit der langwierigen Rezession der 1990er-Jahre wird aber vermehrt die Frage aufgeworfen, ob eine überalterte Führungsschicht in Politik und Wirtschaft noch die richtigen Antworten auf die Herausforderungen des 21. Jahrhunderts finden kann. Denn um Japans Stellung in der Welt zu verteidigen, sind Innovation und kreative Problemlösungen mindestens so sehr vonnöten wie Erfahrung. Sind Regierung und Staatsverwaltung jung genug, um die Risiken der schnellstalternden Gesellschaft der Welt zu meistern?

Das relative und absolute Anwachsen der älteren Bevölkerung hat weitreichende politische Folgen. Die Frage der nachhaltigen

Tragfähigkeit der sozialen Sicherungssysteme lässt das am deutlichsten zutage treten, aber sie ist keineswegs der einzige politische Aspekt der Alterung. Dass die Alterskohorten im Laufe der Zeit in der Bevölkerungspyramide aufsteigen, ist ein Faktum, dem in der Politik normalerweise nicht viel Beachtung geschenkt wird. Wenn es dadurch jedoch zu Veränderungen der Bevölkerungsstruktur kommt, insbesondere wenn die Bevölkerungspyramide wie in Japan dadurch auf den Kopf gestellt wird, können gewählte Politiker das nicht ignorieren. Denn auf der politischen Ebene werden Generationskonflikte in demokratischen Gesellschaften am ehesten an der Wahlurne ausgetragen, wenn es nicht gelingt, sie zu verhindern. Ist die japanische Regierung darauf vorbereitet? Japans Regierung als eine solche der Alten von Alten und für Alte zu charakterisieren ist kaum übertrieben und lässt Zweifel daran aufkommen.

Politik der Älteren

Der Anteil der Alten an der wahlberechtigten Bevölkerung nimmt ständig zu. 1970 waren 7,1 Prozent der Bevölkerung 65 Jahre oder älter. Das Durchschnittsalter der Japaner war 31,5 Jahre. Zwanzig Jahre später war der Anteil dieser Altersgruppe um fünf Prozent gewachsen und das Durchschnittsalter um sechs Jahre auf 37,6 gestiegen. Nach weiteren 20 Jahren lag es bei 43,1, und der Anteil der Älteren hatte 20 Prozent erreicht. Das Forschungsinstitut für Bevölkerung und soziale Sicherheit sieht bis 2035 einen Anstieg des Medianalters auf 50 voraus (*Kokuritsu Shakaihoshō Jinkōmondai Kenkyūsho* 2005: 31). Nach Ogawa (2003: 137) wird diese Marke sogar noch fünf bis zehn Jahre früher erreicht sein. Die über 65-Jährigen werden dann 30,9 Prozent der Bevölkerung stellen. Im gleichen Zeitraum wird sich der Bestandteil der 15–64-Jährigen von 68,9 Prozent 1970 auf 58,0 Prozent 2035 um mehr als 10 Prozent verringern.

Diese Zahlen illustrieren die Bevölkerungsalterung und die zunehmende numerische Stärke der Älteren. Nimmt man nicht die Gesamtbevölkerung, sondern die Wahlbevölkerung als Ausgangs-

Tab. 9.1: Anstieg des Anteils der Älteren an der Gesamtbevölkerung

Jahr	Bevölke-rung gesamt	Bevölkerung (in 1000) − 14	%	15–64	%	65 +	%	Mittleres Alter
1920	55.963	20.416	36,5	32.605	58,3	2.941	5,3	26,7
1925	59.737	21.924	36,7	34.792	58,2	3.021	5,1	26,5
1930	64.450	23.579	36,6	37.807	58,7	3.064	4,8	26,3
1935	69.254	25.545	36,9	40.484	58,5	3.225	4,7	26,3
1940	73.075	26.369	36,1	43.252	59,2	3.454	4,7	26,6
1945	71.998	26.477	36,8	41.821	58,1	3.700	5,1	26,8
1950	84.115	29.786	35,4	50.168	59,6	4.155	4,9	26,6
1955	90.077	30.123	33,4	55.167	61,2	4.786	5,3	27,6
1960	94.302	28.434	30,2	60.469	64,1	5.398	5,7	29,0
1965	99.209	25.529	25,7	67.444	68,0	6.236	6,3	30,3
1970	104.665	25.153	24,0	72.119	68,9	7.393	7,1	31,5
1975	111.940	27.221	24,3	75.807	67,7	8.865	7,9	32,5
1980	117.060	27.507	23,5	78.835	67,3	10.647	9,1	33,9
1985	121.049	26.033	21,5	82.506	68,2	12.468	10,3	35,7
1990	123.611	22.486	18,2	85.904	69,5	14.895	12,0	37,6
1995	125.570	20.014	15,9	87.165	69,4	18.261	14,5	39,6
2000	126.926	18.505	14,6	86.380	68,1	22.041	17,4	41,4
2005	127.708	17.727	13,9	84.590	66,2	25.392	19,9	43,1
2040*	109.338	12.017	11,0	60.990	55,8	36.332	33,2	50,4

*Schätzung
Quelle: nach Daten des Statistischen Jahrbuchs Japans 2006, *Nihon Tōkei Nenkan*

basis, wird ihr wachsender politischer Einfluss noch deutlicher (Tabelle 9.2). 1980 waren 14,7 Prozent der Wahlberechtigten 65 und älter, während die Jahrgänge zwischen 20 und 29 19,4 Prozent ausmachten. Die jüngste Wählerkohorte war somit um rund 5 Prozent stärker als die älteste. Bei den Unterhauswahlen 1996 hatte sich dieses Verhältnis umgekehrt. Der Bestandteil der 20–29-Jährigen war auf 17,8 der Wahlbevölkerung zurückgegangen, und die Senioren hatten um beinahe 7 Punkte auf 21,5 Prozent zugelegt. Bei den Unterhauswahlen 2005 waren 25,3 Prozent der Wahlberechtigten über 65.

Das politische Gewicht der Älteren wird noch dadurch vergrößert, dass ihre Wahlbeteiligung doppelt so hoch ist wie die ihrer Enkel. Das entspricht einer in vielen Demokratien beobachteten Korrelation, nach der die Wahlbeteiligung mit Alter, Bildungsstand und Wohnsitzdauer im Wahlkreis steigt. Wie in vielen Demokratien ist die Wahlbeteiligung in Japan seit den ersten Parlamentswahlen nach dem Krieg 1946 stetig gesunken, aber der Rückgang war ungleichmäßig über die Alterskohorten verteilt. 1980 gingen 63,1 Prozent der 20–29-Jährigen zur Wahl und 74,9 Prozent der über 65-Jährigen. Zunehmende politische Apathie der Jüngeren ließ den Abstand zwischen den Generationen noch größer werden. Bei den Wahlen 1996 betrug die Wahlbeteiligung der Älteren 70,7 Prozent, die der Jüngeren nur noch 36,4 Prozent. Unabhängig von ihrer relativen und absoluten zahlenmäßigen Stärke war der Einfluss der älteren Kohorte auf den Ausgang der Wahl also doppelt so groß wie der der jüngeren. Die Wahlbeteiligung bei den Unterhauswahlen 2005 war mit 67,5 Prozent relativ hoch, aber der Unterschied zwischen den Generationen war wiederum größer geworden. 23,2 Prozent der Männer und 33,0 Prozent der Frauen zwischen 20 und 29 gaben ihre Stimme ab, wohingegen nur 13 Prozent der Alten der Urne fernblieben. Von den Wahlberechtigten zwischen 40 und 49 verzichteten 14 Prozent auf die Stimmabgabe.[2] Obwohl die letztgenannten Zahlen lediglich auf einer Telefonumfrage nach der Wahl beruhen, bezeugen sie die weiterhin höhere Beteiligung der Älteren. Die höchste Wahlbeteiligung hatte bei den Wahlen von 2000 und 2003 die Alterskohorte zwischen 65 und 69, die niedrigste die der Erstwähler zwischen 20 und 24 (Tab. 9.2). Die Wahl von 2005 zeigt einen analogen Trend. Die Wahlbeteiligung der jungen (20–24) Kohorte lag bei 43,28 Prozent, die der alten (65–69) bei 83,69 Prozent.[3] Mit 7 725 000 Wahlberechtigten war die junge Kohorte etwas stärker als die alte mit 7 344 000. Wenn man jedoch in Rechnung stellt, dass niemand unter 20, aber 17,5 Millionen Bürger über 65 wahlbe

Tab. 9.2: Alterskohorten mit höchster und niedrigster Wahlbeteiligung

Unterhauswahlen			
Wahlbeteiligung nach Alter	2000	2003	2005
20–24	35,64 %	32,39 %	43,28 %
60–64	78,39 %	76,79 %	
25–29	40,62 %	38,47 %	
65–69	80,09 %	79,09 %	83,69 %

Quelle: Daten des Statistischen Jahrbuchs Japans 2006, *Nihon Tōkei Nenkan*

Tab. 9.3: Der wachsende Anteil der Alten (über 65) an der Wahlbevölkerung

Jahr	Alte Bevölkerung (in 1.000)	Altenanteil an Bevölkerung %	Wahlbevölkerung (in 1.000)	Altenanteil an Wahlbevölkerung %
1950	4.155	4,9	43.461	9,6
1955	4.786	5,3	49.235	9,7
1960	5.398	5,7	54.312	9,9
1965	6.236	6,3	59.544	10,5
1970	7.393	7,1	70.580	10,5
1975	8.865	7,9	77.051	11,5
1980	10.647	9,1	80.925	13,2
1985	12.468	10,3	86.036	14,5
1990	14.895	12,0	90.323	16,5
1995	18.597	14,8	96.759	19,2
2004	24.876	19,5	103.191	25,3

Quelle: nach Daten des Forschungsinstituts für Bevölkerung und soziale Sicherheit (*Kokuritsu Shakaihoshō Jinkōmondai Kenkyūsho*) und des Statistischen Jahrbuchs Japans 2006

rechtigt sind, wird deutlich, dass der Einfluss der Älteren auf den Ausgang der Wahlen um ein Vielfaches größer ist als der der Jüngeren. Obwohl die Wahlbeteiligung nach dem Gipfel der Kohorte 65–69 zurückgeht, liegt sie selbst in der Alterskohorte über 80 noch höher als in der unter 25.

Mit der Verrentung der Babyboomgeneration nimmt der Anteil der Älteren an der Wahlbevölkerung weiter zu, was Politiker dazu veranlassen wird, ihnen noch mehr Beachtung zu schenken. Gleichzeitig nimmt die zahlenmäßige Stärke der neu in die Wahlbevölkerung eintretenden Alterskohorten ebenso wie ihre Bereitschaft, zur Wahl zu gehen, ab. Es muss deshalb erwartet werden, dass ihr Einfluss auf die öffentliche Meinungsbildung und auf politische Entscheidungen weiter schwindet. Die Folge ist, dass die japanische Politik immer mehr von Alten gestaltet wird.

Politik von Älteren

Das Durchschnittsalter der Japaner betrug 2005 43,1 Jahre, das der Unterhausabgeordneten 56,8. Im Vergleich zu früheren Parlamenten ist das jung, da der überwältigende Wahlsieg Premierminister Koizumis 80 erstmals gewählte Abgeordnete ins Unterhaus brachte, die in der Presse sogleich als «Koizumis Kinder» tituliert wurden. Das mittlere Alter der Abgeordneten lag auch deutlich unter dem der Präfekturgouverneure von 59,2. Die Premierminister seit 1946 waren bei Amtsantritt durchschnittlich 63,5 Jahre alt und damit ungefähr gleich alt wie die Gouverneure der Bank von Japan bei ihrer Ernennung. Die Regierung liegt in den Händen erfahrener Leute, je wichtiger das Amt, desto älter sein Inhaber. Für den Aufstieg zur Spitze ist Seniorität zwar nicht das einzige, aber ein wichtiges Kriterium, und umgekehrt war hohes Alter noch nie ein Hinderungsgrund für die Übernahme eines hohen Amts. Zwar ist der Wiederwahlvorteil in Japan nicht, wie oft vermutet wird, größer als in anderen Demokratien (Reed 1994), aber gewählte Politiker haben eine ausgeprägte Neigung, lange über das normale Pensionsalter hinaus im Amt zu bleiben. In der überalterten Gesellschaft statuieren sie damit vielleicht ein durchaus nachahmenswertes Exempel für andere Arbeitnehmer. Es stellt sich aber dennoch die Frage, ob ihre Ruhestandsaversion dem Land dienlich ist.

Die Gerontokratieskeptiker erhielten bei den Unterhauswahlen 2005 aus unerwarteter Richtung Unterstützung. Premierminister Koizumi wollte zwei seiner Vorgänger, Kiichi Miyazawa (84) und Yasuhiro Nakasone (85), von einer erneuten Kandidatur abbringen. Nakasone reagierte mit trotziger Empörung und öffentlichen Aufrufen gegen die Diskriminierung der Alten. Die LDP-Delegierten

seines Wahlkreises brachte er dazu, eine an die Parteiführung ge-
richtete Resolution zu verabschieden, in der eine Ausnahmegeneh-
migung verlangt wird, Nakasone, wie ihm versprochen worden sei,
«bis an sein Lebensende» auf den ersten Listenplatz zu setzen.
Schließlich konnte sich Koizumi jedoch durchsetzen. Die LDP gab
sich ein neues Statut, nach dem niemand über 73 für die nach Ver-
hältniswahlrecht über Listen vergebenen Mandate kandidieren darf.
Die Kandidatur für Direktmandate blieb davon unberührt.[4] Die
neu eingeführte Altersbegrenzung hat das Durchschnittsalter im
Unterhaus gedrückt, was deswegen etwas überraschend ist, weil die
LDP von der Gunst der Alten abhängig ist.[5] Gerade bei der Wahl
2005 musste sich die LDP aber als Reformpartei darstellen, und
einige alte Wähler zu verärgern konnte sie sich leisten, weil es so
viele von ihnen gibt.

Die Senioren sind eine große und weiter wachsende Wähler-
gruppe, die sich jedoch kaum politisch organisiert, um ihre Interessen durchzusetzen. Sie sind vielmehr ein stabilisierendes Element
der japanischen Politik. Ältere Wähler sind loyaler (NHK Hōsō
Bunka Kenkyūsho 2004: 110) und konservativer (Uchida, Iwabuchi
1999: 38 f.) als junge. Der Anteil der Wechselwähler ist unter ihnen
geringer und die Unterstützung politischer Parteien als treibende
Kraft des politischen Prozesses größer. Ihre hohe Wahlbeteiligung
deutet auf ihr Interesse an der Erhaltung des Status quo hin, dem
Seniorenverbände jedoch gewöhnlich nicht dadurch Nachdruck
verleihen, dass sie eine bestimmte politische Partei unterstützen.
Der mächtige Verband der Seniorenklubs hat bei der Verfolgung
seiner Ziele meist eine kooperative, regierungsfreundliche Linie
verfolgt und sich auf *Amakudari*–Netzwerke[6] mit Exbürokraten
verlassen. Der Präsident des Verbandes kommt meist aus Politik
oder Staatsverwaltung wie (2007) Ritsuko Nagao, hohe Beamtin im
Gesundheitsministerium und Justizministerin im Kabinett Hashimoto (1996–98).

Kōrei Shakai-o Yoku Suru Kai, der «Frauenverband für eine
besser alternde Gesellschaft», ist eine kämpferischere Non-Profit
Organization. Sie beschäftigt sich vorwiegend mit dem Wandel der
Geschlechterrollen. Die traditionelle Rollenverteilung betrachtet
sie als ein Hauptproblem der alternden Gesellschaft. Ebenso wie

der Verband der Seniorenklubs hat der Frauenverband keine parteiliche Bindung.

Dass sich bisher keine starke Altenlobby formiert hat, ist darauf zurückzuführen, dass LDP-Regierungen immer die Interessen der Älteren wahrgenommen haben. Erst in den letzten Jahren sind einige Interessengruppen gegründet worden, nachdem der Wohlstand der Rentner öffentliche Aufmerksamkeit auf sich gezogen hat und die Stimmen lauter geworden sind, die verlangen, dass die Alten einen größeren Teil der Kosten des sozialen Sicherungssystems tragen sollten. Ein Beispiel ist *Rōjintō*, die Partei der Alten, die der Schriftsteller Inada Nada, 75, 2003 als Internetplattform gründete. Das Manifest der Partei ruft internetfähige Senioren auf, «nur Politiker zu wählen, die die Alten nicht zum Besten halten» (Nada 2003: 14), und plädiert dafür, dass Pensionäre sich zu kontroversen Fragen äußern, «da sie keine Repressalien zu befürchten haben, wenn sie unliebsame Ansichten vertreten» (Nada 2003: 28). Keiko Higuchis oben zitierte Grußbotschaft an *Rōjintō* ist ein Appell in diesem Sinn. Aber obwohl die Alten, wie Nada sagt, nichts zu verlieren haben, sind ihre Meinungsäußerungen tendenziell zurückhaltend, risikoscheu und konservativ. Sie sind seit langem die wichtigste Klientel der LDP,[7] die im Gegenzug die Interessen der Älteren gewahrt hat. Im Parteienvergleich des Durchschnittsalters der Abgeordneten der Nationalversammlung liegt die LDP mit 53,82 (Unterhaus) und 59,9 (Oberhaus) um fünf Jahre über der oppositionellen Demokratischen Partei Japans (DPJ) mit 48,5 bzw. 55,1. Damit ist die DPJ auch jünger als die buddhistische Neue Komeito-Partei, 53,9 bzw. 52,2, und die Kommunistische Partei Japans, 54,44 bzw. 50,77. Alte Wähler schätzen alte Politiker. Da ihre Anzahl weiter zunehmen wird, ist es im Interesse der LDP, politische Entscheidungen zu vermeiden, die bei älteren Wählern unbeliebt sind.

In dem Sinne, dass die Älteren an der Wahlurne überrepräsentiert sind und unverhältnismäßig viele Wahlämter und Beamtenstellen innehaben, ist der japanische Staat ein Staat der Älteren mit einer Regierung von Älteren. Macht diese Regierung auch Politik für Ältere? In einer auf dem Gleichheitspostulat gründenden Demokratie sollte jede Gruppe gemäß ihrer numerischen Stärke in der Regierung vertreten sein. Hinzu kommt, dass sich der zivilisatorische Fortschritt daran ablesen lässt, wie gut für die Alten und Schwachen gesorgt wird.[8] Diese beiden Gesichtspunkte sprechen dafür, dass jeder Staat in gewissem Maße ein Staat für die Alten ist. Die Frage ist jedoch, ob die staatliche Versorgung der Alten aufgrund ihres überproportionalen politischen Einflusses relativ zu den übrigen Belangen der Gesellschaft zu groß geworden ist. Erhebungen auf der Grundlage der Theorie der öffentlichen Entscheidungen deuten auf eine positive Korrelation zwischen dem Anteil der Alten an der Bevölkerung und der Ausdehnung intergenerationeller Umverteilungsprogramme des Sozialstaats hin.[9] Viele Japaner glauben heute, dass ein zu großer Teil der Sozialleistungen den Alten zugute kommt.[10] Dabei profitieren die Älteren nicht nur vom Transfer zwischen den Generationen, sondern zusätzlich auch von interregionalen Umverteilungsprogrammen. Ländliche Wahlkreise sind alt und konservativ und als solche typische LDP-Domänen wie z. B. die abgelegene Präfektur Shimane, die älteste des Landes, die seit Jahrzehnten fest in LDP-Hand ist. Da das Steueraufkommen ländlicher Abwanderungsgebiete schrumpft, werden sie von Zuwendungen aus dem Staatshaushalt immer abhängiger. Sie wählen LDP, und die LDP schützt sie im Gegenzug vor wirtschaftlichen Härten. Die Vorzugsbehandlung, die ländlichen Wahlkreisen von LDP-Regierungen zuteil wird, ist gleichzeitig eine Politik der Altenbegünstigung – eine der Folgen der wachsenden Macht der Alten. Der japanische Wohlfahrtsstaat ist nicht so alt und verwurzelt wie in westeuropäischen Ländern, aber nach Ansicht seiner Kritiker konzentrieren sich seine Leistungen auf Kosten einer wirkungsvollen Familienpolitik zu sehr auf die Älteren (Osawa 2004). Der

Sozialhaushalt 2003 von 84,3 Trillionen Yen beinhaltete zu 70%
Leistungen für die Alten. 916 Billionen Yen oder 1,08 Prozent wurden für Familien mit Kindern inklusive Unterstützung für Allein-
erziehende ausgegeben (Taniguchi 2004: 177). Im Sozialhaushalt
2004 betrugen die Gesundheitskosten der Alten das Zwölffache der
Ausgaben für familienfördernde Maßnahmen. Wie ist es zu einer
derart altenfreundlichen Sozialpolitik gekommen?

Zum ersten Mal wurde die alternde Gesellschaft auf nationaler
Ebene zum Gegenstand der Politik, als Premierminister Kakuei
Tanaka sie 1972 in seiner Rede zur Parlamentseröffnung erwähnte.
Damals begann der Bevölkerungsanteil der Älteren über 65, der
jahrzehntelang zwischen 5 und 6 Prozent geschwankt hatte, steil
anzusteigen (vgl. Tabelle 9.1). Tanaka sagte:

> Um für das japanische Volk ein Leben im Wohlstand zu verwirklichen,
> ist soziale Sicherheit unverzichtbar. Zu diesem Zweck müssen wir die
> Früchte des wirtschaftlichen Wachstums ohne Zögern der Wohlfahrt der
> Bürger zugute kommen lassen. Da *wir uns rasch auf eine alternde Gesell-
> schaft zubewegen*, wird eine Politik für die Älteren zu einer nationalen
> Aufgabe. Außerdem ist es unsere Pflicht, für die zu sorgen, die mit
> Schweiß und Mühe den heutigen Wohlstand geschaffen haben. Was nun
> das Rentensystem betrifft, haben wir uns für eine Rentenversicherung
> für das Alter entschlossen. Wir fördern außerdem die Unterstützung
> bettlägeriger Älterer sowie eine umfassende Krankenversicherung für
> die Älteren, Beschäftigungsmöglichkeiten für Senioren und die Anhe-
> bung des Renteneintrittsalters.[11]

Das Interessante an dieser Rede ist, dass sie einen direkten Zusammenhang zwischen der «Wohlfahrt der Bürger» und einer «Politik
für die Älteren» herstellt und all die Themen anspricht, die heute,
wo aus der alternden eine überalterte Gesellschaft geworden ist,
relevant sind: Hilfe für bettlägerige Alte, d. h. Pflegeversicherung,
umfassende Krankenversicherung, Beschäftigung für Senioren und
Rentenalter. Kakuei Tanaka war ein geschickter Politiker, der die
Gunst seines Publikums zu gewinnen wusste. Tanaka war seiner
Zeit voraus. Als er die Aufmerksamkeit des Parlaments darauf
lenkte, war die alternde Gesellschaft noch kein großes Thema.
Unter seiner Regierung wurde dennoch 1973 die kostenlose Ge-
sundheitsversorgung der Alten eingeführt, womit die unverbrüch-

liche Loyalität der Älteren gesichert und das Fundament für einen Schuldenberg gelegt wurden. Praktisch alle Nachfolger Tanakas folgten seinem Beispiel. Der Politikwissenschaftler Paul Talcott bemerkt dazu: «Die 1973 gegen den Widerstand des Finanzministeriums eingeführte starke Bevorzugung der Älteren durch die Sozialsysteme wurde durch die Besetzung der gesundheitspolitischen Beratungskommission institutionalisiert» (Talcott 2001: 35). Die Befreiung der Älteren von den finanziellen Belastungen des Gesundheitssystems auf Kosten der werktätigen Bevölkerung war das deutlichste Indiz dafür, dass die japanische Regierung im Zuge der Bevölkerungsalterung zunehmend Politik für die Älteren macht. Erreicht wurde das nicht durch Lobbyarbeit von Interessengruppen, sondern von Politikern, die die wachsende Klientel der Älteren und ihre Wiederwahl im Auge hatten. Zu Zeiten hoher Wachstumsraten war diese Interessenübereinstimmung von LDP und Senioren finanzierbar, aber die Wahrung der Interessen bestimmter Bevölkerungsgruppen konjunkturabhängig zu machen ist unmöglich. Leistungskürzungen sind problematisch, weil sie unweigerlich als Beschneidungen wohlverdienter Ansprüche wahrgenommen werden, wofür sich Politiker nicht ohne Not starkmachen. «Alte Wähler zu verprellen ist riskant, da sie in viel größerer Zahl zur Wahl gehen als junge» (Talcott 2002: 116).

Wenn man davon ausgeht, dass Wähler weniger das Gemeinwohl als ihre eigenen Interessen verfolgen und dass zukünftige Entwicklungen älteren Wählern weniger bedeuten als gegenwärtige Leistungen, stellt die politische Macht der Alten eine potenzielle Hürde für langfristige zukunftsorientierte Entscheidungen dar, die von der Akzeptanz der Wähler abhängig sind. Gesellschaftlichen und rechtlichen Veränderungen, die den Herausforderungen des demographischen Wandels durch die Neudefinition sozialer Beziehungen gerecht werden, stehen die Alten immer weniger positiv gegenüber als die Jungen. Dafür fehlt es nicht an Beweisen. Die Geschlechterrollen sind ein offensichtliches Beispiel. So stellte eine Erhebung des Büros des Premierministers 2002 fest, dass die familiäre Arbeitsteilung nach dem Modell des männlichen Brotverdieners und der Vollzeithausfrau von 32,7 Prozent der Frauen und von 27,9 Prozent der Männer in der Altersgruppe der 20–29-Jährigen abgelehnt wurde, aber nur von 23,2 Prozent respektive 16,0 Prozent derer in der Altersgruppe der 70–79-Jährigen.[12] Auch bei der Frage unterschiedlicher Nachnamen für Eheleute haben sich die Älteren beständig in größerer Zahl für den Status quo ausgesprochen als die Jüngeren.[13] Meinungsumfragen weisen typischerweise altersspezifische Unterschiede in den Ergebnissen auf, wobei die Alten immer dem Bewährten und Gewohnten den Vorzug geben. In ihrer derzeitigen Verfassung sind die sozialen Sicherungssysteme für die Älteren nicht nur bewährt und gewohnt, sondern auch von Vorteil. Deshalb ist es doppelt schwer, ihre Zustimmung zu Reformen zu erlangen, die von eingetretenen Pfaden abweichen und Leistungskürzungen mit sich bringen. Von den Alten ist nicht mehr zu erwarten, dass sie gegen ihre eigenen Interessen stimmen, als von anderen Wählergruppen. Trotzdem sicherzustellen, dass sie die notwendige Neuordnung der sozialen Sicherungssysteme nicht aufhalten, ist eine der großen Herausforderungen der japanischen Politik in der überalterten Gesellschaft.

Babys wählen nicht

Verglichen mit anderen Demokratien ist Japans Wahlrechtsalter relativ hoch, nämlich 20 Jahre. Während die Älteren ihre Wünsche und Ansichten an der Wahlurne zum Ausdruck bringen können, bleibt der Bevölkerungsteil unter 20 ohne direkten Einfluss auf den politischen Prozess. Vor diesem Hintergrund sind verschiedentlich Wahlrechtsreformen mit dem Ziel der Absenkung des Wahlrechtsalters diskutiert worden, bisher ohne Ergebnis. Obwohl die Gerontokratie in Japan noch nie einen schlechten Ruf hatte, sind immer mehr Politiker zu der Einsicht gelangt, dass die Überrepräsentation der Alten in der Wahlbevölkerung Japans Zukunftsfähigkeit auf lange Sicht behindern kann.

Reformvorschläge sind von verschiedenen Seiten gemacht worden. Die Jugendorganisation der DPJ fordert in ihrem Manifest die Senkung von Volljährigkeit und Wahlrecht auf 18 Jahre. Die Neue Komeito hat sich ebenfalls für das Wahlrechtsalter 18 ausgesprochen, während die bei jungen Wählern weniger beliebte LDP in der

Debatte eine abwartende Haltung einnimmt (Saidel 2003: 2). Da die Wahlbeteiligung der Jungwähler niedrig ist, würde die Dominanz der Alten durch eine Absenkung des Wahlrechtsalters um zwei Jahre nur unwesentlich reduziert werden. Um der Übermacht der Senioren etwas entgegenzusetzen, bedarf es anderer Maßnahmen. Ein scheinbar radikaler Vorschlag stammt von Masaru Mizuno (2005), der die Dringlichkeit des Problems als ehemaliger Chef der obersten Finanzbehörde (*Kokuzeichō*) einschätzen kann. Er rät, *allen* Minderjährigen das Wahlrecht zu geben. Die Skepsis, mit der dieser Vorschlag aufgenommen wurde, ist verständlich, da Babys aus guten Gründen nicht wählen sollen und es auch gar nicht können. Aber Mizunos Rat ist wohldurchdacht und beruht auf dem Bürgerlichen Gesetzbuch (*Minpō*), dessen Artikel 1,3 feststellt, dass «alle bürgerlichen Rechte ab Geburt wirksam sind». Nach dem Privatrecht können Individuen mit der Geburt in Eigentumsrechte eintreten, die allerdings nur ihre Eltern stellvertretend für sie ausüben können. Minderjährige sind auch steuerpflichtig, wenn sie Besitz oder Einkommen haben, und auch in diesem Fall werden die Eltern mit der Wahrnehmung ihrer Interessen betraut. Entsprechend kann der Beginn der Rechtsfähigkeit und der bürgerlichen Rechte ab Geburt dahingehend interpretiert werden, dass sie das Wahlrecht beinhalten, das bis zur Volljährigkeit stellvertretend von Eltern auszuüben ist. Im Zuge der fortschreitenden Alterung, begründet Mizuno seinen Vorschlag, muss ein neues Gleichgewicht der Lasten und Leistungen zwischen den Generationen hergestellt werden. Eltern mit der Wahrnehmung des Stimmrechts ihrer Kinder zu betrauen würde sie dazu veranlassen, bei ihrer Wahlentscheidung den Belangen der nachfolgenden Generation mehr Aufmerksamkeit zu schenken, und sich positiv auf die Wahlbeteiligung auswirken. Das jedenfalls ist die mit dem Vorschlag verbundene Erwartung. Der Einfluss der Kinder erziehenden Generation auf die Politik würde gestärkt. Ja, mutmaßt Mizuno, Eltern auf diese Weise mehr Mitspracherecht auf die Gestaltung der Zukunft ihrer Kinder zu geben könnte sich sogar positiv auf die sinkende Geburtenrate auswirken.

Bei der Stimmabgabe handeln Eltern als das Ensemble der Rollen, die sie innehaben, als Männer oder Frauen, Arbeitnehmer oder

Arbeitgeber, Steuerzahler, Konsumenten, Kinder ihrer Eltern und Eltern ihrer Kinder. Gleichwohl hat Mizunos Vorschlag einen gewissen Reiz, denn durch seine Realisierung würde der Einfluss junger Wähler auf die Politik gestärkt, was in Zeiten der Bevölkerungsalterung im Hinblick auf den Umbau von Sozialstaat und Gesellschaft ratsam sein mag.

Die Stimmen derer, die nach einer Absenkung des Wahlrechtsalters rufen, werden lauter. Einige Präfekturen, z. B. Aichi und Akita, haben 18- bzw. 19-Jährigen in lokalen Plebisziten schon das Stimmrecht gegeben, und es ist zu erwarten, dass in absehbarer Zeit das aktive Wahlrechtsalter für Parlamentswahlen gesenkt wird. Die Ausdehnung des Wahlrechts auf alle Minderjährigen ist weniger wahrscheinlich. Wie die Altersstruktur der Wahlbevölkerung verändert werden kann, um der politischen Apathie der jungen Wähler Einhalt zu gebieten und zukunftsorientierte Reformen zu ermöglichen, die durch den demographischen Wandel erzwungen werden, bleibt vorerst eine Frage, auf die die Politik eine Antwort finden muss.

X   Grenzen des Alterns?

Als Urashima Tarō aus dem Reich der ewigen Jugend und Unsterblichkeit in die Wirklichkeit zurückkehrte, holte das Leben ihn ein, und er alterte auf einen Schlag.[1] – Tatsächlich wissen wir nicht, ob das Phänomen des Alterns durch ein spezielles Gen verursacht wird. Wie immer man es nennen mag, «Unsterblichkeit» oder «Langlebigkeit», wie alt werden die Menschen in Zukunft werden? 150 Jahre? 200 Jahre? Werden sie wirklich so lange leben? Wie werden sie das ins Werk setzen, und wann wird das möglich werden?   Yoji Mitsui (2006: 4)

Unter den vielen Herausforderungen des demographischen Wandels ist die Frage, ob die Länge des menschlichen Lebens feststeht oder dehnbar ist, von besonderem Interesse. Trotz einer Fülle von empirischen Daten und umfangreichen Erfahrungen ist es eine höchst komplexe Frage, deren Behandlung deshalb so schwierig ist, weil von großer Langlebigkeit in Einzelfällen nicht auf die Gattung geschlossen werden kann. Für Religion und Alltagswissen ist es offenkundig, dass der Mensch altert und die Länge des Lebens begrenzt ist. Trotzdem sind sich Wissenschaftler in dieser Frage nicht einig. Während die einen behaupten, dass die Länge des menschlichen Lebens genetisch determiniert ist, vertreten andere den Standpunkt, dass sie von externen Faktoren abhängig und somit prinzipiell offen ist. Die Tatsache, dass weder die eine noch die andere Seite in dieser Debatte unerschütterliche Beweise für sich geltend machen kann, ist nicht nur aus theoretischen Gründen bemerkenswert, sondern auch weil sie zu der allgemeinen Ungewissheit des Lebens auf diesem Planeten beiträgt und eminent praktische Konsequenzen hat, z. B. für Versicherungsindustrie und Gesundheitsvorsorge.

Dehnbare Grenzen

Ein Menschenleben von fünfzig Jahren unter dem Himmel,
Ist nichts verglichen mit dem Alter der Welt,
Das Leben ist nur ein flüchtiger Traum.

Jahrhundertelang verkörperte dieser Vers des Dramatikers Zeami (1363–1443), was man über das Leben wusste, obwohl seine eigene Langlebigkeit die Aussage etwas relativierte. Das Leben war begrenzt und kurz, fünfzig Jahre war das Maß. Das änderte sich erst mit dem Wohlstand. Der Wiederaufbau nach dem Zweiten Weltkrieg brachte in Japan eine schnelle und drastische Steigerung der Lebenserwartung mit sich, und bis Ende des Jahrhunderts lag das hohe Alter nicht nur deutlich jenseits der 50, sondern hatte auch eine neue Qualität erlangt. 2003 feierte Yuichirō Miura seinen 70. Geburtstag, indem er zum ältesten Bezwinger des Mount Everest wurde. Sein Vorbild war sein Vater, der sich an seinem Geburtstag im selben Jahr einen lang gehegten Wunsch erfüllte und einen Abfahrtslauf in den französischen Alpen machte. Noch hundertjährig stand er auf den Brettern.[2] 2005 lief Kōzō Haraguchi 100 Meter in 22,4 Sekunden und stellte damit einen neuen Weltrekord für seine Altersgruppe auf. Er war 95.[3] Ryūko Watanabe, 91, meldete im Januar 2007 ein Patent für ein medizinisches Gerät an.[4] Shigeaki Hinohara ist ein Star. Der Direktor des St.-Lukas-Krankenhauses in Tokio praktiziert noch mit 93 und hat außerdem ein volles Programm mit Vorträgen, Buchpublikationen und Auftritten in Talkshows. Er ist der Gründer von *Shinrōjin kai*, der «Vereinigung der neuen Senioren», der er das Motto «Liebe, Ausdauer, Neugier» gab. Seine Lebensmaxime, aktiv zu bleiben und das Leben in vollen Zügen auszukosten, ist äußerst populär und entspricht dem Zeitgeist (Hinohara 2002). Hinohara ist das lebendige Beispiel dafür, dass die Grenzen des Lebens dehnbar sind, ein Beispiel, dem immer mehr Japaner folgen. In den 1960er-Jahren gab es rund 150 Hundertjährige. 40 Jahre später war diese Alterskohorte auf 25 000 angewachsen – mit weiter steigender Tendenz (Abb. 10.1). Die Bedeutung dieser Entwicklung liegt darin, dass Langlebigkeit

Abb. 10.1: Steiler Anstieg der Zahl der Hundertjährigen seit den 1960er-Jahren
Quelle: Gesundheitsministerium, *Kōsei Rōdō Hakusho* 2005, 247

damit zum ersten Mal aus quantitativer Sicht untersucht werden kann und nicht allein als medizinisches Phänomen außergewöhnlicher Individuen interessant ist. Die Bevölkerung der alten Alten, insbesondere der Frauen, ist in Quantensprüngen gewachsen und hat die «Zentenarendopplungszeit» als neue statistische Größe entstehen lassen. Sie misst die Zeit, in der sich die Zahl der 100-Jährigen in einer Bevölkerung verdoppelt. Im Laufe der letzten 25 Jahre hat sich dieser Zeitraum in Japan halbiert (Robine, Saito, Jagger 2003). 2003 war die Lebenserwartung bei Geburt für Frauen 85,33 Jahre, und 65-jährige Frauen konnten mit weiteren 23,04 Jahren rechnen, hatten also sogar eine statistische Lebenserwartung von 88,37 Jahren.[5] Das maximale Todesalter steigt für beide Geschlechter weiter wie auch die Zahl der Überhundertjährigen.

Die sinkende Mortalität ist einer der wichtigsten Faktoren der Bevölkerungsdynamik. Bezüglich der Verringerung der Kindersterblichkeitsrate, gemessen als Mortalität bis zum ersten vollendeten Lebensjahr bezogen auf 1000 Lebendgeburten, ist Japan schon seit langem führend. 1996 lag die Rate unter 4, sodass mit weiteren Verbesserungen kaum noch zu rechnen war. Für 2003 nannte das Gesundheitsministerium jedoch den Wert von 2,99.

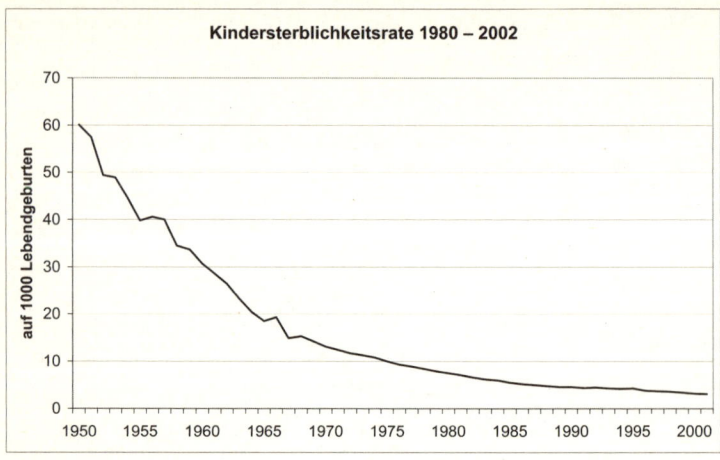

Abb. 10.2: Kindersterblichkeitsrate 1950–2002. Quelle: Ministerium für Gesundheit, Arbeit und Wohlfahrt http://www.stat.go.jp/english/index/official/f024.htm

Die niedrige Kindersterblichkeitsrate impliziert, dass der Einfluss ihres weiteren Absinkens auf die Bevölkerungsstruktur unerheblich ist. Nun ist aber die Mortalität nicht nur in dieser Alterskohorte gesunken, sondern insgesamt, und zwar bemerkenswerterweise linear (Feeney 1990).[6] In Abbildung 10.3 wird diese Entwicklung chronologisch mit dem Anstieg der Zahl der Hochbetagten in Beziehung gesetzt. Eine kausale Relation zwischen beiden Tendenzen besteht nicht, aber ihre Koinzidenz ist bezeichnend. Sowohl am Beginn als auch am Ende des Lebens wird die Unausweichlichkeit des Todes zurückgedrängt. Zusammengenommen finden beide Trends ihren Ausdruck in der weiteren Erhöhung der Lebenserwartung.

Den starken Mortalitätsrückgang im letzten halben Jahrhundert teilt Japan mit anderen reichen Ländern. In diesem Zeitraum hat die Wahrscheinlichkeit für einen 80-Jährigen, 100 Jahre alt zu werden, um den Faktor 20 zugenommen. Vor dem Hintergrund solcher Zahlen und wegen der erwähnten Linearität der Lebenserwartungssteigerung bestreiten Oeppen und Vaupel (2002), dass die biologische Höchstgrenze des menschlichen Lebens bald erreicht ist. Die Frage, ob es eine solche Grenze gibt[7] und, falls ja, bei welchem

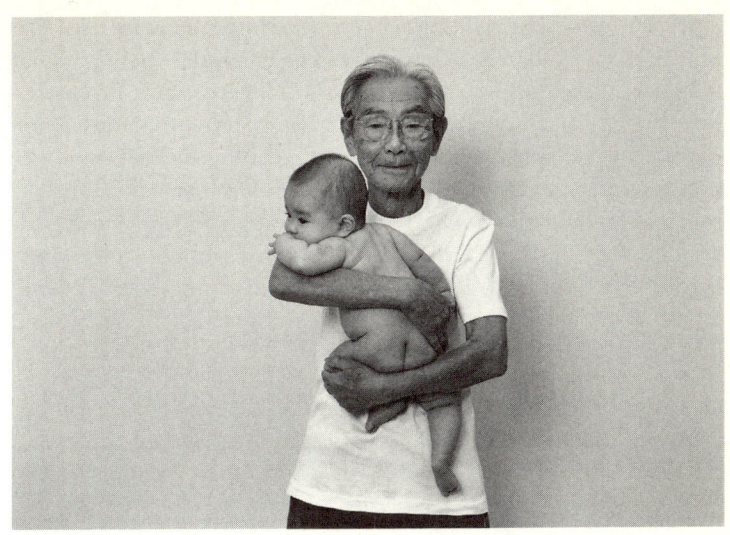

Abb. 10.4: «Das Zeitalter des 100-Jährigen Lebens ist da. Iwao Yamakawa, 100, und Mirai Watanabe, 0. Zeitungswerbung von Kagome Co. 1. 1. 2005
Mit freundlicher Genehmigung von Kagome Co.

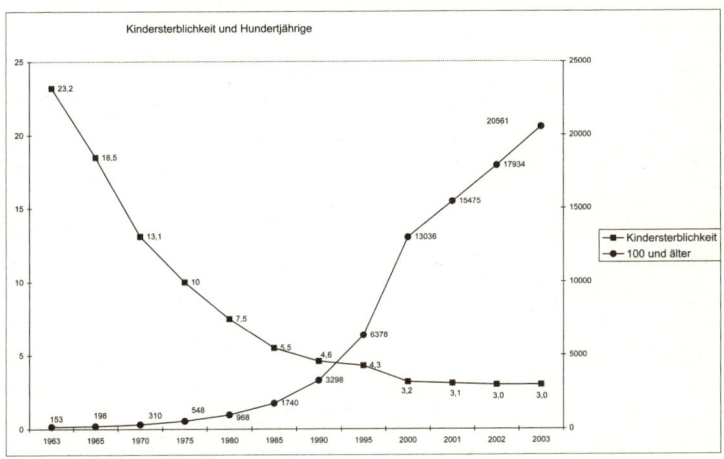

Abb. 10.3: Kindersterblichkeit und Zahl der Hundertjährigen, 1963–2003
Quelle: eigene Grafik

Alter sie liegt, lässt sich zurzeit nicht definitiv beantworten. Die Lebenserwartung steigt weiter, aber bezüglich der die Mortalität reduzierenden Faktoren besteht große Ungewissheit. Prognosen über die Entwicklung der Lebenserwartung bis 2050 variieren um mehr als zehn Jahre. Die japanische Regierung rechnet mit einer mittleren Lebenserwartung für beide Geschlechter von 82,95 Jahren, wohingegen die *Global Aging Initiative* 93,20 Jahre voraussagt (Tuljapurkar, Li, Boe 2000). Exakte Prognosen werden auch künftig problematisch sein, aber mit weiteren Steigerungen der Lebenserwartung in Japan ist zu rechnen. Unterdessen geht die Suche nach dem Geheimnis der Langlebigkeit weiter.

Lebensstil

Von 1950 bis 2000 ist Japans Pro-Kopf-Einkommen um den Faktor 30 gestiegen. Im gleichen Zeitraum stieg die Lebenserwartung bei Geburt von 59,57 auf 77,72 Jahre für Männer und von 62,97 auf 84,60 Jahre für Frauen. Der Zusammenhang zwischen einem besseren und einem längeren Leben lässt sich überall nachweisen, was auf einen starken Einfluss des Wohlstands auf die Länge des Lebens schließen lässt. Das niedrige Medianalter und die niedrige Lebenserwartung armer Länder sind weitere Hinweise auf den Zusammenhang zwischen Alterung und gesellschaftlichem Wohlstand. Individueller Reichtum und verfügbares Einkommen erlauben jedoch keine verlässliche Voraussage über die Lebenserwartung. Besonders bei Bevölkerungen mit hoher Lebenserwartung ist die entscheidende Variable bzw. Menge von Variablen der Lebensstil, in den der Wohlstand mit einfließt, aber nicht der sozioökonomische Status allein.

Japan steht in der Rangliste der Weltgesundheitsorganisation für die behinderungsfreie Lebenserwartung bei Geburt an erster Stelle,[8] nimmt bezüglich BIP pro Kopf (2005) aber nur den achtzehnten Rang ein. Andererseits rangiert das nach Pro-Kopf-Einkommen reichste Land der Welt, die Vereinigten Staaten, bei der Lebenserwartung auf Platz 24. Inkongruenzen zwischen Reichtum und Lebenserwartung zeigen sich auch beim Vergleich der japanischen

Präfekturen. Okinawa, die Präfektur mit der niedrigsten Wirtschaftsleistung und niedrigen Werten bei allen anderen Wirtschaftsindikatoren, hat die höchste Lebenserwartung.[9] Das durchschnittliche Jahreseinkommen pro Person der südlichsten Präfektur ist niedriger als in allen anderen Präfekturen, der natürliche Bevölkerungszuwachs aber der höchste im ganzen Land. Arm, aber glücklich – für japanische Verhältnisse –, das charakterisiert Okinawa. Hohe Fertilität und niedrige Mortalität sind die Merkmale der Bevölkerungsdynamik dieser Präfektur. Die Rekordzahl der Hochbetagten ist ein Aspekt, der besonders ins Auge springt. 2003 kamen auf 100 000 Einwohner 42,49 Hundertjährige, eine Quote, die Okinawa im vierzehnten Jahr in Folge den ersten Platz auf dieser Rangliste sicherte.[10] Der große Bevölkerungsanteil gesunder sehr Alter in Okinawa wurde schon 1976 zum Gegenstand einer Langzeitstudie. Mit finanzieller Unterstützung des Gesundheitsministeriums richtete der Direktor der gerontologischen Abteilung der Okinawa International University Makoto Suzuki das «Zentenaren-Projekt Okinawa» ein. In der Studie wurden über 600 Hundertjährige untersucht, um die Ursachen dafür zu ermitteln, dass Okinawa einen signifikant höheren Bevölkerungsanteil dieser Alterskohorte hat als der Landesdurchschnitt und dass sich die Einwohner Okinawas in höherem Maße eines Lebens erfreuen, das frei von typischerweise mit dem Alter verbundenen Krankheiten wie Demenz, Herzkrankheiten und Krebs ist oder das erst später davon beeinträchtigt wird. Untersucht wurden das genetische Erbgut, die Ernährungsgewohnheiten, körperliche Bewegung sowie psychospirituelle Gesundheit, wobei ein integrativer Ansatz verfolgt wurde, der westliche und östliche Elemente der Medizin miteinander verbindet. Auf dieser Grundlage kam das Projekt zu dem Ergebnis, dass «die extreme Langlebigkeit der Bevölkerung Okinawas zwar durch ihr genetisches Erbe begünstigt wird, der wichtigste Faktor des «erfolgreichen Alterns› aber der Lebensstil ist».[11] Migrationsstudien liefern einen weiteren Anhaltspunkt dafür, dass der Zugewinn der Lebenserwartung in Okinawa von mehr als 20 Jahren im Laufe des letzten halben Jahrhunderts hauptsächlich auf den Lebensstil zurückzuführen ist. Die Gesamtsterberate der Okinawaner, die andernorts aufwachsen, ist höher als die derer, die ihre Heimat nicht verlassen.

Auch hier gibt es einen deutlichen Unterschied zwischen den Geschlechtern, der sich unter den Hundertjährigen in einem Verhältnis von 8 : 2 zugunsten der Frauen niederschlägt.[12] Wenn das Zentenaren-Projekt Okinawa verallgemeinerbare Schlussfolgerungen erlaubt, werden Veränderungen des Lebensstils eine weitere Absenkung der Mortalität und Erhöhung der Lebenserwartung ermöglichen. Ob die sozioökonomischen Verhältnisse in Japans urbanen Zentren, die den Einflüssen der Globalisierung stärker ausgesetzt sind als die abgelegene Inselpräfektur, entsprechende Anpassungen zulassen, ist eine andere Frage. Unterdessen ist das Thema Unsterblichkeit unversehens in einem anderen Gebiet auf die Tagesordnung gerückt.

Anthropotechnologie

Bei der Senkung der Mortalität und somit auch bei der Alterung der japanischen Bevölkerung spielte der Fortschritt der Medizin eine entscheidende Rolle. Einerseits haben neue Medikamente und Behandlungsmethoden das Risiko, an Herzerkrankungen zu sterben, drastisch verringert, und andererseits ist die Organtransplantation für immer mehr Menschen zu einem Verfahren der Lebensverlängerung geworden. Obwohl der Einfluss der Transplantationsmedizin auf die Verringerung der Mortalität bisher viel kleiner ist als der neuer Medikamente und Therapien, hat die Organtransplantation sehr viel dramatischere und irreversible Folgen. Sie ist ein Schritt auf dem Weg zur Unsterblichkeit mit Implikationen für den Begriff des Todes und der menschlichen Existenz. Sowohl theoretisch als auch praktisch war Japan auf dem Gebiet der Transplantationsmedizin von Anfang an führend. Nach Christian Barnards bahnbrechender Operation 1967 in Südafrika war Japan das zweite Land, in dem eine Herztransplantation durchgeführt wurde. Danach wurden jedoch 30 Jahre lang überhaupt keine Organe von toten Spendern transplantiert, weil es in der japanischen Gesellschaft für den Begriff des Gehirntods keine Akzeptanz gab. Erst 1997, nach der Verabschiedung eines lange umkämpften Gesetzes, das den Hirntod definierte, nahmen Japans Krankenhäuser die Organtransplantation wieder auf. Eine Definition des Todes als Gehirntod wurde in diesem Gesetz mit voller Absicht vermieden, denn viele Japaner akzeptieren diese dualistische Vorstellung und die vom unbeseelten Körper als Ersatzteillager nach wie vor nicht.[13] In seinem viel beachteten Aufsatz «Das Wunderland der Unsterblichkeit», der 1989 erschien, als die Debatte um den Gehirntod die höchsten Wellen schlug, wies Osamu Nishitani darauf hin, dass nicht unser gewandeltes Verständnis des Todes eine Veränderung der medizinischen Praxis herbeigeführt habe, sondern umgekehrt der Fortschritt der Technik und Medizin uns gezwungen habe, eine neue Definition des Todes zu akzeptieren, die ihren funktionalen Ansprüchen gerecht wird.

> Die Technologie verlängert das menschliche Leben [...] und distanziert die Menschheit vom Tod. Der ‹Gehirntod›, eine Angelegenheit voller beunruhigender und gefährlicher Aspekte, ist nicht einmal mehr ein Problem des Ereignisses, das wir ‹Tod› nennen. Der ‹Tod› muss neu definiert werden, damit die Medizin die für ihren selbstbestimmten Fortschritt erforderlichen ‹toten Körper› als materielle Ressource erlangt (Nishitani 1989: 53).

Nishitani erweiterte diesen Aufsatz zu einem Buch, das 2002 unter gleichem Titel erschien. Darin behandelt er eine Reihe verwandter Fragen der Anthropotechnologie, die ebenfalls die Neudefinition von Leben und Tod betreffen: künstliche Befruchtung, Stammzellenzüchtung, menschliche Genmanipulation und Klonierung sowie Anti-Aging-Präparate. Biologen und Genforscher verfolgen weiterhin die Frage, ob das Humangenom spezifische Informationen über die Maximallänge des menschlichen Lebens enthält. Über die Relevanz dieser Frage für die Zukunft besteht jedoch keine Gewissheit, da das menschliche Leben durch gezielte technische Eingriffe immer mehr aus dem Reich des Natürlichen in das Reich des Künstlichen verrückt wird.

Adaptive Technologien werden die Spanne des Lebens weiter ausdehnen. Während Gentechnik den Ursprung des Lebens manipuliert, bewirken Transplantation und lebensverlängernde Maßnahmen die Verzögerung seines Endes. Künstliche Organe zu konstruieren wirft weniger ethische Probleme auf, als Körperteile eines

Toten (Sterbenden, Nichtlebendigen) in einem anderen Körper weiterleben zu lassen oder das Erbgut künftiger Körper zu beeinflussen.[14] Während des dreißigjährigen Moratoriums zwischen dem rechtlichen Vakuum, das sich nach der ersten Herztransplantation auftat, und dem Gesetz, das die Beschaffung von Organen hirntoter Spender regelt, haben japanische Wissenschaftler intensiv an der Entwicklung künstlicher Körperteile gearbeitet (Mitsui 2006: 164 f.). Organspender sind rar, und deshalb halten viele diesen Weg der Lebensverlängerung für aussichtsreicher als Transplantation. Sowohl Transplantationsmedizin als auch künstliche Organentwicklung beruhen auf Instrumenten und Verfahren der Hochtechnologie, was die Spannung illustriert, die sich daraus ergibt, dass der Mensch gleichzeitig Subjekt und Objekt des technischen Fortschritts ist.

Immer mehr wird der Tod zu einem technischen Problem, er wird mehr zu einer Angelegenheit der bewussten Planung, als dass er eine schicksalhafte Fügung ist. Der Ruf japanischer Krankenhäuser nach gesetzlichen Richtlinien für die Behandlung von Patienten im Endstadium ist ein deutliches Indiz dafür. Denn Gesetze werden nicht für natürliche, sondern nur für vom Menschen geschaffene Phänomene gemacht. Im städtischen Krankenhaus von Imizu in der Präfektur Toyama wurden bei mehreren Patienten lebenserhaltende Geräte ausgeschaltet, was 2006 zu einer staatsanwaltlichen Untersuchung führte. Nach einer daraufhin von Kyodo News durchgeführten Umfrage sind 85 Prozent der öffentlichen Krankenhäuser der Meinung, dass die Behandlung von Patienten im Endstadium und damit die Feststellung des Todes gesetzlich geregelt werden muss.[15]

Das Organtransplantationsgesetz von 1997 war der erste Schritt zur Legalisierung des Lebensendes, andere werden folgen. Der technologische Fortschritt ist immer kulturell vermittelt. Das lehrt Japans Erfahrung mit der Transplantationsmedizin und der durch sie veränderten Vorstellung vom menschlichen Leben. Der cartesianische Dualismus ist für die Grenzziehung zwischen Leben und Tod ein durchaus anderer Ausgangspunkt als die konfuzianische Vorstellung der Einheit von Körper und Geist und das Gebot, den eigenen Körper aus Pietät unversehrt zu lassen, weil man ihn von seinen Eltern erhalten hat. Auch der Schintoismus legt Wert auf den intakten Körper. Das Leben, nämlich ein lebendiger Körper begabt mit Geist und Empfindung, ist eine Gabe, die Vergangenheit und Zukunft miteinander verbindet. Vor diesem Hintergrund sind die Skrupel, den Körper nur als materielle Hülle zu behandeln, nicht überraschend. Wenn der technologische Fortschritt auf tief verwurzelte kulturelle Vorstellungen stößt, kommt es unvermeidlich zu Widersprüchen. Die Methode, wie im modernen Verfassungsstaat mit solchen Widersprüchen umgegangen wird, ist nicht Religion oder Tradition, sondern das Gesetz. Während die Technologie einerseits der Verzögerung des Todes dient, erzwingt sie andererseits die Entwicklung gesetzlicher Normen für ihre eigene Anwendung.

Bisher hat sich die bioethische Diskussion über die Anthropotechnologie auf die Definition des menschlichen Lebens, die Person und die Abgrenzung des Individuums konzentriert. Im gegebenen Zusammenhang sind das keine vordringlichen Probleme, aber es ist nur eine Frage der Zeit, dass die Anthropotechnologie nicht nur als allgemeines Problem der Ethik, sondern auch als ein solches der Bevölkerungsentwicklung thematisiert werden muss. Je normaler medizintechnische Interventionen zur Lebensverlängerung werden, desto mehr wird die Frage nach den gesellschaftlichen Grenzen des Alterns in den Blick rücken. Unter welchen Umständen solche Maßnahmen ergriffen und beendet werden sollen, ist schon heute eine höchst problematische Frage (Tateiwa 2005), und es ist durchaus denkbar, dass sich die überalterte Gesellschaft der Frage stellen muss, in welchem Umfang die Bevölkerung der Nichttoten wachsen soll und darf.

Die Bevölkerungsalterung und die Technologisierung des Sterbens haben eine Reihe von Organisationen entstehen lassen, die sich mit der letzten Phase des Lebens beschäftigen. Die älteste und bekannteste ist *Nihon Songenshi Kyōkai* (Japanische Vereinigung für Sterben in Würde), die 1976 als *Anrakushi Kyōkai* (Gesellschaft für Euthanasie) von Ärzten, Rechtsanwälten und anderen Akademikern gegründet wurde. Die Zahl der Mitglieder betrug 2006 110 000 und wächst weiter, was ein Hinweis auf die Dringlichkeit des Problems ist. Die Vereinigung hat ein landesweites Netzwerk mit Kapiteln in allen Präfekturen. Dass doppelt so viele Frauen wie Männer Mitglieder sind, reflektiert die Tatsache, dass sie mehr mit Pflege befasst und in den höchsten Alterskohorten wesentlich zahlreicher sind. Ihre Absichten erklärt die Vereinigung so:

> Um das Recht auf Selbstbestimmung zu fördern, engagiert sich *Nihon Songenshi Kyōkai* auf vielerlei Weise für den Gedankenaustausch über Methoden der terminalen Pflege und das Recht auf ‹Tod›.[16]

Ihr Hauptziel ist die Legalisierung der Bestimmung des eigenen Todes, insbesondere eines ‹natürlichen Todes›, der nicht durch lebensverlängernde Maßnahmen hinausgezögert wird. Sie setzt sich für die rechtliche Anerkennung der Erteilung einer Vollmacht in Gesundheitsfragen ein. Für den Fall, dass Patienten ihren Willen nicht mehr zum Ausdruck bringen können, sollen Familienangehörige ermächtigt werden, auf der Grundlage des ihnen bekannten oder von ihnen vermuteten Willens Entscheidungen für den Patienten zu treffen.

Im Juni 2005 wurde unter dem Vorsitz von Masazumi Harada, dem Präsidenten der Japanischen Gesellschaft für Psychiatrie und Neurologie, *Anrakushi, Songenshi Hōseika-o Soshisuru Kai* (Vereinigung für die Verhinderung der Legalisierung von Euthanasie und Sterben in Würde) gegründet, die die Legalisierung jeder Form von aktiver und passiver Euthanasie ablehnt. Weil Menschen ihre Meinung ändern, weil es Fehldiagnosen und Fälle von komatösen Patienten gibt, die ins Leben zurückkehren, und weil die Befind-

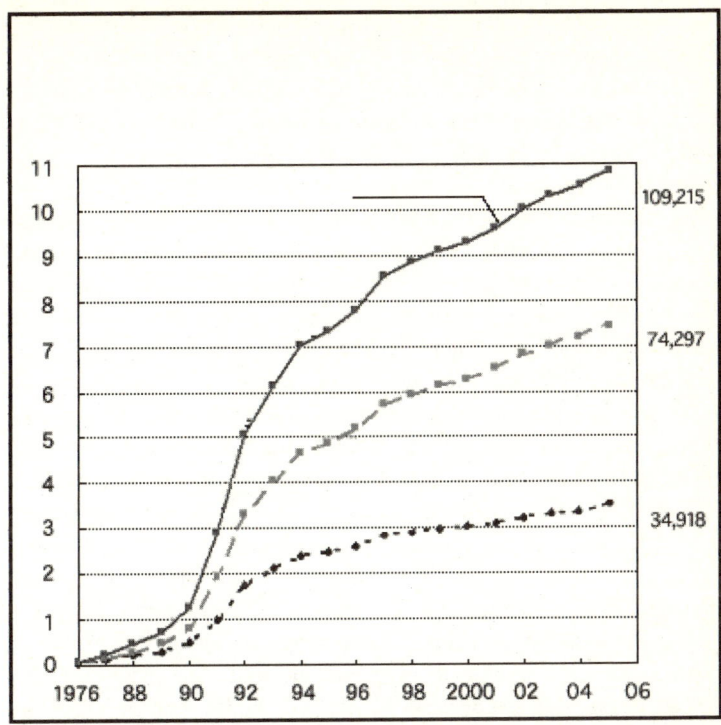

Abb. 10.5: Mitgliedschaft der Japanischen Gesellschaft für Sterben in Würde, 1976–2006
Quelle: http://www.songenshi-kyokai.com/dwd06.htm

lichkeit von terminalen Patienten, bei denen der Tod nicht unmittelbar bevorsteht, mit zu vielen Unsicherheitsfaktoren verbunden ist, besteht diese Vereinigung darauf, dass Heilung und Lebenserhaltung die einzigen Prinzipien der Medizin sein müssen. Eine Erklärung anlässlich ihrer Gründung besagte u. a.:

Wir stehen auf dem Standpunkt, dass das Leben zu Ende zu leben zum Wesen des Menschen gehört. Deshalb haben wir *Anrakushi, Songenshi Hōseika-o Soshisuru Kai* gegründet. Wir wollen eine Gesellschaft, in der man über die Belastung der Familie nicht nachzudenken braucht und in der die Palliativpflege von den Krankenhäusern geleistet wird.[17]

173

Wie aus dieser Erklärung hervorgeht, betrachtet die Vereinigung die Befürchtung, dass wirtschaftliche Faktoren, und sei es auch nur indirekt, die Angehörigen bei der Entscheidung beeinflussen könnten, lebenserhaltende Systeme eines Patienten im Endstadium abzuschalten, als zusätzlichen Grund, der gegen die Legalisierung der Euthanasie spricht.[18]

Fortschritte in Medizin und Technik haben das Leben verlängert und gleichzeitig neue Fragen über das Verhältnis eines langen und eines menschlichen Lebens aufgeworfen. Das Gefühl, dass zwischen beiden eine neue Balance gefunden werden muss, ist in Japan heute weit verbreitet. Die Religionen haben keine Antwort, das ergab eine im Februar 2006 von *Yomiuri Shimbun* durchgeführte Umfrage. Die vorherrschende Meinung war, dass das Thema Euthanasie von der Gesellschaft noch nicht ausdiskutiert und noch nicht reif für eine gesetzliche Regelung ist.[19] In der überalterten Hochtechnologiegesellschaft kann die gesellschaftliche im Unterschied zur individuellen Dimension des Problems aber nicht länger ignoriert werden. Ein gesellschaftlicher Konsens muss gefunden werden. Zu diesem Zweck wurde 2005 unter Leitung des LDP-Abgeordneten Tarō Nakayama die Arbeitsgruppe *Songenshi Hōseika-o Kangaeru Giinrenmei* (Abgeordnetenkonferenz zur Prüfung der Legalisierung des Sterbens in Würde) gegründet, um Gesetzesvorlagen zu erarbeiten. Da beide Seiten gute Argumente haben, ist die Diskussion ebenso schwierig wie kontrovers. Wie die gesetzliche Regelung aktiver und passiver Euthanasie aussehen wird und welche Rolle sie für Familienmitglieder und Ärzte vorsieht, ist noch nicht deutlich, aber dass ein Gesetz kommt, steht außer Frage. Der Rückweg zum ‹natürlichen Lebensende› ist verstellt. Die Rahmenbedingungen des Sterbens werden durch die Technologie einerseits und gesetzliche Regelungen andererseits gesetzt, die so zur Herausbildung einer Bevölkerungsplanung unter den Bedingungen der Anthropotechnologie beitragen.

XI AUSLÄNDER REIN?

Angesichts der alternden Gesellschaft muss Japan die Möglichkeit prüfen, auf ausländische Humanressourcen zurückzugrei-
fen und nicht nur qualifizierte, sondern ein breites Spektrum
von Arbeitskräften aufzunehmen.

Taichi Sakaiya[1]

Wenn wir nicht eine bedeutende Zahl ausländischer Arbeitnehmer aufnehmen, werden wir den bevorstehenden Arbeitskräftemangel nicht ausgleichen können.

Atsushi Seike[2]

Auf die Volkszählung im Oktober 2005 wurde die Bevölkerung mit
offiziellen Verlautbarungen, Plakatanschlägen und Zeitungsannon-
cen vorbereitet. Da die Wohnbevölkerung erfasst wurde, richtete
sich die Zensusbehörde auch an die ansässigen Ausländer:

Sie sind ein Mitglied der japanischen Gesellschaft. Die japanische Regierung wird ab dem 1. Oktober 2005 eine Volkszählung durchführen.
Diese Zählung ist eine statistische Erhebung nach dem japanischen Gesetz. Unabhängig von ihrer Staatsangehörigkeit müssen alle Einwohner
den Fragebogen der Volkszählung ausfüllen. Die damit erlangten Informationen werden ausschließlich für statistische Zwecke, nicht aber für
solche der Ausländerbehörde, des Finanzamts oder der Polizei verwendet.[3]

Es wurde eine Telefonauskunft für Fragen bezüglich der Volkszählung eingerichtet, deren Mitarbeiter von Montag bis Freitag auf
Englisch, montags, mittwochs und donnerstags auf Chinesisch und
dienstags und freitags auf Koreanisch Antwort geben konnten. Die
Volkszählungsformulare wurden in einem Dutzend Sprachen außer

Japanisch gedruckt. Die Internetseite der Zensusbehörde[4] bot Informationen auf Japanisch, Chinesisch, Koreanisch und Portugiesisch an. Aber trotz der mehrsprachigen Versicherung, dass Ausländerbehörde, Finanzamt und Polizei keinen Zugang zu den Daten bekämen, hatten die Volkszähler mit zunehmendem Widerstand und mangelnder Auskunftsbereitschaft zu kämpfen. Das für den im Fünfjahresturnus durchgeführten Zensus zuständige Innenministerium sondiert deshalb Möglichkeiten einer internetgestützten Volkszählung statt der bisher üblichen Haus-zu-Haus-Befragung. Denn die Ablehnung war gerade bei den Gruppen besonders hoch, die von besonderem Interesse sind, weil sie gesellschaftliche Veränderungen repräsentieren. Das gilt insbesondere für zwei Gruppen, erstens unverheiratete Paare und andere alternative Partnerschaften und zweitens ausländische Staatsangehörige, inklusive solche ohne gültige Aufenthaltsgenehmigung oder Arbeitserlaubnis. Diese Personengruppen stehen staatlichen Erhebungen misstrauisch gegenüber, aber da sie größer werden, sind verlässliche Statistiken wünschenswert. Viele Ausländer entziehen sich der Volkszählung, weil sie dem Datenschutz nicht trauen oder weil sie nicht das Gefühl haben, wie in der oben zitierten Zeitungsanzeige behauptet, «Mitglieder der japanischen Gesellschaft» zu sein. Dieses Gefühl teilen sie mit vielen Japanern, was für die Liberalisierung der Zuwanderung eines der größten Hindernisse ist und es erschwert, genaue Zahlen der nichtjapanischen Wohnbevölkerung zu ermitteln.

Ausländeranteil

Während der letzten beiden Jahrzehnte hat die Zahl der Ausländer mit langfristigem (ständigem) und kurzfristigem Aufenthalt in Japan merklich zugenommen. Diese Entwicklung zwingt Staat und Gesellschaft, die lange gehegte Vorstellung von Japans ethnisch-kultureller Homogenität wenn nicht aufzugeben, so doch zu relativieren. Das hat teils hitzige Debatten über Japans Zukunft hervorgerufen und eine Flut von Publikationen über das «globale» (Goodman 2003) und «multiethnische Japan» (Lie 2001), die «kommende multikulturelle Gesellschaft» (Douglas, Roberts 2000) und

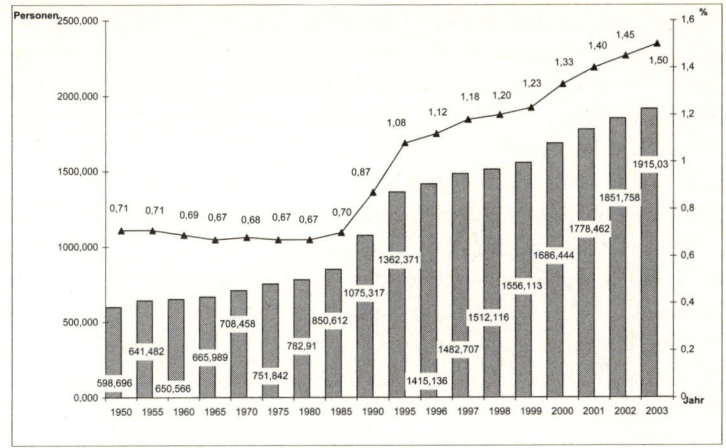

Abb. 11.1: Behördlich gemeldete Ausländer, 1950–2003
Quelle: Justizministerium, Einwanderungsbehörde, Weißbuch 2005 http://www.moj.go.jp/NYUKAN/nyukan37.pdf

«Multilingualismus in Japan» (Sanada, Shōji 2005). Japan ist bunter geworden, aber trotz der neu entdeckten Vielfalt und des Interesses daran ist der Ausländeranteil klein. Wenn man von den in Japan geborenen Angehörigen anderer Nationalitäten, im Wesentlichen Koreaner und Chinesen, absieht, machen sie nur knapp ein Prozent der Gesamtbevölkerung aus. Diese Ausländerrate ist sehr viel niedriger als in anderen hoch entwickelten Industrieländern, aber höher als früher. (Zum Vergleich: Schweiz 22,9%, BRD 12,3%, Frankreich 10,7%, Niederlande 10,1%, Großbritannien 9,1%)[5]

2004 waren 1 973 747 Ausländer nach dem Ausländergesetz behördlich gemeldet, mehr als doppelt so viele wie zwanzig Jahre zuvor (1985: 850612), als die Zuwanderung ausländischer Arbeitskräfte begann.[6] Die Regierung Nakasone (1982–1987) stellte den «Plan zur Aufnahme von 100 000 ausländischen Studenten» auf, der in den späten 80er-Jahren Wirkung zeigte. Die restriktive Immigrationspolitik bezüglich ungelernter Arbeitskräfte wurde jedoch nur geringfügig modifiziert. Das 1990 novellierte Einwanderungsgesetz stellt die Beschäftigung von Ausländern ohne Arbeitserlaubnis unter Strafe, wovon sowohl Arbeitgeber als auch Vermittler bedroht sind. Gleichzeitig schuf das Gesetz die Möglichkeit der Zuwanderung zum Erwerbszweck für Ausländer japanischer Abstammung, *Nikkeijin*, und ihren Angehörigen (Befu 2002). Angelockt von den hohen Löhnen und dem damals herrschenden Arbeitskräftemangel, machte eine große Zahl Brasilianer und Bürger anderer lateinamerikanischer Länder von dieser Möglichkeit Gebrauch.[7] Die 1990er-Jahre waren für Japans Wirtschaft eine Phase der Stagnation und Rezession, wodurch die Zuwanderung jedoch allenfalls verlangsamt, nicht aber unterbrochen wurde (Komai 1999). Auch die Zahl der mit Ausländern geschlossenen Ehen und die der Ehepartner und Kinder ausländischer Arbeitnehmer nahm weiter zu (Li 2005).[8] 2000 machten Ausländer 1,07 Prozent der Erwerbsbevölkerung über 15 Jahre aus.[9] Die Erwerbsbeteiligung der gemeldeten Ausländer betrug 62,8 Prozent. Der Jahresbericht 2005 des Gesundheitsministeriums, das für Kranken- und Rentenversicherung ausländischer Arbeitskräfte zuständig ist, nennt aber die Zahl von 198 380 legal erwerbstätigen Ausländern (Kōseirōdōsho 2005), also nur rund 10 Prozent der gemeldeten Ausländer. Diese Diskrepanz rührt daher, dass diese Zahl nichtjapanischer Staatsangehöriger mit unbefristeter Aufenthaltsgenehmigung sowie Studenten und Praktikanten (*kenshūsei*) ausschließt, obwohl viele Mitglieder dieser Personengruppen zur Erwerbsbevölkerung Japans zu zählen sind. Selbst wenn diese Zahl als sehr konservativ gelten muss, reflektiert sie doch den Umstand, dass sich die Arbeitswanderung nach Japan bisher in engen Grenzen hält, was auf die Immigrationspolitik der Regierung zurückzuführen ist. Ungelernte Arbeiter dürfen nicht zum Zwecke der Erwerbstätigkeit ins Land kommen. Da es jedoch einen Bedarf an ungelernten Arbeitskräften gibt, wird diese Bestimmung von der Industrie mit weitgehender Duldung der Behörden durch die Beschäftigung zweier Personengruppen unterlaufen, der *Nikkeijin* und der Praktikanten. Japanischstämmige Ausländer unterliegen keinen Arbeitsbeschränkungen und finden vorwiegend in der manuellen Produktion Arbeit. Demgegenüber wird Praktikanten die Einreise zum Zweck der Ausbildung erlaubt und nicht, wie es in der Praxis oft der Fall ist, um einer Erwerbstätigkeit nachzugehen.

Migrationsdynamik

Zuwanderung ist eine der Bestimmungsgrößen der Bevölkerungsentwicklung und einer der offensichtlichen Faktoren der Diversifizierung der japanischen Gesellschaft. Die Integration von Zu-
wanderern sowie die Vermeidung bzw. Lösung von Konflikten, die
durch das Aufeinandertreffen autochthoner und allochthoner Le-
bensformen, Sitten und Gebräuche entstehen, sind zu Themen der
Gesellschafts- und Erziehungspolitik geworden. Wie sehr die japanische Gesellschaft durch Zuwanderung verändert wird, lässt sich
noch nicht absehen, aber durch die demographische Entwicklung
wird vermehrte Zuwanderung zweifellos begünstigt, ja aus der
Sicht mancher erzwungen und kann deshalb in einer Darstellung
der durch die Bevölkerungsalterung bewirkten Veränderung der
Gesellschaft nicht außer Acht bleiben.

Angesichts der relativ kleinen Anzahl erwerbstätiger Ausländer
lassen sich gängige Wanderungstheorien, die mit ökonomisch definierten Faktoren der Aufnahmebereitschaft und Einwanderungs-
willigkeit rechnen, auf das Bevölkerungsgeschehen nichtjapanischer
Staatangehöriger nicht ohne Weiteres anwenden. Hugo (1998) vertritt die Auffassung, dass innerasiatische Arbeitsmigration durch
die Ungleichzeitigkeit des zweiten demographischen Übergangs
verursacht sei. In China, Indien, Bangladesch, den Philippinen und
Vietnam sind die mobilsten Alterskohorten, nämlich die zwischen
15- und 35-Jährigen, seit den 1990er-Jahren gewachsen, während
sie in Japan, Südkorea und Hongkong geschrumpft sind, was eine
quasi-natürliche Wanderung aus ersteren in letztere Länder verur-
acht. Diese Dynamik des Abwanderns der mobilen Bevölkerung
aus jungen Niedriglohnländern in alte Hochlohnländer wird jedoch
durch die Einwanderungspolitik dieser Länder verzerrt. Hinzu
kommt, dass Immigration keine irreversible Lebensentscheidung
mehr voraussetzt bzw. in der Praxis nicht mehr wie früher in aller
Regel auf eine solche hinausläuft. Die transnationalen Beziehungen,
die Empfängerland und Senderland miteinander verbinden, sind
heutzutage viel stärker als in der Vergangenheit (Ishi 2003). Migra-
tions- und Remigrationszyklen sind nicht ungewöhnlich. Der Be-

völkerungsrückgang, der 2005 eingesetzt hat und bis 2030 anzuhalten verspricht, und der ebenfalls in diesem Zeitraum immer ungünstiger werdende Abhängigkeitsquotient legen es nahe, dass Japan sich auf höhere Zuwanderungsraten einstellen muss. Wegen der restriktiven Einwanderungsgesetze sind allerdings der tatsächliche Druck der aus Niedriglohnländern nach Japan strebenden Arbeitsmigranten einerseits und der heimische Bedarf nach Zuwanderung nur schwer zu ermessen. So wurden beispielsweise in den 1990er-Jahren aus den Philippinen «asiatische Bräute» angeworben, die bereit waren, in ländlichen Abwanderungsgebieten die Erben von Bauernhöfen zu heiraten, die keine einheimischen Ehepartner finden konnten (Suzuki 2000). Dieser spezielle Aspekt des japanischen Bevölkerungsgeschehens fällt zahlenmäßig nicht stark ins Gewicht. Andererseits besteht wachsender Bedarf an Arbeitern für die sogenannten 3-K-Tätigkeiten, die nämlich schwer (*kitsui*), dreckig (*kitanai*) und gefährlich (*kiken*) sind. Es wird deshalb immer schwieriger, den Arbeitsmarkt für ungelernte Ausländer verschlossen zu halten (Ninomiya, Tanaka 2004).

Steigende Zuwanderung

In der Vergangenheit wurde Arbeitsmigration eher als etwas betrachtet, das Japan im Interesse seiner Reputation als verantwortungsvolles Mitglied der Staatengemeinschaft hinnehmen muss, als etwas, das dem Land nützt. So wurde Japan durch internationalen Druck in den späten 1970er-Jahren dazu bewogen, 10 000 Flüchtlinge aufzunehmen, die in der Folge von Amerikas Krieg gegen Vietnam ihre Heimat verlassen hatten (Kawakami 2001). Die Expansion der Wirtschaft in der Hochwachstumsphase der 1960er- und 70er-Jahre wurde demgegenüber ohne Arbeitskräfteimport geleistet. Die Einwanderungsbestimmungen waren streng und wurden streng gehandhabt, um die Homogenität der einheimischen Bevölkerung und die wirtschaftliche Stellung bestimmter sozialer Gruppen zu schützen. Dabei wurde immer vorausgesetzt, dass von der Arbeitswanderung die Migranten profitieren, während dem Empfängerland dadurch Kosten entstehen. Immigranten sind eher arm als reich und bewegen sich, vielleicht als Folge davon, manchmal am Rande der Legalität. Wegen ihrer beschränkten Kenntnisse der lokalen Sprache und Kultur werden sie häufiger Opfer von Diskriminierungen. Die Kosten von Sprach- und Staatsbürger- bzw. Integrationskursen sind hoch, aber die sozialen Kosten, die entstehen, wenn solche Kurse nicht veranstaltet werden, sind aller Wahrscheinlichkeit nach noch höher. Unter diesen Gesichtspunkten wird Immigration im Allgemeinen und speziell in Japan gewöhnlich betrachtet. Unerwünschte Immigranten gilt es fernzuhalten, und soweit Zuwanderung erlaubt wird, geschieht es zum Nutzen der Migranten, die in ihren Heimatländern, wenn überhaupt, niedrigere Löhne verdienen würden. Darüber hinaus haben auch die Entsendeländer Nutzen davon, da die ausländischen Arbeitnehmer Geld nach Hause schicken und damit zum dortigen Wirtschaftswachstum beitragen. Diese einseitige Vorstellung verliert durch das Zusammenwirken der japanischen Bevölkerungsentwicklung mit den Kräften der Globalisierung der Märkte langsam an Plausibilität.

Die Rufe nach mehr Zuwanderung werden lauter. Wirtschafts- und Sozialwissenschaftler sowie Politiker haben eine Reihe von Gründen dafür vorgetragen, dass Japan ausländische Arbeitnehmer in großem Umfang aufnehmen sollte. Eine Studie der Vereinten Nationen über Bevölkerungsrückgang und Ersatzmigration in europäischen Ländern und Japan aus dem Jahre 2000 hatte die Debatte angefacht, denn in ihr wurde vorgerechnet, dass Japan, um die Bevölkerungsschrumpfung auszugleichen, bis 2050 jährlich 343 000 Zuwanderer aufnehmen müsste. Um die Erwerbsbevölkerung nicht zurückgehen zu lassen, wären sogar 647 000 Migranten jährlich erforderlich.[10] Zuwanderung in diesem Umfang würde bedeuten, dass 2050 nicht weniger als ein Drittel der japanischen Bevölkerung Immigranten und deren Nachkommen wären. Angesichts der Tatsache, dass es Ende 2003 in Japan nur 267 011 Ausländer mit permanenter Aufenthaltserlaubnis gab, während die Aufenthaltserlaubnis aller anderen zeitlich befristet war, stellt Zuwanderung in solchem Umfang ein völlig unrealistisches Szenario dar. Dessen ungeachtet ist die Ausweitung der Zuwanderung ein Thema der politischen Diskussion, dem nicht mehr auszuweichen ist. Die

Frage, wie viele Zuwanderer aufgenommen werden müssen, wird langsam durch die ersetzt, ob der Bedarf des Arbeitsmarkts gedeckt werden kann bzw. ob es möglich sein wird, die Arbeitsmigranten anzuziehen, die gebraucht werden. Neben den Kosten und Risiken rücken allmählich auch die Chancen und Vorteile der Zuwanderung ins Blickfeld, denn langfristige Prognosen der japanischen Bevölkerungsentwicklung nehmen sich dramatisch aus. Bis Mitte des Jahrhunderts wird mit einem Rückgang von derzeit 127 Millionen auf 109 Millionen gerechnet. Die niedrigste Projektion sieht den Tiefpunkt der 2005 begonnenen Entvölkerung 2100 mit 64 Millionen erreicht. Solche Prognosen sind mit vielen Unwägbarkeiten behaftet, aber bei allen Differenzen im Detail sind sich die Demographen einig, dass in Japan eine lang anhaltende Phase des Bevölkerungsrückgangs begonnen hat. Es ist zu erwarten, dass das zu vermehrter Arbeitsmigration führt, da die Erwerbsbevölkerung schneller schrumpft als die Gesamtbevölkerung. In bestimmten Berufszweigen, insbesondere im Pflegebereich, hat der japanische Staat die Zuwanderungsbeschränkungen bereits gelockert. Im November 2004 wurde mit den Philippinen ein wirtschaftliches Partnerschaftsabkommen geschlossen, das u. a. philippinischen Staatsangehörigen erlaubt, für drei bis vier Jahre als Pfleger/Pflegerin in Japan zu arbeiten. Nicht zufällig hat Japan die Tür zum Arbeitsmarkt in diesem Bereich ein Stück weit geöffnet, denn hier ist der Arbeitskräftemangel bereits akut. Nach einer Berechnung wird der Bedarf an Pflegepersonal mit dem Faktor 1,4 wachsen und von 34 000 im Jahr 2005 auf 470 000 zwanzig Jahre später zunehmen. Mit 120 000 nicht besetzten Teilzeitstellen wird gerechnet.[11] Aus den Bevölkerungsgruppen der gesunden Rentner und Hausfrauen allein werden die erforderlichen Arbeitskräfte nicht rekrutiert werden können; man wird sie auch im Ausland suchen müssen. Das Wirtschaftsabkommen mit den Philippinen und ein ähnliches Abkommen mit Thailand sind nicht mehr als ein Notbehelf für ein Problem, das nach einer umfassenden Lösung verlangt. Unter dem Druck der Entvölkerung und der fortschreitenden Globalisierung der Märkte wird Zuwanderung unvermeidlich zu einer Variablen des Wandels der alternden japanischen Gesellschaft.

Vor dem Hintergrund der sinkenden Geburtenrate wandte sich die japanische Industrie- und Handelskammer im September 2003 mit spezifischen Empfehlungen an die Öffentlichkeit.

Gegenwärtig können Ausländer ins Land kommen, um in 14 ausgewiesenen Berufen und technischen Bereichen zu arbeiten. Auf der Grundlage ihrer Konjunkturförderungspolitik und der Internationalisierung unterstützt die Regierung die Aufnahme von Ausländern ohne zahlenmäßige Beschränkung. Dennoch arbeiten in diesen Bereichen, ausgenommen die Unterhaltungsindustrie, nicht mehr als 100 000 Ausländer. Im Hinblick auf die Anwerbung qualifizierter Arbeitnehmer aus dem Ausland hinkt Japan hinter Europa und Amerika her.
Um in dieser wettbewerbsorientierten Zeit zu bestehen, müssen wir an der Ausbildung unserer Humanressourcen arbeiten. Gleichzeitig aber ist es unabdingbar, dass wir im Hinblick auf den Import hoch qualifizierter Arbeitskräfte fundamental umdenken. Für Produkte und Dienstleistungen, die hohe Wertschöpfungsraten beinhalten, müssen selbst kleine und mittlere Firmen daran denken, qualifizierte ausländische Arbeitnehmer einzusetzen. Zu diesem Zweck ist es notwendig, aktiv für die Aufnahme ausländischer Arbeitnehmer mit speziellen Fachkenntnissen zu werben, Qualifikationsprüfungen gegenseitig anzuerkennen, die Einreisebestimmungen zu lockern und das Sozial- und Krankenversicherungssystem anzupassen. Außerdem müssen wir die Unterstützung ausländischer Studenten und die Lebensbedingungen ausländischer Arbeitnehmer verbessern.[12]

Ähnlich fordert *Keidanren*, die Vereinigung der Wirtschaftsverbände, für Japans Zukunft «lebhafte Vielfalt» in einer Gesellschaft, die mehr Auswahlmöglichkeiten bietet:

Es sind nicht nur Japaner, die unserer Gesellschaft diese Möglichkeiten schaffen werden. Nichtjapaner, die in dieses Land kommen, um hier zu leben, bringen andere Ansichten und Fähigkeiten mit. Japan muss ein Milieu schaffen, in dem sich Ausländer aktiv am wirtschaftlichen und gesellschaftlichen Leben beteiligen können. Auf der individuellen Ebene verlangt das mehr Toleranz für Vielfalt, und auf der Ebene des Staates müssen die Türen weiter geöffnet werden, um Menschen aus aller Welt Gelegenheit zu geben, ihre Fähigkeiten in diesem Land unter Beweis zu stellen (*Nippon Keidanren* 2003: 7).

Der Wirtschaftsverband betont sowohl das Potenzial der Zuwanderung für die Anregung und Bereicherung der japanischen Gesellschaft als auch die Notwendigkeit, die Aufnahmebereitschaft für Ausländer zu erhöhen. In einer Gesellschaft, in der bislang fraglos vorausgesetzt wurde, dass Zuwanderer sich nicht nur anpassen, sondern auch die damit verbundenen Kosten tragen müssen, ist das ein durchaus bemerkenswerter Perspektivwechsel. Obwohl das hohe Lohnniveau und die geordnete und sichere Gesellschaft allgemein geschätzt werden, gilt Japan nicht als ein Land, in dem Ausländer es leicht haben (Komai 1999). Trotz aller Beteuerungen bezüglich der aktiven Förderung der «Internationalisierung» des Landes sind bisher keine großen Anstrengungen unternommen worden, das zu ändern. Dabei handelt es sich um ein Problem von einiger Dringlichkeit, da Japan bislang nicht in der Lage war, die Arbeitsmigranten anzuziehen, die es braucht. 1999 empfahl der japanische Wirtschaftsrat der Regierung, «Maßnahmen für die Zuwanderung ausländischer Arbeitskräfte in technische Bereiche zu prüfen und zu fördern»,[13] um von einem erweiterten Arbeitskräfteangebot zu profitieren. Die Regierung verkündete daraufhin einen Plan zur Anwerbung von 30 000 IT-Ingenieuren (Kajimoto 2001), aber diese Zahl wurde nie erreicht.

Der auf Arbeitnehmerfragen spezialisierte Wirtschaftswissenschaftler Atsushi Seike (2005) wirft der Regierung deshalb vor, der Frage, warum es nicht gelungen ist, in großer Zahl Spezialisten aus dem Ausland anzuwerben, nicht genug Beachtung geschenkt zu haben. Seiner Ansicht nach ist das ein ernsthaftes Problem, weil der wachsende Bedarf an hoch qualifizierten Ingenieuren und anderen Fachkräften in innovativen Branchen wegen der demographisch bedingt rückläufigen Studentenzahlen schon bald nicht mehr gedeckt werden kann.

Ungelernte ausländische Arbeitskräfte

Die andere wichtige Frage der gegenwärtigen Zuwanderungspolitik ist, ob es möglich und sinnvoll ist, den Arbeitsmarkt für ungelernte ausländische Arbeitskräfte dauerhaft zu verschließen. Nach den geltenden Bestimmungen wird solchen Arbeitskräften die Einreise nur als Praktikanten für begrenzte Zeit erlaubt oder wenn sie, wie oben erwähnt, japanischer Abstammung sind. Faktisch haben jedoch viele Ausländer durch Umgehung der Bestimmungen auf Baustellen und in anderen manuellen Tätigkeiten im ganzen Land Beschäftigung gefunden. Als Folge davon sieht sich Japan mit Problemen konfrontiert, wie sie in Europa und Nordamerika lange bekannt sind, wenn auch in viel kleinerem Umfang. Um sie zu bewältigen, muss eine konsequente Zuwanderungspolitik entwickelt werden, die den demographischen Wandel, den Arbeitskräftebedarf und die fortschreitende wirtschaftliche Integration der Region in Rechnung stellt.

Probleme

Die beiden Grundfragen einer solchen Politik sind erstens, ob Zuwanderung ein geeignetes Instrument ist, um auf den Bedarf des Arbeitsmarkts zu reagieren, und zweitens, ob das demographische Ungleichgewicht durch Zuwanderung korrigiert werden kann. Beides ist umstritten. Die Furcht vor nicht kontrollierbaren langfristigen Folgen massiver Zuwanderung ist eines der Leitmotive der Debatte. Um die Erwerbsbevölkerung im ersten Jahrzehnt dieses Jahrhunderts konstant zu halten, wäre, wie eine Modellrechnung zeigt (Miyoshi 1999), Zuwanderung in einer Größenordnung erforderlich, die mit der oben zitierten UN-Studie vergleichbar ist. Selbst wenn Massenzuwanderung in diesem Umfang möglich wäre, würden die positiven Auswirkungen auf Wirtschaftswachstum und Abhängigkeitsquotient nach einigen Jahrzehnten rasch schwinden, wenn die Zuwanderer selbst das Ruhestandsalter erreichen. Japan sollte deshalb, schlussfolgert Miyoshi (2000: 84 f.), dem Druck von innen – seitens der Industrie – und von außen – seitens ungelernter Arbeitsmigranten – standhalten. Er spricht für viele in Japan, die dagegen sind, den Arbeitsmarkt für ungelernte Zuwanderer zu öffnen, um den durch die Bevölkerungsalterung bedingten Engpässen zu begegnen. Das Hauptargument ist, dass die Gesellschaft auf die Möglichkeit weitreichender kultureller und gesellschaftlicher Veränderungen durch massenhafte Zuwanderung nicht vorbereitet ist. Andere Wege sollten deshalb beschritten werden, um den Rückgang der Erwerbsbevölkerung aufzuhalten: Heraufsetzung des Renteneinstiegsalters, Steigerung der weiblichen Erwerbsbeteiligung und Produktivitätssteigerung durch den vermehrten Einsatz von Robotern.

Abgesehen von der Frage, ob Zuwanderung unter dem Gesichtspunkt der gesellschaftlichen Harmonie wünschenswert ist, stellt sich davon prinzipiell unabhängig die Frage, ob man mit einer gezielten Zuwanderungspolitik die Bevölkerungsstruktur überhaupt auf die gewünschte Weise beeinflussen kann. Inoguchi (2001: 88 f.) hat gezeigt, dass die Zuwanderungssteuerung mit dem Ziel der Verbesserung des Abhängigkeitsquotienten ein unrealistisches Ziel ist. Denn in einer Zeit, in der Altersdiskriminierung ein Thema der öffentlichen Diskussion ist, wird es schwierig, wenn nicht unmöglich sein, die Zuwanderung nach Alter zu kontingentieren. Hinzu kommt, dass die massenhafte Zuwanderung ungelernter Arbeiter die Spaltung des Arbeitsmarkts verstärken würde. Es entstünde eine Klassengesellschaft, in der Ausländer unangenehme und minderwertige Arbeiten machen, in der es also ein zusätzliches Kriterium der Differenzierung gäbe. Obwohl Inoguchi (2001: 192) die Bedeutung einer Zuwanderungspolitik für die langfristige Bewältigung der mit Alterung und Bevölkerungsrückgang verbundenen Probleme hervorhebt, spricht er sich dagegen aus, die Einwanderungsbeschränkungen für ungelernte Arbeiter zu lockern. Dafür nennt er drei Gründe: 1. Bei schlechter Konjunktur werden ungelernte ausländische Arbeitnehmer als Erste entlassen. 2. Ausbildung und Beförderung am Arbeitsplatz sind schwierig. 3. Die Wahrscheinlichkeit, dass diese Arbeitnehmer zur untersten sozialen Schicht gehören werden, ist hoch (Inoguchi 2001: 197).

Als Alternative zu massenhafter Zuwanderung schlägt Inoguchi ein Modell der «Ausbildung und Zirkulation von Humanressourcen» vor. In Form bilateraler Abkommen mit asiatischen Entsendeländern würde dieses Modell auf dem Praktikantenprogramm aufbauen, mit dem Ungelernte jetzt ins Land kommen. Ungelernte Arbeiter aus diesen Ländern würden demnach für begrenzte Zeit nach Japan kommen, um zu arbeiten und sich technische Fähigkeiten anzueignen, und dann in ihre Heimatländer zurückkehren. Auszubildende dieser Art, die während ihres ersten Aufenthalts gute Zeugnisse bekommen, könnten damit die Berechtigung erwerben, zum Zwecke der Erwerbstätigkeit nach Japan zurückzukehren. Arbeitsmigration in den Zusammenhang von Ausbildung der Humanressourcen und internationaler Zusammenarbeit zu stellen und auf diese Weise einen Kreislauf von Arbeitskräften zum wechselseitigen Nutzen aller Beteiligten zu institutionalisieren, das ist der Grundgedanke von Inoguchis Vorschlag. Im Idealfall würde ein solches System Japans Arbeitskräftemangel lindern, die Humanressourcen der Entsendeländer verbessern und Japan die sozialen Kosten und soziokulturellen Konflikte ersparen, die massenhafte Zuwanderung in anderen Industrieländern verursacht hat.

Theoretisch ist das Modell der «Ausbildung und Zirkulation von Humanressourcen» vielversprechend, da es die Interessen der Entsendeländer in Rechnung stellt, denen japanische Politiker bisher wenig Beachtung geschenkt haben. Erfahrungen mit dem Praktikantensystem lassen es jedoch zweifelhaft erscheinen, dass in der Praxis aus diesem Modell etwas anderes werden kann als eine Fassade für den Import billiger Arbeitskräfte aus dem Ausland für begrenzte Zeit. Ersatzmigration ist für die Probleme des Bevölkerungsrückgangs in der alternden Gesellschaft keine Lösung, aber die Gesellschaftspolitik, die sich mit diesen Problemen beschäftigt, wird eine deutlicher konturierte Zuwanderungspolitik, als Japan sie gegenwärtig hat, als Bestandteil enthalten müssen. Eine solche Politik muss den Widerspruch beseitigen, dass ungelernten Arbeitskräften nach dem Einwanderungsgesetz die Einreise zum Zweck der Aufnahme einer Erwerbstätigkeit verwehrt ist, die Kräfte des Marktes aber eine stillschweigende Duldung solcher Arbeitskräfte forcieren, die dadurch in eine rechtliche Grauzone geraten. Eine zweckmäßige Zuwanderungspolitik setzt weiterhin voraus, dass sie von allen betroffenen Behörden getragen wird. Das Außenministerium arbeitet auf eine schrittweise Öffnung des Arbeitsmarktes hin, was z. B. in den wirtschaftlichen Partnerschaftsabkommen mit den Philippinen und Thailand zum Ausdruck kommt. Demgegenüber verfolgt das Justizministerium konsequent die bisherige Politik der Zuwanderungsbeschränkung auf hoch qualifizierte Spezialisten.

Der Bevölkerungsrückgang wird in Japan weithin als Bedrohung des Wohlstands betrachtet, weswegen sich die Regierung gezwun-

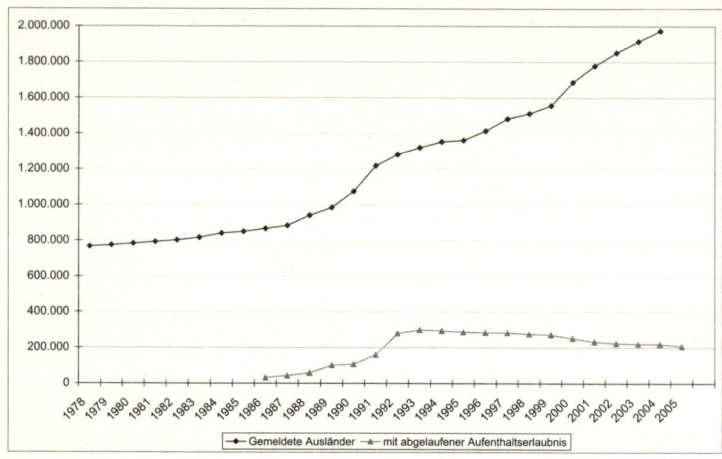

Abb. 11.2: Gemeldete Ausländer und solche mit abgelaufener Aufenthaltserlaubnis
Quelle: Justizministerium
(http://www.moj.go.jp/PRESS/050 617-1/050 617-1.html)
Personen mit abgelaufener Aufenthaltserlaubnis seit 1990 (http://www.moj.go.
jp/PRESS/050 328-1/050 328-1–1.html), Zahlen vor 1990: persönliche Mitteilung
Informationsabteilung, Justizministerium

gen fühlt, Gegenmaßnahmen zu entwerfen. Da sie aber nicht weiß,
ob es schwerer ist, die Geburtenrate zu steigern oder die Gesellschaft dazu zu bewegen, mehr Ausländer zu akzeptieren, hat sie der
Zuwanderungspolitik bisher keine hohe Priorität eingeräumt. Drei
Faktoren lassen jedoch erwarten, dass dieses Thema künftig mehr
Aufmerksamkeit beanspruchen wird: die wachsende Ausländer-
bevölkerung ohne gültige Aufenthaltsgenehmigung und/oder Arbeitserlaubnis, die Entwicklung von Fertilität und Mortalität und
der internationale Druck auf Japan, mehr Zuwanderer zu akzeptieren. Die wachsende Bevölkerung der süd- und ostasiatischen Entwicklungsländer werden neue Migrantenströme entstehen lassen,
deren Ziel auch Japan sein wird (Chiavacci 2005). Japan wird sich
ihnen nicht völlig verschließen können, sodass langfristig Zuwanderung zu einem weiteren Faktor des demographisch bedingten
gesellschaftlichen Wandels wird.

XII Bevölkerungsalterung und sozialer Wandel

Noch beunruhigender ist, dass die öffentliche Diskussion über soziale Ungleichheit ebendiesen Trend verstärken könnte. [...] Systemtheoretisch ausgedrückt, haben wir es mit einer Situation zu tun, in der das System im Hinblick auf die Polarisierung der Gesellschaft nur durch positive Rückkoppelung vorangetrieben wird. Negative Rückkoppelungseffekte herbeizuführen ist schwierig. Etwas einfacher ausgedrückt, wenn sich ein Trend verstärkt, werden die dagegenwirkenden Kräfte neutralisiert, wie beim Schneeballeffekt. [...] Dennoch ist es unplausibel anzunehmen, dass der Trend zunehmender sozialer Ungleichheit durch nichts aufzuhalten sei. Dass ein Trend unvermindert anhält, ist ungewöhnlich. Irgendwann ist der Punkt der Umkehr erreicht.
Tamaki Saitō[1]

In einem Land, wo ein Gesangswettbewerb zwischen männlichen und weiblichen Teams nach wie vor ein populäres Fernsehprogramm am Neujahrsabend ist, hat es Tradition, in Beziehungen ein Verhältnis zwischen oben und unten zu sehen, obwohl die Unterschiede zwischen Mann und Frau sich nicht an einem Standard von oben und unten, Gewinnern und Verlierern, Glück und Unglück messen lassen. Wenn wir uns nicht von dieser Denkweise trennen, lässt sich der Trend zur späten Ehe und weiter fallenden Geburtenraten nicht aufhalten.
Junko Sakai[2]

Durch soziale Alterung wird alles anders. Eine alte Gesellschaft ist nicht besser oder schlechter als eine junge, aber sie ist anders. Worin im Einzelnen die Unterschiede bestehen, ist nicht so offensichtlich, noch, was sie verursacht. Von früheren Zeiten unterscheidet sich das heutige Japan zweifellos ganz wesentlich durch seine gealterte Bevölkerung und die veränderte Bevölkerungsstruktur (Abb. 12.1). Die Bevölkerungsentwicklung resultiert aus sozioökonomischen Veränderungen, begleitet sie und wirkt auf sie zurück und ist somit gleichermaßen Ursache und Katalysator derselben.

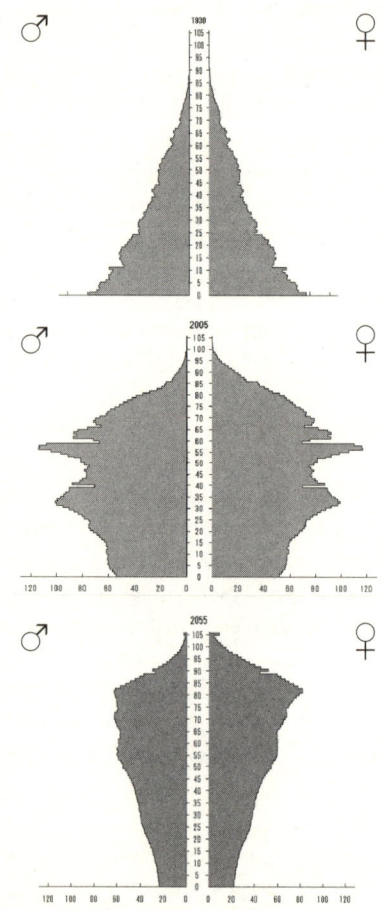

Abb. 12.1: Japans Bevölkerungspyramide 1930, 2005, 2055
Quelle: National Institute of Population and Social Security Research, 2006

Der Umbruch, der sich gegenwärtig in Japan vollzieht, lässt wenige Bereiche der japanischen Gesellschaft unberührt. Der Gesellschaftsvertrag wird neu ausgehandelt, die Grundregeln der Wirtschaft werden umgeschrieben, Geschlechterrollen verschieben sich, Umverteilungsmuster zwischen den Generationen werden angepasst, das ganze soziale Beziehungsgeflecht ist im Fluss. Weitere Veränderungen werden allgemein erwartet, aber der Zusammenhang zwischen demographischem Verhalten und sozialem Wandel ist vielschichtig. Am deutlichsten und bedrohlichsten zeichnet sich gegenwärtig die Redifferenzierung der Gesellschaft ab.

Gesellschaftliche Redifferenzierung und ihre Opfer

Als die staatliche Polizeibehörde im Mai 2006 die jährliche Selbstmordstatistik veröffentlichte und darauf hinwies, dass sich im Vorjahr zum achten Mal in Folge mehr als 30 000 Japaner das Leben genommen hatten, titelte die Tageszeitung *Mainichi* mit der pointierten Frage: «Folge der Differenzgesellschaft?»[3] Viele beobachten die Transformation der japanischen Gesellschaft mit Sorge und erkennen darin eine Bedrohung des gesellschaftlichen Zusammenhalts, ja des sozialen Friedens. Denn im Zuge, wenn auch nicht als alleinige Folge von Alterung und Bevölkerungsrückgang kommt es zu einer stärkeren Polarisierung der Gesellschaft. Egalitarismus, geringe Einkommensunterschiede, ein uniformer Lebensstil und die Vorstellung von Japan als einer einmaligen und einsamen Schicksalsgemeinschaft,[4] das waren die ideologischen Topoi, die Japans Entwicklung in der Zeit des hohen Wachstums bis Ende der Achtzigerjahre begleiteten. Sie haben ausgedient. An ihre Stelle ist die von einer Gesellschaft getreten, die individuelle Entfaltung und mehr Wahlmöglichkeiten bietet, aber auch unter größer werdenden Disparitäten leidet. Und sie leidet in der Tat. Der Neologismus *kakusashakai*, «Differenzgesellschaft», ist in aller Munde, fast ebenso wie *shōshika*, «Geburtenrückgang». Schon 2000 brachten die beiden einflussreichen Monatszeitschriften *Chūō Kōron* und *Bungei Shunjū* Sondernummern mit den Titeln «Der Zerfall der Mittelschicht» und «Die neue Klassengesellschaft» heraus.[5] Seither

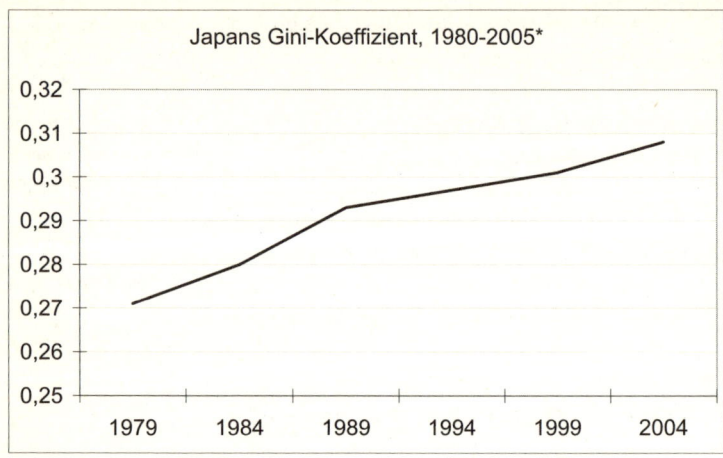

Abb. 12.2: Japans Gini-Koeffizient der Verteilungsungleichheit, 1980 bis 2005
Quelle: Statistisches Planungsamt der japanischen Regierung, http://www.stat.
go.jp/data/zensho/index.htm

hat das Problem im öffentlichen Diskurs einen festen Platz. «Überleben im Zeitalter großer Einkommensunterschiede» hieß eine Titelgeschichte von *Yomiuri Weekly* im Sommer 2005,[6] und im April 2006 fragte das Wochenblatt *Ekonomisuto* seine Leser auf der Titelseite: «Spüren Sie die Kluft?»[7] Sach- und Fachbücher zum Thema erzielten große Auflagen.[8]

Der Soziologe Toshiki Satō (2000: 26) führte den Begriff des «Verlierers» (*makeinu*, eigentlich «der unterlegene Hund») in die öffentliche Diskussion über die Veränderung der Gesellschaft ein, den er mit der verstärkten Betonung des Leistungsprinzips in Zusammenhang bringt. Da diese Umorientierung der Bewertungsmaßstäbe in der Schule und am Arbeitsplatz geschieht, während gleichzeitig der die Verteilungsungleichheit messende Gini-Koeffizient wächst,[9] ist sie seiner Meinung nach gleichbedeutend mit dem Übergang von einer egalitären, offenen Massengesellschaft zu einem abgeschlossenen, elitären System. Denn Anstrengung zu honorieren bedeutet, dass man vorankommen wird, wenn man sich nur genug Mühe gibt. Die Belohnung der Leistung (nach dem von einer Elite definierten Standard) impliziert demgegenüber für immer mehr Menschen, insbesondere *freeter,* dass sie den Aufstieg auch bei größter Mühe nicht schaffen werden (Satō 2000: 13). Die tatsächlichen Veränderungen von Bewertung und Entlohnung sind gradueller Natur, wahrgenommen werden sie aber als dramatisch. Der Familiensoziologe Masahiro Yamada (2004 c) diagnostiziert eine «Gesellschaft der Erwartungsunterschiede». Ein ausgeprägter Mangel an Selbstvertrauen, Zukunftsperspektive, Wünschen und Ehrgeiz kennzeichnet große Teile der jungen Generation, die in einer saturierten, aber seit den Neunzigerjahren von Stagnation und Verfall bedrohten Gesellschaft aufgewachsen ist.

74 Prozent der Japaner sind überzeugt, dass sich die Einkommensschere weiter öffnen wird.[10] Wachsende Disparitäten sind nicht zu übersehen. Die japanische Regierung muss eine Antwort auf die Frage finden, wie die Bevölkerung dazu gebracht werden kann, diese Disparitäten zu akzeptieren. Gleichzeitig muss vermieden werden, dass eine neue Klassengesellschaft entsteht, in der sich die Polarisierung von Arm und Reich nicht nur intensiviert, sondern so verfestigt, dass die Wahrscheinlichkeit der Reproduktion von Gewinnern und Verlierern der Gesellschaft zunimmt, wie es manche Kritiker der Regierung befürchten (z. B. Saitō und Hayashi 2006).

Wohlstandsunterschiede treten nicht nur zwischen sich neu formierenden sozialen Schichten zutage, sondern auch zwischen verschiedenen Regionen – schnelllebige urbane Ballungsräume auf der einen Seite und altmodische ländliche Gebiete auf der anderen (Yazawa 1999, Yoshida 2006). Der Zusammenhang zwischen sozialen Disparitäten und Bevölkerungsalterung wird hier besonders deutlich. Denn die Alterung schreitet in abgelegenen ländlichen Gebieten schneller voran, wodurch die Steuereinnahmen von Kreisen und Gemeinden zum Teil drastisch zurückgehen. In der Vergangenheit wurden regionale Disparitäten durch die Regionalpolitik der Regierung in Grenzen gehalten (Elis 2005), was wegen des großen Haushaltsdefizits jedoch immer schwieriger geworden ist. Gleichzeitig sind die abgelegenen Abwanderungsgebiete durch die Alterung immer abhängiger von Zuwendungen der Zentralregierung geworden. Es ist deshalb nicht überraschend, dass die Regierung auf eine Politik der Dezentralisierung umgeschwenkt ist. Manche Beobachter erwarten sich davon eine Vergrößerung der regionalen Disparitäten (‹Nihon no ronten› henshūbu 2005: 30 f.).

Um das Land aus der seit Anfang der 1990er-Jahre andauernden Konjunkturflaute herauszuführen, hat die Regierung Wirtschaftsreformen unter dem Vorzeichen der Deregulierung betrieben und sich auf den Standpunkt gestellt, dass daraus resultierende Einkommensunterschiede nicht nur unvermeidlich, sondern auch akzeptabel seien. Der Wirtschaftswissenschaftler Heizo Takenaka, der in der Regierung Koizumi (2001–2006) die wichtigsten mit Reformen betrauten Ressorts leitete, verkörpert diese Haltung wie kein anderer:

> Ob wir wirtschaftliche Disparitäten akzeptieren oder nicht, ist nicht die Frage. Tatsächlich haben wir gar keine Wahl. Wenn es darum geht, entweder alle gemeinsam arm zu werden oder darauf hinzuarbeiten, dass die Fähigen den Standard wenigstens etwas anheben, kann der Weg nach vorn nur Letzterer sein.[11]

Bezeichnend an Takenakas Feststellung ist die scheinbare Unausweichlichkeit zunehmender Verteilungsungleichheit. Die Alternative, wie er sie darstellt, ist «gleich und arm» oder «stärker geschichtet und reich». In Japan ist man sich der Veränderungen, die sich gegenwärtig vollziehen, sehr bewusst, denn viele Menschen erfahren die Diversifikation der Beschäftigungsverhältnisse, die disparater werdenden Bildungschancen und die Schwierigkeit der Familiengründung am eigenen Leibe. Die Redifferenzierung der Gesellschaft kann niemand übersehen, aber über die Ursachen besteht selbst unter Fachleuten keine Einigkeit. Die einen betrachten die Globalisierung als entscheidenden Faktor, die anderen die demographische Entwicklung. Japan könne sich nicht gegen die von globalen Winden getriebene neoliberalistische Flut der Deregulierung abschotten, argumentieren Erstere. Die überalterte Gesellschaft könne sich die Mischung aus Egalitarismus und Entlohnung nach Seniorität nicht mehr leisten, betonen Letztere. Da die zeitliche Koinzidenz von Globalisierung und Alterung im Falle Japans ein Faktum ist, ergänzen sich diese beiden Sichtweisen mehr, als dass sie einander widersprechen. Auf der politischen Ebene stellt sich der Zusammenhang so dar, dass die Regierung die mit der Alterung einhergehenden Probleme instrumentalisiert, um neoliberale Reformen durchzusetzen, die sie für unerlässlich hält, um Japans Wettbewerbsfähigkeit in der Welt zu erhalten.

Dass zunehmende Einkommensunterschiede und ein stärkeres soziales Gefälle eine Folge der Bevölkerungsalterung sind, hat zuerst der Wirtschaftswissenschaftler Fumio Ohtake erklärt (Ohtake 1999; ōtake 2005, 2006). Eine Ursache wachsender Ungleichheit ist ihm zufolge, dass Einkommensunterschiede mit dem Alter größer werden und der Anteil der Älteren am Gesamtarbeitskräftepotenzial zugenommen hat. Somit sei die Bevölkerungsentwicklung, nicht die soziale Restrukturierung die Ursache der zunehmenden Verteilungsungleichheit. Auch in jüngeren Alterskohorten sind Einkommensunterschiede jedoch größer geworden. Die starke Zunahme nichtregulärer Beschäftigungsverhältnisse beim Einstieg ins Berufsleben hat diese Tendenz verstärkt. Mit Veränderungen des Entlohnungssystems besteht insofern ein Zusammenhang, als viele Arbeitgeber die Leistungslohnbestandteile vergrößern, weil ein auf Seniorität beruhendes Entlohnungssystem wegen der Alterung der Belegschaft immer teurer wird.

Der Regierung kommt die Sichtweise, dass größere Disparitäten eine Folge der Alterung und daher kein Grund zur Sorge seien, entgegen. Ihre Kritiker aber halten dagegen, dass sich mit wachsenden Armutsraten und größerer Verteilungsungleichheit auch die Chancenungleichheit künftiger Generationen vergrößern wird (Tachibanaki 2006). Der Wirtschaftskritiker Katsuto Uchihashi (2005: 37) zitiert eine Umfrage, nach der sich 83 Prozent der Befragten Sorgen über ihr eigenes Altwerden machen, und fragt, weshalb die Menschen so wenig zuversichtlich sind. Seine düstere Antwort ist, dass sich anstelle der «Mittelschichtgesellschaft», in der alle einen Platz hatten, gegenwärtig eine «Differenzgesellschaft» mit wachsenden sozialen Unterschieden formiert, in der die Schwachen an den Rand gedrängt werden. Die Diskussion über das steiler werdende soziale Gefälle wird heute vor dem Hintergrund der sich beschleunigenden Bevölkerungsalterung und des Globalisierungsdrucks auf die Wirtschaft geführt. Die Vergrößerung des Abstands zwischen wohlhabend und bedürftig, Dot.com-Aufsteigern und zurückgebliebenen Absteigern, gut ausgebildeten und ungelernten Arbeitern birgt das

Risiko, dass sowohl Reichtum als auch Chancen schließlich so ungleich verteilt sein werden, dass dadurch die gesellschaftliche Stabilität bedroht wird. Wenn es aber gelingt, soziale Härten und Ungerechtigkeiten in Grenzen zu halten, könnte sich die «Differenz» als unverzichtbarer Katalysator des Transformationsprozesses erweisen. Unterdessen werden diverse Anstrengungen unternommen, diesen Prozess zu beeinflussen. Erschwert wird das dadurch, dass Bevölkerungsprognosen immer noch schwierig sind.

Problematische Prognosen

Aus demographischen Entwicklungen Lehren über gesellschaftlichen Wandel zu ziehen ist deshalb nicht einfach. Die wichtigsten demographischen Zahlen und Trends sind bekannt. Die Gesamtbevölkerung und die Erwerbsbevölkerung werden bis mindestens Mitte des Jahrhunderts schrumpfen. Das negative Bevölkerungswachstum geht mit einer massiven Veränderung der Altersstruktur einher. Dennoch ist es schwierig, sich ein Bild von der japanischen Gesellschaft zu machen, wenn sie ein Medianalter von 50 Jahren erreicht hat und wie sie dann mit der fortschreitenden Alterung umgehen wird. Relativ kurzfristige Prognosen haben sich oft als wenig zuverlässig erwiesen. So schrieben etwa Yoshikawa, Bhattacharya, Vogt (1996: 235) auf der Grundlage der verfügbaren Bevölkerungsstatistiken, falls die Geburtenrate weiter unter 2,0 Prozent bliebe, werde die Bevölkerung 2015 anfangen zu schrumpfen. Die Prognose trat ein ganzes Jahrzehnt früher ein. Innerhalb eines noch kürzeren Zeitrahmens wurden das Forschungsinstitut für Bevölkerung und soziale Sicherheit und mit ihm alle japanischen Behörden davon überrascht, dass der für 2007 prognostizierte Bevölkerungsrückgang bereits 2005 einsetzte.[12] Demographische Prognosen, in Japan ebenso wie andernorts, haben Babybooms in aller Regel nicht antizipiert, da Demographen nicht wissen, warum es zu Babybooms kommt und warum sie wieder aufhören. Soziologen und Wirtschaftswissenschaftler können ihnen dabei nicht viel weiterhelfen. Bevölkerungsschocks, wie sie etwa durch Krieg, Naturkatastrophen oder Hunger verursacht werden, entziehen sich ihrer Natur nach einer Voraussage.

Außerdem ist es keineswegs ausgemacht, dass die Beobachtung der Bevölkerungsdynamik überhaupt Schlussfolgerungen über gesellschaftlichen Wandel erlaubt. Für die weitaus längste Zeit der Menschheitsgeschichte, als Land die wichtigste Quelle des Reichtums war, gilt das Malthusische Bevölkerungsmodell. In Zeiten der Knappheit geht die Bevölkerung eines Gebiets zurück, in solchen des Überflusses wächst sie. Hungersnöte, Epidemien und Kriege bremsen das Bevölkerungswachstum und sorgen so für die Erhaltung oder Wiederherstellung eines adäquaten Subsistenzniveaus. In Industriegesellschaften scheint dieser selbstregulierende Mechanismus nicht zu funktionieren. In einigen Ländern, zu denen Japan gehört, verhält sich die Entwicklung des Pro-Kopf-Einkommens schon seit Jahrzehnten umgekehrt proportional zum Bevölkerungswachstum: je größer der Reichtum, desto weniger Kinder. Die Malthusische Doktrin wird dadurch auf den Kopf gestellt. Trotz beispiellosen Wohlstands kommt es zur Entvölkerung. Die Geschichte bietet für die Erklärung dieses Phänomens keine Anhaltspunkte. Was die japanische Bevölkerungsalterung jedoch bestätigt, ist die widersprüchliche Einsicht, dass der Mensch seine Zukunft gestaltet, ohne die Konsequenzen zu überblicken. Dass immer mehr Menschen ein immer längeres und gesünderes Leben führen können, ist die Errungenschaft eines höchst erfolgreichen Gesellschaftssystems, die jedoch unvorhergesehene Probleme nach sich zieht.

Wenn die japanische Bevölkerung oder die irgendeines Landes ein System darstellt, muss es möglich sein, die Kräfte zu identifizieren, die für Beständigkeit sorgen und Veränderung bewirken. Im weitesten Sinne ist mit vier Faktorenkomplexen zu rechnen: Produktionsweise, Technologie, Staat und Ideologie. Dass diese vier Faktorenbündel in entwickelten Industriegesellschaften zusammenwirken, um ein demographisches Gleichgewicht zu bewirken, wie Verfechter einer homöostatischen Bevölkerungstheorie vermuten, lässt sich bisher nicht nachweisen. Japans schneller Übergang von einer jungen in eine überalterte Gesellschaft nährt Zweifel daran. Nichts deutet gegenwärtig darauf hin, dass der Geburtenrückgang aufgehalten und die Fertilität wieder zum Bestandserhaltungsniveau zurückkehren wird. Aber ist der Beobachtungszeitraum lang genug, um die Möglichkeit einer systemerhaltenden Rückkoppelung auszuschließen? Auf diese Frage gibt es bisher keine Antwort. Ob die Bevölkerungen von Industriegesellschaften homöostatische Eigenschaften haben, ist eine offene Frage, und das Gleiche gilt für die Behauptung, dass eine Geburtenrate, die die Bestandserhaltung garantiert, «natürlich» sei. Vielmehr sind die natürlichen Aspekte des demographischen Verhaltens zunehmend Gegenstand künstlicher Intervention, freilich ohne dadurch die Bevölkerungsentwicklung genauer voraussagbar zu machen. Auch abgesehen von den Möglichkeiten ihrer künstlichen Beeinflussung erscheint der Strukturwandel der japanischen Bevölkerung, dessen Zeugen wir gegenwärtig sind, weniger wie eine vorübergehende Störung des Gleichgewichts als wie eine Veränderung der Grundlagen des Systems.

Aus diesen Gründen lässt sich der demographische Einfluss auf die Entwicklung der Gesellschaft schwer bestimmen. Die Faktoren, die mit dem demographischen Verhalten auf komplexe Weise zusammenwirken, sind vielfältig. Eine Minimalliste dieser Faktoren beinhaltet:

- das sozioökonomische System;
  - Konjunkturzyklen;
  - die Erwerbsquote;
  - Organisation der Arbeit;
  - Verteilung des Reichtums;
- den Wohlfahrtsstaat;
- Rollen- und Arbeitsteilung der Geschlechter;
- Schul- und Ausbildungssystem;
- Lebensstil und Konsumverhalten;
- Intergenerationentransfer und Wohnverhältnisse;
- Technologie;
- Werte, Präferenzen, Trends.

Aufgrund der daraus resultierenden Komplexität ist es müßig, nach einer umfassenden Theorie zu suchen, die eine kausale Erklärung des Zusammenhangs von sozialem Wandel und Bevölkerungsalte-

Tab. 12.1: Geschwindigkeit der Alterung in Industrieländern

Land	Anzahl der Jahre, in denen der angegebene Bevölkerungsanteil über 65 erreicht wurde			
	7%	10%	14%	Dauer des Übergangs von 7% zu 14% in Jahren
Frankreich	1864	1943	1979	115
Schweden	1887	1948	1972	85
USA	1942	1972	2014	72
Schweiz	1931	1960	1982	51
Großbritannien	1929	1946	1976	47
BRD	1932	1942	1972	40
Japan	**1970**	**1985**	**1994**	**24**

Quelle: nach Kono (2003:17)

rung bietet. Ein vielschichtiger, mehrdimensionaler Ansatz ist unerlässlich.

Japans demographischer Übergang von hohen Geburten und Sterberaten zu niedrigen Geburten- und Sterberaten geschah schneller als in anderen Industrieländern,[13] und das ist nicht die einzige Besonderheit Japans. Verglichen mit Europa setzten Modernisierung und Industrialisierung in Japan spät ein und vollzogen sich schneller. Japans sozioökonomisches System unterschied sich deshalb auf vielfältige Weise von anderen Industrieländern, als der Übergang einsetzte. Obwohl auf Japan die gleichen Kräfte einwirken wie auf andere Länder, führt das deshalb nicht unbedingt zu einer Vereinheitlichung der Systeme. Dennoch sind gewisse Gemeinsamkeiten mit anderen Industrieländern nicht zu übersehen. Geburtenrückgang und Bevölkerungsalterung werden zumindest teilweise durch allgemeine Entwicklungen verursacht. Japanische Wissenschaftler heben den Umstand, dass Entvölkerung ein weltweiter Trend in reichen Ländern ist, sehr stark hervor. Weit davon entfernt, die Entwicklung als eine eigentümlich japanische Problematik darzustellen, scheinen sie Trost darin zu suchen, dass Japan das Schicksal mit anderen Ländern, insbesondere in Europa, teilt.[14] Von einem «japanischen System» oder einem japanischen Sonderweg ist auch in der vehementen öffentlichen Diskussion über das Thema nichts zu vernehmen. Denn überall in der industrialisierten Welt haben verbesserte Hygiene und medizinische Versorgung die Kindersterblichkeit gesenkt und Eltern dazu veranlasst, weniger Kinder in die Welt zu setzen, was die Hauptursache der Bevölkerungsalterung ist. Verstärkt wurde diese Tendenz durch die Urbanisierung der Gesellschaft, denn dadurch wurden weniger Kinder für die Arbeit auf dem Feld erforderlich. Mehr erwerbstätige Frauen, spätere Eheschließung, höhere Scheidungsraten, Familienplanung und immer mehr Menschen, die überhaupt nicht heiraten, sind Begleiterscheinungen des Stadtlebens, die zur Senkung der Geburtenrate beitragen. Mittlerweile sind extrem niedrige Geburtenraten zu einem Strukturmerkmal der Bevölkerungen entwickelter Industriestaaten geworden (Kōno 2006). Am oberen Ende der Bevölkerungspyramide sind komplementäre Trends zu verzeichnen, insbesondere höhere Überlebensraten dank besserer medizinischer Versorgung und höhere Scheidungsraten bedingt durch die isolierenden Tendenzen des Lebens in der Stadt im Vergleich zum Land und die gestiegene Lebenserwartung. Trotz dieser bekannten Entwicklungstendenzen ist unser Verständnis der Bevölkerungsalterung nur fragmentarisch. Voraussagen über künftige demographische Entwicklungen und ihre gesellschaftlichen Folgen werden vor allem durch zwei Faktoren erschwert, erstens die Bevölkerungsalterung selbst und zweitens den freien Willen.

Auswirkungen der Alterung

Durch die Alterung ändert sich die Bedeutung des Alters selbst. Denn nicht nur der Anteil der Alten an der Gesamtbevölkerung nimmt zu, sondern auch der der gesunden Alten, die bereit und dazu in der Lage sind zu arbeiten. Die Erwerbsquote der über 65-Jährigen betrug 2002 31,1 Prozent für Männer und 13,2 Prozent für Frauen, deutlich mehr als in anderen Industrieländern (Tabelle 12.2).

Tab. 12.2: Erwerbsquote der Bevölkerung über 64 im internationalen Vergleich

	Anteil der Älteren über 64							Erwerbsquote %		
	1980	1990	1995	2000	2010	2025	2050	Männer	Frauen	
Japan	**9.0**	**12.0**	**14.6**	**17.2**	**22.4**	**29.2**	**36.5**	**31.1**	**13.2**	**(2002)**
USA	11.2	12.2	12.3	12.3	12.8	17.8	20.0	17.8	9.9	(2002)
Frankreich	14.0	14.0	15.1	16.0	16.5	22.0	26.4	3.3	2.5	(2002)
Deutschland	15.6	15.0	15.5	16.3	20.2	23.8	28.0	4.5	1.7	(2001)
Italien	13.1	15.3	16.6	18.1	20.6	25.5	34.4	6.1	1.6	(2001)
Großbritannien	15.1	15.9	16.0	15.9	16.4	19.6	23.3	7.8	9.3	(2002)

Quelle: mach Zahlen von *The Japan Institute for Labour Policy and Training* (2006)
http://www.jil.go.jp/english/estatis/databook/documents/2–3.xls

In Zukunft werden noch mehr Angehörige dieser Alterskohorte arbeiten, ein sehr wichtiger Umstand, der allein aus der Zahl der Menschen einer bestimmten Altersgruppe, etwa über 60 oder 65, nicht hervorgeht. «Alt» ist kontingent. In einer Gesellschaft mit einem Medianalter von 45 liegt die Schwelle zum Alter zwangsläufig höher als in einer solchen mit einem Medianalter von 30. Japaner und Japanerinnen, die heute 65 sind, können erwarten, noch 16 bzw. 20 Jahre zu leben. 55,2 Prozent der Männer und 76,8 Prozent der Frauen erreichen ein Alter von 80 Jahren. In einer solchen Gesellschaft sind mit dem Lebensalter 65 andere Erwartungen und Möglichkeiten verbunden, als wenn die Lebenserwartung beim Eintritt ins Rentenalter nur halb so lang ist. Dieser Anstieg der Lebenserwartung der alten Bevölkerung wurde erst in jüngster Zeit erreicht. Zwischen 1970 und 2000 hat sich die Lebenserwartung beim Eintritt ins Rentenalter im Durchschnitt für beide Geschlechter zusammen um ein Drittel erhöht, während der Zugewinn der Lebenserwartung insgesamt nicht einmal zehn Prozent betrug. 1935 erlebte nur einer von drei Japanern das Ende seines Arbeitslebens im Alter von 65. Seither ist die Überlebensrate auf 88 Prozent (Männer 85,7, Frauen 93,0) gestiegen. Um die Folgen dieser Entwicklung für Arbeit, Familie und Sozialbeiträge bzw. -leistungen abzusehen, kann sich niemand auf Erfahrungswerte stützen. Motanis (2005: 96) Bemerkung, die japanische Gesellschaft sei auf den wachsenden Bevölkerungsteil der über 70-Jährigen nicht vorbereitet, ist weniger ein Vorwurf als eine Feststellung, die sich auf eine unausweichliche Folge der raschen Bevölkerungsdynamik seit dem kurzlebigen Babyboom direkt nach dem Zweiten Weltkrieg, 1946–1949, bezieht. Die Alterung der Bevölkerung schreitet weiter in wachsendem Tempo voran, weswegen Japan aller Voraussicht nach noch für Jahrzehnte die älteste Gesellschaft der Welt sein wird. Die heute bestehenden Erwartungen, Gewohnheiten und gesetzlichen Regelungen des intergenerationellen Transfers entstanden in einer Gesellschaft mit relativ wenigen Alten und einer kürzeren durchschnittlichen Lebenserwartung. Der aktuellen Bevölkerungsstruktur entsprechen diese Prämissen nicht mehr. Im Zuge der sozialen Alterung verändern sich Lebensläufe, Generationen und das Zeitbewusstsein. Wann ist es Zeit, in die Schule zu gehen, zu heiraten, Kinder zu bekommen, in den Ruhestand zu treten, eine Rente zu beziehen, zu sterben? Die normativen und faktischen Antworten auf diese Fragen verändern sich langsam, aber nicht unbedingt auf vorhersehbare Weise.

Der freie Wille

Der zweite Unsicherheitsfaktor von Voraussagen über die Bevölkerungsentwicklung ist der freie Wille. In einer modernen Gesellschaft wie Japan sind Kinder eine bewusste Entscheidung. Empfängnisverhütung, zeitlich genau geplante Empfängnis und Schwangerschaftsintervalle sowie Schwangerschaftsabbrüche aus verschiedenen Gründen sind so weit verbreitet, dass die ungeplante Familie als seltene Ausnahme gelten muss (Ogino 2005). Pränatale Diagnostik, Genanalyse und unterstützte Reproduktionstechnologie sind hier einstweilen wegen der Auswirkungen zu nennen, die sie potenziell, noch nicht aktuell auf die Bevölkerungsentwicklung haben.[15] Wie sie individuelle Entscheidungen der Familienplanung und des konventionellen Verständnisses von Familie und Elternschaft beeinflussen werden, ist noch weitgehend unklar. Einen gesellschaftlichen Konsens zu den damit verbundenen sozialen und ethischen

Fragen gibt es noch nicht. Am anderen Ende des Lebenslaufs ist der freiwillige Tod eine Option, die von einer wachsenden Zahl älterer Menschen wahrgenommen wird, durch Suizid oder passive Euthanasie und Ablehnung lebensverlängernder medizinischer Maßnahmen. So oder so ist ein «natürlicher Tod» heute weniger natürlich als noch vor ein oder zwei Generationen.[16] Die demographischen Auswirkungen der verschiedenen Formen des freiwilligen Todes sind nicht zuletzt wegen hoher Dunkelziffern unbekannt,[17] aber es kann kein Zweifel daran bestehen, dass der technische Fortschritt und die Idee der Selbstbestimmung dazu beitragen, die Möglichkeiten eines bewusst gestalteten Lebensverlaufs zu erweitern.

Entscheidungen

Der Begriff «demographisches Verhalten» gewinnt vor diesem Hintergrund eine neue, konkretere Bedeutung. Die zentrale Frage der Bevölkerungssoziologie ist, wie individuelle Entscheidungen sich zu sozialen Trends miteinander verbinden. Der freie Wille ist dabei ein zunehmend wichtiger Faktor. Denn mehr denn je zuvor ist das Leben heute eine Frage der bewussten Entscheidung. Entscheidungen werden auf der Grundlage der Optionen gefällt, die die Gesellschaft bereitstellt, wodurch sie dem Einzelnen gleichzeitig Entscheidungen abverlangt. Auswahl macht Entscheidungen unvermeidlich. Die Japaner leben heute deutlich länger als noch vor zwei Generationen; der technologische Fortschritt hat neue Möglichkeiten eröffnet; der Arbeitsmarkt ist differenzierter geworden. Aus all diesen Gründen müssen die Menschen mehr Entscheidungen treffen als ihre Eltern und Großeltern. Gewiss haben viele Japaner das Gefühl, dass ihre Möglichkeiten begrenzt sind. Dennoch ist der Lebensweg für immer weniger Menschen durch Tradition und Erbe vorgezeichnet, während immer mehr ihn durch eigene Entscheidungen gestalten können und müssen. Die Unausweichlichkeit von Entscheidungen widerspricht dem Gefühl vieler Japaner, dass ihr Leben von Faktoren bestimmt wird, die sie nicht beeinflussen können. Diese Widersprüchlichkeit ist einer der Gründe, weshalb demographische Prognosen so schwierig sind. Die Risiken, mit denen die Entscheidungen verbunden sind, die junge Japaner beim Eintritt ins Berufsleben treffen müssen, ohne alle Folgen abzusehen, gelten auch für sie. Sie stellt eine der Inkongruenzen dar, die zum Teil aus dem Prozess der sozialen Alterung resultieren und die ihrerseits gesellschaftliche Veränderungen vorantreiben.

Inkongruenzen

Die japanische Gegenwartsgesellschaft ist durch erhebliche Spannungen gekennzeichnet, die zum Teil eine Folge der Bevölkerungsentwicklung sind. Zu ihrer Erklärung kann der Begriff der Statusinkongruenz herangezogen werden, der seinen Ursprung in der Weber'schen Gesellschaftstheorie hat. «Statusinkongruenz» oder «Inkonsistenz» bezeichnet eine Situation, in der mit den sozialen Attributen einer Person sowohl positive als auch negative Bewertungen verbunden sind. Gesellschaften unterscheiden sich bezüglich des Vorkommens und der Akzeptanz von Statusinkongruenzen. Japan ist verschiedentlich als eine Gesellschaft mit einer gewissen Neigung zu Statusinkonsistenzen beschrieben worden (z. B. Eisenstadt 1995: 68 f.). So ergibt sich in traditionell organisierten japanischen Firmen eine Statusinkongruenz durch das Zusammentreffen von hierarchischer Struktur und geringen Einkommensunterschieden. In einer Gesellschaft, deren Mitglieder sich mehrheitlich der Mittelschicht zurechneten, die starke egalitäre Züge hatte und in der das Senioritätsprinzip normative Gültigkeit hatte, war diese Inkonsistenz weithin akzeptiert. Die Tatsache, dass die Möglichkeit der mehrheitlichen Selbsteinschätzung als Mittelschicht auf ungebremstem Wirtschaftswachstum und einer pyramidenförmigen Bevölkerungsstruktur beruhte, wurde dabei selten beachtet. Diese beiden Bedingungen sind jedoch nicht mehr erfüllt, und infolgedessen hat die Ideologie, eine Mittelschichtgesellschaft zu sein, ihre Überzeugungskraft in weiten Kreisen der Bevölkerung eingebüßt. Sie entspricht nicht mehr der allgemeinen Bewusstseinslage. Die Alterung hat Statusinkongruenzen verschärft und in verschiedenen Bereichen der Gesellschaft den Veränderungsdruck erhöht. Statushierarchien, soziale Netzwerke, Märkte, das Verhältnis der Geschlechter und die Struktur der Familie sind gleichermaßen betroffen.

Geachtet und misshandelt

Die Verabschiedung eines Gesetzes, das Senioren vor körperlichen Übergriffen, seelischer Grausamkeit und finanzieller Schädigung schützen soll, im April 2006 erregte viel Aufsehen, denn die Achtung des Alters ist ein Gebot des Konfuzianismus, das nie in Frage gestellt wurde. Wieso sollte es plötzlich seine Wirksamkeit eingebüßt haben? Ein Teil der Antwort auf diese Frage liegt in Statusinkongruenzen, die durch die Bevölkerungsdynamik verursacht sind. Als es relativ zur Gesamtbevölkerung nur wenige Alte gab, war es nicht schwierig, ihnen Respekt zu zollen und einen hohen sozialen Status zuzuweisen. Ihre Erfahrung und ihr Wissen waren ebenso nützlich wie ehrwürdig. «Alt» war nahezu gleichbedeutend mit «weise». In der ergrauenden Gesellschaft sind die Alten aber nicht mehr eine kleine, sondern eine stetig wachsende große Gruppe. Viele von ihnen haben den Gipfel der Lebenserfahrung überschritten und leiden unter verschiedenen Formen der Senilität, was sich unvermeidlich auf ihren Status in der Gesellschaft ausgewirkt hat. Sie werden in zunehmendem Maße als Last der Gesellschaft und der Familie gesehen. Diese in der Masse neue Erfahrung steht im Gegensatz zu dem hohen Status, den die Tradition für sie verlangt. Der Druck, Inkonsistenzen zu reduzieren, nimmt wegen der wachsenden Bevölkerungsgruppe der Hochbetagten zu. Bemerkbar macht sich das z. B. in der Sozialisierung der Altenpflege, die vielfach von der Familie nicht mehr geleistet werden kann, und durch das Gesetz zum Schutz gegen Altenmisshandlung. Dieses Gesetz ist ein Eingeständnis des Staates, dass sich der hergebrachte Status der Alten wandelt und als Garant ihrer legitimen Interessen nicht mehr ausreicht.

Statusinkongruenz macht sich auch in einem anderen Bereich des demographischen Verhaltens bemerkbar, der Partnerwahl. Die weibliche Erwerbsquote steigt seit Jahrzehnten, aber die Kriterien, nach denen Frauen ihre Ehepartner auswählen, haben sich kaum verändert. Sie vermeiden nach wie vor Männer, deren Status bezüglich Bildung, Beruf und Einkommen niedriger ist als ihr eigener bzw. der ihres Vaters. Das hat zur Folge, dass der Status des Mannes als Hauptverdiener unangefochten ist und dass Männer, um den mit diesem Status traditionell verbundenen Erwartungen gerecht zu werden, sehr lange Arbeitszeiten haben. In den 1990er-Jahren, einer Zeit der wirtschaftlichen Stagnation, hat der Anteil der Männer, die wöchentlich 60 Stunden oder mehr arbeiten, zugenommen. Die längsten Arbeitszeiten hatten Männer zwischen 30 und 40. Gleichzeitig hat die weibliche Erwerbsbeteiligung zugenommen. Wenn nun Frauen mehr arbeiten, ohne dass Männer weniger arbeiten, wird es unausweichlich immer schwieriger, Arbeit und Familie harmonisch aufeinander abzustimmen. Die Tatsache, dass die Anzahl der lebenslang Unverheirateten und der Anteil der jungen Frauen und Männer, die die Absicht bekunden, nie zu heiraten, ständig zunehmen und dass heiratswillige und verheiratete Paare die Realisierung ihres Kinderwunsches in ihren Lebensplänen immer weiter aufschieben, muss darauf zurückgeführt werden. Eltern haben weniger Kinder, als die ideale Familie ihrer Meinung nach haben sollte. Diese Entwicklung ist sowohl Anzeichen als auch Ursache von Unzufriedenheit, insbesondere unter arbeitenden Müttern, die ihre Situation unter den gegebenen Bedingungen als unerträgliche Inkongruenz erfahren. Ähnlich ist die Inanspruchnahme des gesetzlich gewährten Elternurlaubs von Vätern nicht mit der Rolle des hart arbeitenden Angestellten (*sarariman*) vereinbar und deshalb eine seltene Ausnahme. Da die schrumpfende Erwerbsbevölkerung und die restriktive Immigrationspolitik der Regierung den weiteren Anstieg der weiblichen Erwerbsquote fördern, wird eine Lösung dieses Problems kaum ohne tief greifende Veränderungen der Arbeitsteilung der Geschlechter erreicht werden können. Eine gründliche Revision der Geschlechterrollen scheint un-ausweichlich. Gegenwärtige Entwicklungen deuten darauf hin, dass eine Reduktion der Arbeitsbelastung der Männer zugunsten ver-stärkter Beteiligung an Kindererziehung und Hausarbeit einerseits und die vermehrte Bereitschaft der Frauen, statusniedere oder -gleiche Männer als Ehepartner zu akzeptieren, die Folgen sein werden.

Frei und ohne feste Stelle

Die wachsende Schwierigkeit für Frauen, Ehepartner zu finden, deren sozialer Status dem ihres Vaters gleichkommt, ist zum Teil auf die Verwerfungen auf dem Arbeitsmarkt seit Beginn der 1990er-Jahre zurückzuführen. Der rasche Anstieg irregulärer und temporärer Beschäftigungsverhältnisse (Genda und Maganuma 2006) hat vor dem Hintergrund des Selbstverständnisses der «Mit-telschichtgesellschaft» zu Statusinkongruenzen geführt, die sich ih-rerseits in veränderten Heiratsmustern niederschlagen. Aus einer Erhebung des Ministeriums für Gesundheit, Arbeit und Wohlfahrt geht hervor, dass 40 Prozent der Männer der Alterskohorte von 20 bis 34 in regulären, aber nur 10 Prozent derer in irregulären Beschäftigungsverhältnissen verheiratet sind. Letztere werden seit Ende der 1980er-Jahre als *freeter* bezeichnet, ein Begriff, der durch die Verbindung von *free* und *arubaito* (von «Arbeit») selbst eine Inkonsistenz verkörpert. *Free* suggeriert eine bewusste Entschei-dung, sich nicht den Zwängen der (lebenslangen) Festanstellung zu beugen, während *arubaito*, «Job», für geringes Ansehen und ge-ringen Lohn steht. Anfangs war *freeter* sein ein Lebensstil, aber inzwischen ist «free» nur noch ein Euphemismus. Die weitaus meisten *freeter* sind es heute notgedrungen; über 70 Prozent von ihnen streben ein reguläres Beschäftigungsverhältnis an. Viele *free-ter* haben einen Mittelschichthintergrund, jedenfalls im Sinne ihres Selbstverständnisses, aber unter den Bedingungen der sich globali-sierenden Wirtschaft sind sie zu einer industriellen Reservearmee entbehrlicher Arbeiter geworden. Die Firmen machen zunehmend von dieser Beschäftigungsform Gebrauch – Anfang der 1990er-

Jahre 12 Prozent, 2006 30 Prozent –, um die steigenden Lohnkosten ihrer alternden Belegschaften zu dämpfen und wettbewerbsfähig zu bleiben. Dass *freeter* anders als die fremdbestimmten *Sararimen* (Firmenangestellten) selbst entscheiden, ob und wann sie arbeiten, ist nur noch Romantik. Sie arbeiten länger als regulär Beschäftigte und bekommen weniger Lohn. Sie verdienen ihren Lebensunterhalt und sind nicht arm, aber ihre Mittelschichtsozialisation passt nicht zu ihrem sozialen Status. Für viele kommt er einem sozialen Abstieg gleich. Während es immer schwieriger wird, eine reguläre Stelle zu finden, und die Nachteile des *freeter*-Daseins mit dem zunehmenden Alter der Betroffenen deutlicher werden, macht sich unter ihnen das Gefühl breit, auf der Strecke geblieben zu sein. Das beherrschende Lebensgefühl der *freeter* ist nicht Freiheit, sondern Unsicherheit, was sich negativ auf ihre Fortpflanzungsbereitschaft auswirkt. Die *freeter* sind die Sendboten einer neuen, stärker differenzierten Schichtung, die noch nicht mit dem Selbstverständnis der Gesellschaft übereinstimmt. Sie verkörpern die Unzufriedenheit der Gesellschaft, die ihren deutlichsten Ausdruck in der sinkenden Geburtenrate findet.

Bevölkerungspolitik, Antwort auf die Herausforderung?

Wissenschaftler, Politiker und Bürokraten weisen seit Jahrzehnten auf die fallende Geburtenrate hin und diskutieren diverse Vorschläge, um den Trend aufzuhalten. In den letzten Jahren haben sich die Medien daran mit Verve beteiligt und es ohne Unterlass wiederholt: Es muss etwas geschehen. Eine Folge davon ist, dass viele Japaner heute überzeugt sind, dass das Reproduktionsverhalten zum Aufgabenbereich des Staates gehört. Als die Staatsministerin für Geschlechtergleichheit und Soziales im Mai 2006 einen Plan für staatlich organisierte Heiratsvermittlung vorlegte, um der fallenden Geburtenrate zu begegnen, erntete sie weder Spott noch Empörung.[18] Dass sich der Staat mit der Reproduktionsbereitschaft der Bürger befasst, versteht sich freilich nicht von selbst, denn er hat sich als unfähig erwiesen, die seit vier Jahrzehnten nicht nur anhaltende, sondern sich beschleunigende gesellschaftliche Tendenz umzukehren. Aus verschiedenen Gründen fehlen vielen jungen Menschen der Wunsch nach Kindern und das Selbstvertrauen, sie großziehen zu können. Auf die Frage, wie das zu ändern ist, hat die Regierung bisher keine überzeugende Antwort gefunden. Erhöhung des Kindergelds, Ausbau von Kinderbetreuungseinrichtungen, kostenfreie Geburt, subventionierte Hypotheken für junge Paare, obligatorischer Elternurlaub für Väter, verstärkte Förderung der Gleichstellung am Arbeitsplatz – das sind die wichtigsten Maßnahmen, die diskutiert werden. Darunter ist der Bevölkerung vor allem der urbanen Zentren, wie Umfragen wiederholt gezeigt haben, die Schaffung familienfreundlicherer Arbeitsplätze am wichtigsten.[19] In der japanischen Hauptstadt sank die Gesamtfertilitätsrate 2006 erstmals unter 1, ein neuer Tiefstand.[20] Dass die Regierung dafür, nicht entschieden gehandelt zu haben, stark kritisiert wurde, ist nicht überraschend.[21] Denn indem sie dem Problem so viel Aufmerksamkeit schenkte, hat sie große Erwartungen geweckt, die sie, worauf alle Statistiken hindeuten, nicht erfüllen kann.

Der Sozialhaushalt machte 2005 mit 24,8 Prozent den größten Anteil am japanischen Gesamthaushalt aus. Er beinhaltet u. a. 1,3 Billionen Yen für 28 Einzelprogramme, mit denen der rückläufigen Geburtenrate entgegengewirkt werden soll. Sie sind unter vier Titeln zusammengefasst: (1) Maßnahmen zur Förderung der Selbstständigkeit junger Menschen und der Erziehung gesunder Kinder; (2) Neuordnung der Maßnahmen zur Unterstützung bei Doppelbelastung durch Arbeit und Familie; (3) Maßnahmen zur Förderung des Verständnisses der Bedeutung des Lebens und der Rolle der Familie; (4) Maßnahmen zur Unterstützung der Kindererziehung und Förderung von Solidarität (Naikakufu 2005: 169). Diesen Programmen fehlt nicht nur eine klare Linie, sie haben auch teils widersprüchliche Ziele. «Eine Arbeitsumgebung schaffen, die es Frauen erlaubt, während der Schwangerschaft und nach einer Geburt sorgenfrei weiterzuarbeiten», ein Teilprogramm von (2), ist schwer mit der Förderung des traditionellen Familienmodells vereinbar, wie sie in (3) betont wird. Die konservative Regierung kann die Augen nicht davor verschließen, dass ein fundamentaler Wandel der Arbeitsorganisation und der Geschlechterrollen unvermeidlich ist, beharrt aber gleichzeitig auf traditionellen Wertvorstellungen.

An Lippenbekenntnissen der Regierung zur Gleichstellung fehlt es nicht, aber mit der Umsetzung wird ein Minister betraut, der Frauen «Gebärmaschinen» nennt.[22] Die Regierung behauptet, für kürzere Arbeitszeiten zu sein, plant aber gleichzeitig, die Begrenzung von Überstunden zu lockern. Mehr Wahlmöglichkeiten für den Einzelnen, aber auch mehr staatliche Bestimmungen. So widersprüchlich sich all das ausnimmt, kennzeichnet es die gegenwärtige japanische Gesellschaft ebenso wie die Politik der Regierung. Die Politikentwürfe und die gesellschaftliche Realität, auf die sie reagieren, sind voller Inkongruenzen, Unwägbarkeiten und Widersprüche. Japan tastet sich auf dem Weg in die überalterte Gesellschaft mit gemischten Gefühlen voran.

Unterdessen verändert sich die Gesellschaft von Grund auf; ob zum Guten oder Schlechten, hängt weitgehend vom Standpunkt des Betrachters ab. Die Alterung zwingt Wirtschaft, Staat und Individuen zur Umstrukturierung der Produktion und der Reproduktion. Die Verschiebung von der Produktion zum Konsum als treibender Kraft der Wirtschaft geht mit der Anhebung des Renteneinstiegsalters einher, mit dem Anwachsen der älteren Bevölkerung, deren Rolle in Gesellschaft, Wirtschaft und Politik immer wichtiger wird, mit mehr Einpersonenhaushalten, vielfältigeren Karrieren und Lebensstilen, mehr Teilzeitarbeit, mehr Männern im Elternurlaub, mehr älteren Unternehmerinnen, mit stärkerem Wettbewerb um attraktive Stellen zwischen den Geschlechtern und mit mehr Ungleichheit. Keine dieser Veränderungen ist allein auf das Bevölkerungsgeschehen zurückzuführen, aber dass Alterung und Entvölkerung sich auf das Gesellschaftssystem auswirken, ist unvermeidlich. Zwei Bestimmungsfaktoren treten dabei in den Vordergrund, Geschlecht und soziale Schicht. Die schrumpfende Erwerbsbevölkerung macht einen weiteren Anstieg der Frauenerwerbsbeteiligung und damit auch Fortschritte der Geschlechtergleichstellung wahrscheinlich. Gleichzeitig werden Einkommensunterschiede größer, was der Herausbildung einer stärkeren sozialen Schichtung Vorschub leistet. Dank der Intensität der öffentlichen Beschäftigung mit diesen Themen sind viele Menschen zwar auf Veränderungen vorbereitet, finden aber diese Aussichten dennoch beunruhigend. Eine Blaupause für die Zukunft gibt es nicht, aber die demographisch induzierten Veränderungen der japanischen Gesellschaft und die Versuche, sie politisch zu steuern, sind von größtem Interesse. Die beiden Hauptbestimmungsgrößen des Bevölkerungsgeschehens, die Verlängerung der Lebenserwartung und die Verringerung der Bereitschaft, neues Leben zu zeugen, stellen einen fundamentalen Widerspruch dar. Er charakterisiert eine Gesellschaft, die auf der Suche ist, auf der Suche nach neuen Formen des kollektiven Glücks.

Anmerkungen

I ZEICHEN DER VERÄNDERUNGEN

1 *Mainichi Shimbun*, 22. August 2005, S. 9.

2 *Nihon Keizai Shimbun*, 22. August 2005, S. 13.

3 http://www.stat.go.jp/english/data/figures/zuhyou/1611.xls.

4 http://www.eurekalert.org/pub_releases/2006–12/unu-pss120106.php.

5 NHK Hōsō Bunka Kenkyūsho (2004: 120 f.).

6 Grundlage war folgende Frage: «Alles in allem, wie zufrieden oder unzu-frieden sind Sie mit Ihrem Leben heute? 1 unzufrieden bis 10 zufrieden.» Nach www.nationmaster.com rangiert Japan auf Platz 34.

7 NHK Hōsō Bunka Kenkyūsho (2004: 179).

8 Glocom Platform, «Social Trends» #77, 5. August 2004. Wegen unter-schiedlicher Bevölkerungsstrukturen und Erhebungsmethoden sowie variabler Dunkelziffern sind internationale Vergleiche von Suizidstatis-tiken schwierig. Deshalb wird hier nur eine absolute Zahl genannt, mit der Japan jedoch nach verfügbaren Statistiken hoch liegt. Unter den OECD-Ländern waren 2002 nur die Selbstmordraten Finnlands und Ungarns höher als die Japans (www.oecdobserver.org/images//1792. photo.jpg).

9 Einer Hochrechnung zufolge wird das Medianalter 2050 53,4 Jahre be-tragen (http://dataranking.com).

10 National Institute of Population and Social Security Research, 2002. Population Projections for Japan, 2002 Revision.

11 Ueno (1998: 108).

12 *Asahi Shimbun*, 20. November 2004, S. 15.

13 «Umitai to omou shakai o», *Asahi Shimbun*, 5. Juni 2005.

14 NHK Hōsō Bunka Kenkyūsho (2004: 54–56).

15 NHK Hōsō Bunka Kenkyūsho (2004: 58).

16 NHK Hōsō Bunka Kenkyūsho (2004: 57).

17 http://www.stat.go.jp/English/data/handbook/co2cont.htm#cha2_4.

18 Malthus (1798/1803/1992) erkannte also als einer der Ersten den Zu-sammenhang zwischen später Ehe und sozialer Wohlfahrt.

19 http://www2.att.ne.jp/hamihami/uranai/uranai45/para.htm.

20 NHK Hōsō Bunka Kenkyūsho (2004: 29).

21 Nach einer Umfrage des Kabinettsbüros vom Januar 2007 fanden 46 Prozent der Auskunftgebenden den Zwang zum Namenswechsel bei Eheschließung «unpraktisch», die bisher höchste Zahl. *Asahi Shimbun*, 28. Januar 2007, S. 2.

22 Siehe unten, Kapitel 5.

23 *Nihon Keizai Shimbun*, 24. Februar 2004, S. 1. Nenkin kaikaku, nao sedai kakusa [Rentenreform, weiter Generationenkluft].

24 NEET: ‹Not in Education, Employment, or Training›.

II DAS PROBLEM DER GENERATIONEN UND DIE STRUKTUR DER GESELLSCHAFT

1 Bisher galt die Fekunditätsdauer als zeitliche Konstante, und es wird noch Jahrzehnte dauern, bis sich ihre biotechnologische Ausdehnung auf die Geburtenrate auswirken wird.

2 In einem grundlegenden Aufsatz postulierte Lösch (1936) ein Intervall von 33 Jahren, das für Bevölkerungszyklen charakteristisch sei. Seine Arbeit ist für Theorien über Generationszyklen noch immer ein Bezugspunkt.

3 In den letzten 2000 Jahren ist die Bevölkerung der Welt von rund 300 Millionen auf sechseinhalb Milliarden angewachsen, wobei die weitaus größte Zunahme im letzten Jahrhundert erfolgte.

4 Japanese Population Projection, National Institute of Population and Social Security Research, 2005.

5 Wörtlich: ‹Klumpengeneration›. Der Ausdruck wurde von dem Wirtschaftswissenschaftler und Chef des Wirtschaftsplanungsamts der japanischen Regierung Taichi Sakaya geprägt, der 1976 einen Roman unter diesem Titel veröffentlichte.

6 Lebenslaufmodelle beinhalten sich wandelnde Familienrollen, die mit Lebensphasen verbunden sind wie Heirat, Geburt, Kindererziehung, Weggang vom Elternhaus, Verwitwung usw. Aus der Soziologie des Alterns sind solche Modelle in Japan verschiedentlich angewandt worden, z. B. Okamura (1997, Kapitel 4), Okasaki (2002), Takahashi (2004).

7 Der Anteil der bei den Eltern lebenden verheirateten Männer ist sehr viel schneller zurückgegangen als der Anteil der mit einem ihrer verheirateten Kinder lebenden Eltern. Morioka (1997: 269) schließt daraus, dass Kohabitation weiterhin der bevorzugte Mechanismus der intergenerationalen Besitzweitergabe ist, dessen Verbindung mit der Nachfolge des ältesten Sohns als Familienoberhaupt aber an Bedeutung verloren hat.

8 *Comprehensive Survey of Living Conditions of the People on Health and Welfare*, 2003. Tokyo: Health and Welfare Statistics Association.

9 Morioka (1997: 273) spricht von der zunehmenden Verbreitung des Gattenfamiliensystems anstelle des Stammfamiliensystems.

10 *Kanreki* bedeutet wörtlich die ‹Rückkehr des Kalenders›, nämlich der Beginn eines neuen sechzigjährigen Zyklus.

11 Motani, Kouske, *Jinkō seijuku mondai no honshitsu to taikōsaku* [Demographische Reifung, was sie beinhaltet und wie man ihr begegnet], öffentlicher Vortrag, Research Institute of Economy, Trade and Industry, IAA, Tokyo 22. 9. 2005.

III   SOZIALE BEZIEHUNGSNETZWERKE

1 *Tooi shinseki yori chikaku no tanin*, japanisches Sprichwort.

2 Leserbrief, *Asahi Shimbun*, 10. Oktober 2005, S. 10.

3 Naikakufu «Kōreisha no seikatsu to ishiki ni kansuru kokusai hikaku chōsa.» Kabinettsbüro der japanischen Regierung, 2001.

4 Den Begriff des «dritten Lebens» hat in einem frühen Stadium der sozialen Alterung Fumio Miura (1988) eingeführt.

5 *Kazoku kakumei*, ein Begriff, dessen sich Sozialwissenschaftler in letzter Zeit vermehrt bedienen, dient einem Buch von Shimizu et al. (2004) als Titel.

6 NHK Hōsō Bunka Kenkyūsho (2004, S. 193 f.).

7 Die steigende Anzahl pflegebedürftiger Alter hat in letzter Zeit vermehrte Forschung über die Gemeinschaften der Alten, die die Pflege leisten, hervorgerufen. Durch die Pflege alter Menschen entstehen neuartige soziale Beziehungen zwischen Haushilfen, Pflegern, Sozialarbeitern und Familienmitgliedern, über die noch wenig bekannt ist. Vgl. z. B. Shibuya (2001).

8 Vgl. House, Robbins, Metzner (1982).

9 Der Ausdruck *nure ochiba* wird Keiko Higuchi, ehemalige Direktorin des Zentrums für die Förderung berufstätiger Frauen, zugeschrieben. Er kam Ende der 1980er-Jahre in Umlauf und wurde 1989 von *Nihongo Zokugo Jisho* (http://zokugo-dict.com/23nu/nureochiba.htm) zum Wort des Jahres gewählt.

10 Ärzte behandeln diese Form von Stress als ein spezielles Syndrom, für das Therapien, Telefonberatungen und Foren zum Erfahrungsaustausch entstanden sind. Dazu: http://www8.plala.or.jp/psychology/disorder/shujin.htm, http: //www.medical-tribune.co.jp/kenkou/200005161.html, http://www.boople.com/bst/BPdispatch?nips_cd=9980056142.

11 Tōkyōto Rōjin Sōgō Kenkyūsho. Die Erhebung mit dem Titel *Teinen taishoku ni kansuru chōkiteki kenkyū* [Langzeitstudie des Ruhestands im Rentenalter] wurde dreimal zwischen 1975 und 1990 durchgeführt. Shimizu (2001) bietet eine Zusammenfassung der Ergebnisse.

12 http://www.stat.go.jp/data/shakai/.

13 Zenkoku Rōjin Kurabu Rengōkai (http://www4.ocn.ne.jp/%7Ezen-rou/).

14 Stand Dezember 2005. *Zenrōs* homepage (vgl. Anm. 13) bietet detaillierte Informationen über die Klubs in den einzelnen Präfekturen und ihre Aktivitäten.

15 Der Name ist ein Kinderlied. www.geocities.jp/kono_yubi/main.htm.

16 http://paokko.org/.

IV   DAS EINSAME KIND

1 Ministerium für Gesundheit, Arbeit und Wohlfahrt, *Kokumin Seikatsu Kiso Chōsa*, 2004.

2 *Japan Statistical Yearbook*, 2005.

3 Eine Erhebung der *Asahi Shimbun* vom November 2004 beinhaltete die Frage, wie viele Kinder «eine gute Anzahl» seien. Die Antworten waren wie folgt gestaffelt: 1: 2%; 2: 42%, 3: 50%; mindestens 4: 4%; 0: 0%; andere, weiß nicht: 2%.

4 «Hikon shakai ga yatte kuru.» *Chūō Kōron*, Dezember 2005.

5 Der Ausdruck *shōshika shakai* wurde zuerst am 24. Juni 1990 von der *Yomiuri Shimbun* verwendet. Seit Mitte der 1990er-Jahre ist er in allen Zeitungen gebräuchlich.

6 Da es bislang auch keine allgemein anerkannte Definition von *hikikomori* gibt, weisen numerische Schätzungen unvermeidliche breite Schwankungen auf. Die Bürgerinitiative betroffener Eltern *Zenkoku Hikikomori KHJ Oya no Kai* nennt auf ihrer Internetseite die Zahl von «mehr als eine Million landesweit» (http://www.khj-h.com/bunrui. htm).

7 Ministerium für Gesundheit, Arbeit und Wohlfahrt, «Comprehensive Survey of Living Conditions of the People on Health and Welfare», 2004.

8 Daten aus *Nihon Kodomo Shiryō Nenkan*, 2005.

9 *Kōsei Rōdō Hakusho*, 2005, S. 92, S. 88.

10 Ministerium für öffentliche Verwaltung, Post und Telekommunikation, Mai 2005.

11 *Japan Statistical Yearbook*, 2004.

12 http://www.misc.gr.jp/index.html (Zugriff am 24. 1. 2006).

13 Offiziell: «Richtlinien zur Unterstützung der Kindererziehung», wurde dieser Zehnjahresplan gemeinsam vom Erziehungsministerium, dem Ministerium für Gesundheit, Arbeit und Wohlfahrt und dem Bauministerium erarbeitet.

14 *Keizai shien yorimo rōdō kankyō totonoete*. Asahi Shimbun, 2. April 2006, Morgenausgabe, S. 1.

15 *Asahi Shimbun*, 5. Januar 2005, S. 3.
16 *The Japan Times*, 21. Januar 2007, S. 2.
17 *Asahi Shimbun*, 13. Januar 2006, S. 3.
18 *Asahi Shimbun*, 14. Januar 2006, S. 3.

V   FRAUEN UND MÄNNER AN DER ARBEIT

1 Kokuritsu Shakaihoshō Jinkōmondai Kenkyūsho (2000) Daini kai zen-koku katei dōkō chōsa, kekka no gaiyō [Zweite landesweite Familien-studie, Ergebnisse im Überblick].

2 Teikoku Databank Ltd. stellt Informationen über rund 224 000 japani-sche Firmen bereit (http://library.dialog.com/bluesheets/html/bl0502.html).

3 Shirahase (2005: 47) zitiert bspw. den früheren Premierminister Ryūtarō Hashimoto, der den hohen Bildungsstand der Frauen für den Geburten-rückgang verantwortlich machte.

4 Der Soziologe Kazuo Yamaguchi (2006: 13) unterzieht Maßnahmen ge-gen den Geburtenrückgang einem internationalen Vergleich und kommt zu dem Schluss, dass der Trend gestoppt werden kann, wenn die Har-monisierung von Arbeit und Familie gefördert und die Gleichstellung der Geschlechter vorangetrieben wird.

5 Zitiert nach Osawa et al. (2002: 294).

6 Nach einer 2005 von der *Asahi Shimbun* durchgeführten Befragung von 200 großen Firmen ist der Hauptgrund, aus dem sie Frauen rekrutieren, die wegen des Geburtenrückgangs sinkende Zahl der Universitäts- und Collegeabsolventen. Weitere Gründe sind die Diversifizierung der Märkte, die für den Dienstleistungssektor wertvollen überlegenen Kom-munikationsfähigkeiten der Frauen und dass Frauen die Leistung der Firma verbessern (*Asahi Shimbun*, 19. Februar 2005, S. b3.).

7 Ito Peng, persönliche Mitteilung Juli 2005.

8 *Kōgakureki, kōshūnyū, kōshinchō.*

9 *Asahi Shimbun Weekly* AREA, 18. Juli 2005, S. 31. Zahlen von 2004, als Japans Gesamtfertilitätsrate 1,29 war und die Frankreichs 1,90.

10 Das Ministerium für Gesundheit, Arbeit und Wohlfahrt gibt für den Anteil der Frauen und Männer, die 1996 Erziehungsurlaub nahmen, fol-gende Zahlen an: 99,4% Frauen, 0,6% Männer. 1999 war das Verhältnis 97,6% zu 2,4%, ein deutlicher Anstieg der Männer, aber noch immer ein sehr kleiner Anteil.

11 *Kōseirōdō Hakusho, Heisei 17 nenban* [Weißbuch des Ministeriums für Gesundheit, Arbeit und Wohlfahrt 2005], S. 224.

12 Vgl. z. B. Itō (1996), Ueno (2002).

13 Vgl. *Sentakuteki Fūfu Besshi Seidō ni Kansuru Yoron Chōsa*, Statistik-amt, Büro des Premierministers, 2000.

14 ‹Umitai? Umenai? Dankai junia› [Die zweite Babyboomgeneration: Will sie Kinder? Kann sie keine haben?]. *Asahi Shimbun*, 9. Juni 2005, S. 33.

VI   DIE VERGESELLSCHAFTUNG DER PFLEGE

1 «Doko made tsuzuku kaigo jigoku» [Wie weit geht die Pflegehölle?], *Mainichi Shimbun*, 19. Februar 2001, Abendausgabe, S. 9.

2 «Chiiki to tomoni sasaeru korekara no shakai hoshō» [Gemeinsam mit regionalen Verwaltungen, die Zukunft der sozialen Wohlfahrt]. Kōsei Rōdō Hakusho [Weißbuch des Ministeriums für Gesundheit und Arbeit], 2005, S. 48.

3 *The Japan Times*, 1. September 2005, S. 20.

4 http://www.ipss.go.jp/pp-newest/e/ppfj02/suikei_g_e.html (Februar 2006).

5 Vgl. Abb. 4.4.

6 *Kyodo News*, 9. Oktober 2003.

7 Abbildung aus *Kokumin Seikatsu Kisochōsa* des Ministeriums für Gesundheit und Wohlfahrt, 1995, zitiert nach Sugimoto (2001: 203).

8 Der Anteil männlicher Krankenpfleger und Sozialarbeiter ist mit ca. 15 Prozent noch sehr klein (Long, Harris 2000), nimmt aber zu. In den Medien wird das Eindringen von Männern in traditionell weibliche Beschäftigungsbereiche als Anzeichen des Wandels der Geschlechterrollen diskutiert, z. B. Takenaga (1998), Inaba (2000).

9 *Shōgai sekkei keikaku. Nihongata fukushi shakai no bijon*. Nihon Keizai Shimbunsha, 1975.

10 *1978 Nen Kōseihakusho*, hrg. von Kōseishō, 1978.

11 Kōreisha Hoken Fukushi Suishin Jukkanen Senryaku [Zehnjahresplan zur Förderung von Gesundheit und Wohlfahrt älterer Menschen] http://www1.mhlw.go.jp/houdou/1112/h1221–2_17.html.

12 Shin Kōreisha Hoken Fukushi Suishin Jukkanen Senryaku [Neuer Zehnjahresplan zur Förderung von Gesundheit und Wohlfahrt älterer Menschen].

13 Kongo Gonenkan no Kōreisha Hoken Fukushi Suisaku no Hōkō [Fünfjahresplan zur Förderung von Gesundheit und Wohlfahrt älterer Menschen].

14 Rōjin fukushi hō.

15 http://www.mhlw.go.jp/shingi/2004/02/s0223–8d12.html.

16 Zur historischen Wahrnehmung des Alters in literarischen Quellen wie dieser Legende vgl. Formanek (1992).

17 Kōreisha Gyakusatsu Bōshihō [Gesetz zur Verhinderung der Misshandlung älterer Menschen und zur Unterstützung pflegender Personen], verabschiedet am 9. November 2005.

18 Ninchishō no tadashii rikai no fukyū [Das richtige Verständnis der seni-
len Demenz verbreiten]. Kōseirōdō Hakusho Heisei 17nenpan. Kōsei-
rōdōshō, 2005, S. 259 f.

19 Zōka suru borantea jinkō [Die wachsende Bevölkerung der Freiwilli-
gen]. Statistikabteilung, Amt des Ministerpräsidenten, 2003. www.stat.
go.jp/data/shakai/2001/topics/tps0301.htm.

20 http://www7.ocn.ne.jp/%7Ewabas/ (inspiziert im Februar 2006).

VII «REIFE» KUNDEN

1 «Shinia pawā ni fureta shōgatsu» [Ein Neujahrstag, als ich die Macht der
Senioren zu spüren bekam]. Nikkei Business Publications, 6. January
2006, http://www.nikkeibp.co.jp/index_j.shtml.

2 10. September 2005.

3 «Jinkō genshō ni katsu kigyō» [Firmen, die von der Entvölkerung profi-
tieren], *Shūkan Economisto*. 15. November 2005.

4 «Mirai ga miemasuka: jinkōgenshō jidai no nihon» [Was bringt die Zukunft? Das Zeitalter des Bevölkerungsrückgangs]. *Mainichi Shimbun*,
22. August 2005, S. 9.

5 Hikaru Hayashi, 2006. «Dankai sedai ha shōhi ni sekkyokuteki» [Die
Babyboomer werden konsumieren], *Shukan Tōyōkeizai*, 25. Februar
2006, S. 51.

6 «Dankai no Sedai. Japan's Babyboom gets ready for retirement», *Ma-
rubeni Corporation Quarterly Magazine*, Februar 2006, S. 3.

7 «Heisei jūgo nen kokumin seikatsu kiso chōsa» (http://www.mhlw.
go.jp/toukei/saikin/hw/k-tyosa/k-tyosa03/).

8 In einem Bericht über Marketing für ältere Kunden formulieren Conrad
und Gerling (2004) die «goldene Regel», Waren niemals als «altenge-
recht» anzupreisen.

9 Z. B. Palactive University Club (http://www.puc.cc); JR Tokai (http://
www.jrtours.co.jp); oder *Gojū kara no tabi kurabu* «Fifty Plus» der JR-
Gruppe.

10 *Kensetsu Hakusho Heisei 08 nen.* Kensetushō (Bauministerium)
(1996).

11 *Kokudo Kōtsūshō Hakusho 2004.* Kokudo Kōtsūshō (Ministerium für
Boden, Infrastruktur und Transport). http://www.mlit.go.jp/english/
white-paper/mlit04.html.

12 Zwischen 1. Juli und 31. August 2005 erschienen in den beiden führen-
den Tageszeitungen *Yomiuri* und *Nihon Keizai* nicht weniger als 70 Artikel über Bauschwindel zum Opfer gefallene ältere Menschen.

13 Der Verkaufserfolg von Nakanishis (2004) Ratschlägen zur Verbrechens-
verhinderung für Menschen über 60 ist ein weiteres Indiz der Bevölkerungsalterung.

14 Toyota bietet speziell ausgerüstete Fahrzeuge nach dem *Welcab*-Konzept an, während Nissan seine *Life Care Vehicles* vermarktet. Daihatsu hat mit *Mira Selfmatic* ein Fahrzeug entwickelt, das Behinderten erlaubt, im Rollstuhl am Steuer zu sitzen.

15 Der Begriff des Universaldesigns ist als *kyōyōhin*, ‹Artikel für den allgemeinen Gebrauch›, bekannt. Vgl. die Internetseite http://kyoyohin.org der Stiftung für barrierefreies Design.

16 Mitsubishi Jūkō Gurafu Nr. 134, 2003.

17 Sangyō Gijutsu Sōgō Kenkyūsho http://www.aist.go.jp/index_ja.html.

18 Longer life expectancies driving growth of the healthcare market. *Attractive Sectors.* JETRO: http://www.jetro.go.jp/en/market/attract/ (Zugriff Januar 2007).

VIII DAS RISIKO DER LANGLEBIGKEIT UND DIE RENTEN

1 «Message from the Chairman», The Life Insurance Association of Japan http://www.seiho.or.jp/ (Zugriff März 2006).

2 In diesem Abschnitt stütze ich mich auf Conrad (2001). Vgl. auch Kamppeter (2005).

3 Figures for 2005 from Social Insurance Agency, http://www.sia.go.jp/e/index.html.

4 http://www.mhlw.go.jp/topics/nenkin/zaisei/01/01–01.html (Zugriff Januar 2007).

5 Jahresbericht 2002 des Ministeriums für Gesundheit, Arbeit und Wohlfahrt.

6 *Asahi Shimbun*, 1. Februar 2006, S. 3. Die Rücklaufquote betrug 57 Prozent, die Gesamtzahl gültiger Antworten 1915.

7 *The Asahi Shimbun Japan Almanac 2005*. Asahi Shimbun, 2004: 207.

8 Betriebe verhalten sich in dieser Hinsicht nicht besser als Individuen. Während der Rezession der 1990er-Jahre versäumten vor allem kleine Firmen in wachsender Zahl ihre Beitragszahlungen für die Rentenkassen und fanden Wege, der betrieblichen Arbeitnehmerversicherung (*kōsei nenkin*) nicht beizutreten. Der japanische Rechnungshof schätzt, dass das für ein Viertel der japanischen Betriebe gilt (Kaikei Kensain 2006, http://web-japan.org/stat/stats/22OPN31.html).

9 Zum Beispiel «Nenkin kaikaku, nao sedai kakusa» [Rentenreform, größerer Unterschied zwischen den Generationen], *Nihon Keizai Shimbun*, 24. Februar 2004; «Rōrei nenkin dake deha tarizu» [Die Altersrente allein reicht nicht], *Asahi Shimbun*, 18. Februar 2005; «Kono kingaku de kurasemasuka» [Können Sie davon leben?], *Asahi Shimbun*, 5. Juni 2005.

10 Nach Takayama (2001), machten die Sozialversicherungsbeiträge 29,9 Prozent der Staatseinnahmen aus, mehr als Einkommensteuer, 15,7 Prozent, und Körperschaftssteuer, 10,4 Prozent, zusammen.

11 Kinyū Hōkoku Chūō Iinkai (http://www.saveinfo.or.jp/index.html).

IX POLITIK DER ALTEN VON ALTEN FÜR ALTE?

1 Gesellschaftskritikerin, ehemalige Vorsitzende von *Kōrei Shakai wo Yoku Suru Josei no Kai* (Frauenverband für eine besser alternde Gesellschaft); zitiert nach Nada (2003: 122).

2 Nach Zahlen von Dimsdrive Timely Research, http://www.dims. ne.jp/index.asp (Zugriff Januar 2007).

3 Zahlen des Ministeriums für Inneres und Telekommunikation.

4 Die DPJ hat eine ähnliche Regelung, die aber noch nicht angewendet worden ist.

5 In ihrer Stellungnahme zur 42. Unterhauswahl bemerkt die Vereinigung für transparente Wahlen (*Akarui Senkyo Suishin Kyōkai*), dass die Unterstützung der LDP mit dem Alter zunimmt, unter Frauen größer ist als unter Männern und mit steigender Schulbildung abnimmt (http://www. akaruisenkyo.or.jp/chousa/42matome.html. (Zugriff Januar 2007).

6 Beamten, die aus dem vorzeitigen oder regulären Ruhestand in den privaten Sektor wechseln.

7 Vgl. *Akarui Senkyo Suishin Kyōkai* (Vereinigung für transparente Wahlen). http://www.akaruisenkyo.or.jp/chousa/42matome.html (Zugriff Februar 2007).

8 Vorindustrielle Gesellschaften sind oft gerontophobisch, weil sie nicht viele ernähren können, die nicht für sich selbst sorgen können. In solchen Gesellschaften wurden verschiedene Formen des Senizids beobachtet (cf. Maxwell, Silverman, Maxwell 1982), aber auch in modernen Gesellschaften ist die Diskussion um Euthanasie und todbeschleunigende Maßnahmen nicht verstummt. S. 172 f. und Kapitel 10.

9 Vgl. Tabellini (2000). «Dafür, was als übertriebene Ausdehnung intergenerationeller Transferprogramme gilt, gibt es keinen allgemein akzeptierten Standard, aber wenn ein Programm stark defizitär ist und die Staatsfinanzen auf Kosten anderer Programme negativ beeinflusst, ist das ein deutliches Indiz. Sowohl das gegenwärtige Defizit als auch die zu erwartende demographische Entwicklung deuten darauf hin, dass die Finanzierungssituation unter unveränderten Bedingungen nicht tragfähig ist» (Faruquee, Mühleisen 2001: 7).

10 S. o. Kapitel 4.

11 Regierungserklärung von Premierminister Tanaka, 28. Oktober 1972, Hervorhebung hinzugefügt. http://www.ioc.u-tokyo.ac.jp/~worldjpn/ documents/texts/pm/19721028.SWJ.html. (Zugriff Februar 2007)

12 *Danjo Kyōdō Sankaku Tokei Dētabukku* 2003, S. 161.

13 Z. B. *Sentakuteki fūfu bessei seido ni kansuru seronchōsa*, eine 2002 vom Büro des Premierministers durchgeführte Umfrage über die Möglichkeit unterschiedlicher Namen für Eheleute. Nur 15,8 Prozent der männlichen Befragten zwischen 20 und 29, aber 61,1 Prozent derer über 70, waren der Meinung, dass es unnötig ist, die gegenwärtige Praxis, nach der ein gemeinsamer Nachname vorgeschrieben ist, zu verändern. http://www8.cao.go.jp/survey/h13/fuufu/ (Zugriff Februar 2007).

X GRENZEN DES ALTERNS

1 Urashima Tarō ist die Hauptperson eines japanischen Märchens. Er besuchte den Drachenpalast unter dem Meer in einer zeitlosen Welt. Nach seiner Rückkehr in das heimatliche Fischerdorf, nach dem er sich schließlich gesehnt hatte, verwandelte er sich augenblicklich aus einem Jungen in einen Greis.

2 *Asahi Shimbun*, 30. Januar 2006, S. 8.

3 Stadt Miyazaki, http://www.city.miyazaki.miyazaki.jp/gyousei/html/administration/30/20050901111342/20050901112537.html (Zugriff Januar 2007).

4 *Asahi Shimbun*, 4. Januar 2007, S. 31.

5 Zahlen der japanischen Regierung. http://www8.cao.go.jp/kourei/english/annualreport/2005/1–1.html (Zugriff Februar 2007).

6 Feeney (1990) analysiert die Sterbetafeln von 1960 bis 1985, aber der Trend hat sich fortgesetzt.

7 Als Erster hat Fries (1980) versucht zu beweisen, dass die Länge des Lebens feststeht. Seine Behauptung, dass die Zahl der Hochbetagten trotz allgemeiner Zuwächse der Lebenserwartung nicht steigen wird, wurde durch die Bevölkerungsentwicklung Japans falsifiziert, aber das Konzept der bestimmten Begrenztheit des menschlichen Lebens wurde dadurch nicht diskreditiert. In der Biodemographie wird es weiterhin diskutiert.

8 http://www.photius.com/rankings/healthy_life_table2.html (Zugriff Januar 2007).

9 «Living extremes on Okinawa», *Weekly Times*, Okinawa, 25. August 2001.

10 *Nihon Songenshi Kyōkai* (Japanische Vereinigung für Sterben in Würde), Kyūshu, http://www.geocities.jp/songenkyushu/kakuken.html (Zugriff Januar 2007).

11 http://okinawaprogram.com/study.html (Zugriff 25. Januar 2007).

12 «Prefecture of longevity», *Weekly Times*, Okinawa, 13. September 2003.

13 Feldman (2000, Kapitel 5) bietet eine umfassende Darstellung der medizinischen, juristischen und kulturellen Argumente der Diskussion, die

1985 zur Formulierung der Kriterien für die Feststellung des Gehirntods und 1997 zu dem Transplantationsgesetz führte. Siehe auch Ohnuki-Tierny (1994).

14 Die Internetseite von *Nihon Zōki Ishoku Nettowāku* (Organtransplantionsnetzwerk Japan) bietet Information und eine Plattform zur Diskussion bioethischer Fragen: http://www.jotnw.or.jp/ (Zugriff Januar 2007).

15 «Hospitals want terminal care guidelines: survey», *The Japan Times*, 15 April 2006, S. 3.

16 Die Internetseite von *Nihon Songenshi Kyōkai* informiert und berät über Palliativpflege, Patiententestament und die praktischen und juristischen Unterschiede zwischen Euthanasie und Sterben in Würde. http://www.songenshi-kyokai.com/ (Zugriff 1. Februar 2007).

17 http://soshisuru.fc2web.com/ (Zugriff 1. Februar 2007).

18 Die Literatur über die medizinischen, sozialen, ethischen und ökonomischen Aspekte der Euthanasiedebatte in Japan ist sehr umfangreich. Einführungen in das Thema bieten Machino (1997) und Hosaka (2000).

19 http://osaka.yomiuri.co.jp/kokorop/kp60111a.htm (Zugriff 1. Februar 2007).

XI AUSLÄNDER REIN?

1 Imin rōdōsha, ukeiremondai kentō [Aufnahme von Arbeitsmigranten prüfen]. *Nihon Keizai Shimbun*, 1. Januar 1999, S. 1.

2 Migration News, http://migration.ucdavis.edu/mn/comments.php?id= 2218_0_3_0 (Zugriff Februar 2007). Taichi Sakaiya war bis 2000 Staatsminister des Wirtschaftlichen Planungsamts.

3 Anzeige, *The Daily Yomiuri*, 13. September 2005.

4 http://www.stat.go.jp/data/kokusei/2005/kouhou/ (Zugriff 25. Januar 2007).

5 http://www.migration.org/Feature/display.cfm?id=402. Wegen der unterschiedlichen Naturalisierungspraktiken der Länder sind diese Zahlen nur bedingt vergleichbar.

6 Japan Statistical Yearbook 2006.

7 Statistiken über die *Nikkeijin* in Japan sind nicht zuletzt wegen wiederholter Wanderung zwischen Herkunftsland und Japan wenig zuverlässig (Sellek 1997; Mori 1999). Schätzungen der Anzahl der *Nikkeijin*, die sich seit den 1980er-Jahren in Japan niedergelassen haben, schwanken zwischen 200 000 und 330 000.

8 Nach Angaben des Gesundheitsministeriums vom 7. Oktober 2005 stieg die Zahl der Eheschließungen zwischen Japanern und Ausländern von 7.261 1980 auf 39 411 2004. http://wwwdbtk.mhlw.go.jp/toukei/

data/010/2004/toukeihyou/0 004 982/to 109 113/MG18 (Zugriff 5. Mai 2006).

9 Statistics Bureau, Director-General for Policy Planning, http://www.stat.go.jp/data/kokusei/2000/gaikoku/00/04.htm (Zugriff 10. Februar 2007).

10 http://www.un.org/esa/population/publications/migration/japan.pdf (Zugriff 5. Febuar 2007).

11 Kaigo no shigoto ninau no ha dare [Wer wird die Pflegearbeit machen?] *Asahi Shimbun* 22 May 2005, Morgenausgabe, S. 9

12 Gakoku rōdōsha no ukeire no arikata. http://www.jcci.or.jp/nissyo/iken/030917gaikokujinroudousya.htm (Zugriff 5. Febuar 2007).

13 http://www5.cao.go.jp/99/e/19990705 e-keishin-e-s.html (Zugriff 5. Februar 2007).

XII BEVÖLKERUNGSALTERUNG UND SOZIALER WANDEL

1 Saitō, Sakai (2006: 11).

2 Saitō, Sakai (2006: 220 f.).

3 Siehe Fußnote 6.

4 Die Vorstellung, dass Japan eine Mittelschichtgesellschaft ist, brachte am prägnantesten Yasusuke Murakami 1984 mit seinem Buch «Die neue Mittelmasse» auf den Begriff.

5 *Bungei Shunjū*, May 2005, Tokushū ‹Shin kaikyūshakai nippon›; *Chūō Kōron*, Juli 2005, Tokushū ‹Chūryū hōkai›.

6 Kyūryō ‹daikakusa› jidai o ikinuku [Überleben in Zeiten großer Einkommensunterschiede]. *Yomiuri Uīkurī*, 3. Juli 2005, S. 10–19.

7 *Shūkan Ekonomisuto* 4/25, April 2006, ‹Kakusa› o kanjite imasu ka.

8 Z. B. Tachibanaki (1998), Satō (2000), Higuchi, Zaimushō Zaimu Sōgō Seisaku Kenkyūsho (2003), Saitō (2004), Hayashi (2005), Ohtake (2005), Miura (2005), Saitō, Hayashi (2006).

9 Ein größerer Wert des Gini-Koeffizienten bedeutet größere Ungleichheit. Die Anzahl der irregulär Beschäftigten zwischen 15 und 34 stieg von 1,83 Mio. 1990 auf 4,17 Mio. 2001 und der Gini-Koeffizient von 0,3643 1990 auf 0,3812 2002 (Higuchi, Zaimushō Zaimu Sōgō Seisaku Kenkyūsho 2003). Vgl. auch Bewaad Institute (2006). ‹Kakusa› o kangaeru, dai ni kai: Nihon no shotoku kakusa ha kokusaiteki ni mite dō nono ka [Nachdenken über Disparitäten, Nr. 2: Japans Einkommensunterschiede im internationalen Vergleich], http://bewaad.com/20 060 119.html.

10 *Nihon ha ‹kakusashakai› ka* [Ist Japan eine Differenzgesellschaft?]. Ein Streitgespräch zwischen Toshiaki Tachibanaki und Fumio Ohtake. *Asahi Shimbun*, 10. Februar 2006, S. 15.

11 *Nippon Business*, 10. Juli 2000, Sonderheft, ‹*Kanemochi ha nippon o sukueru ka*› [Können die Reichen Japan retten?].

12 2003 erklärte der Direktor der Abteilung Bevölkerungsdynamik des Staatlichen Forschungsinstituts für Bevölkerung und soziale Sicherheit, dass «das Wachstum der Gesamtbevölkerung 2009 mit 128,15 Mio. den Höhepunkt erreichen würde» (Takahashi 2003: 57).

13 Vgl. Hayami 1986; Klein, Lützeler, Ölschleger 2002; Kono 2003.

14 Naikakufu 2001: 59 f.; Eijingu Sōgōkenkyū Sentā 2002: 118 f.; Kono 2003; Ogawa 2003; Atoh 2005; Kokuritsu Shakaihoshō Jinkōmondai Kenkyūsho 2005; Hayase 2005.

15 Fortschritte der Genetik und der pränatalen Diagnostik haben das Interesse an Eugenik wiederbelebt, was durch eine Reihe neuer Begriffe zum Ausdruck kommt, wie z. B. «Familieneugenik, spontane Eugenik, Individualeugenik, private Eugenik», Vgl. u. a. Saitō (2004: 314).

16 S. o. Kapitel 10.

17 Nach Angaben der Nationalen Polizeibehörde betrug die Zahl der offiziell als solche registrierten Selbstmorde 2005 im achten Jahr in Folge mehr als 30 000. Jisatsusha: hachinen renzoku de sanman nin koe. ‹Kakusa shakai no eikyō› ka [Über 30 000 Selbstmorde im achten Jahr in Folge: Auswirkung der ‹Differenzgesellschaft›?]. *Mainichi Shimbun*, 10. Mai 2006.

18 ‹Omiai kokuei de› [Staatlich organisierte Heiratsvermittlung], *Asahi Shimbun*, 19. Mai 2006, S. 4.

19 Um eine Trendwende der niedrigen Geburtenrate herbeizuführen, beurteilten 38 Prozent der Auskunftgebenden einer Umfrage Veränderungen der Arbeitsumgebung als entscheidend, mehr als diejenigen, die die finanzielle Unterstützung von Familien mit kleinen Kindern anführten. ‹Keizai shien yorimo rōdō kankyō totonoete›. *Asahi Shimbun*, 2. April 2006, S. 1.

20 Shusshōritsu saitei 1,25 [Niedrigste Geburtenrate 1,25], *Asahi Shimbun*, 1. Juni 2006, S. 1.

21 In ihrem Leitartikel vom 3. Juni 2005 wies die *Yomiuri Shimbun* darauf hin, dass der «Angel Plan» von 1995 und der «New Angel Plan» von 2000 das weitere Absinken der Geburtenrate nicht verhindert haben. ‹Shusshōritsu 1.29. Teika keikō o dō hanten saseru› [Geburtenrate 1.29. Wie können wir den Abwärtstrend umkehren?], *Yomiuri Shimbun*, Morgenausgabe, 3. Juni 2005, S. 3. Die *Asahi Shimbun* nannte diese Politik in ihrem Leitartikel vom 5. Juni 2005 «beinahe nutzlos». ‹Shusshōritsu teisō. Umitai to omou shakai o› [Fall der Geburtenrate. Für eine Gesellschaft, die Kinder will!], *Asahi Shimbun*, 5. Juni 2005, S. 3.

22 Minister für Gesundheit und Arbeit Hakuo Yanagisawa am 27. 1. 2007 in einer Rede in Matsue.

BIBLIOGRAPHIE

Adachi, Kiyoshi. 2000. The development of social welfare services in Japan. In: Susan O. Long, (ed.) 2000. *Caring for the Elderly in Japan and the US*. London and New York: Routledge, 191–205.

Araki, Takashi. 1998. Recent legislative developments in equal employment and harmonization of work and family life in Japan. *Japan Labour Bulletin*, 37, 5–10.

Atoh, Makoto. 2000. *The Coming of a Hyper-aged and Depopulating Society and Population Policies. The Case of Japan*. New York: United Nations Population Division, UN/POP/PRA/2000/9.

Atoh, Makoto. 2005. Nihon no shōshika taisaku to kongo no tenbō [Maßnahmen gegen den Geburtenrückgang und Zukunftsaussichten]. In: Mainichi Shimbunsha Jinkōmondai Chōsakai (Hg.), *Jinkō gensho shakai no miraigaku* [Futurologie der schrumpfenden Gesellschaft]. Tokio: Ronsousya, 139–172.

Beck, Ulrich. 1986. *Risikogesellschaft. Auf dem Weg in eine andere Gesellschaft*, Frankfurt am Main: Suhrkamp.

Befu, Harumi. 2002. Globalization and human dispersal: Nikkei in the world. In: Lane R. Hirabayashi et al. (Hg.), *New Worlds, New Lives: Globalization and People of Japanese Descent in the Americas and from Latin America in Japan*. Stanford: Stanford University Press, 5–18.

Bishop, Beverley. 2000. Diversification of employment and women's work in contemporary Japan. In: J. S. Eades, Tom Gill and Harumi Befu (eds.), *Globalization and Social Change in Contemporary Japan*. Melbourne: Trans Pacific Press, 93–109.

Budak, Mary-Anne E., Kao-Lee Liaw, Hiroshi Kawabe. 1996. Co-residence of household heads with parents in Japan: a multivariate explanation. *International Journal of Population Geography* 2 (2) 133–152.

Campbell, John C. 1992. *How Politics Change: The Japanese Government and the Aging Society*. Princeton: Princeton University Press.

Chiavacci, David. 2005. Vom Nichtimmigrationsland zum Immigrationsland: der regionale Kontext der neuen Migration nach Japan. *Asien* 95, S. 9–29.

Clammer, John. 1997. *Contemporary Urban Japan. Sociology of Consumption.* Oxford: Blackwell.

Conrad, Harald. 2001. *The Japanese Social Security System in Transition. An Evaluation of Current Pension Reforms.* Tokyo: Deutsches Institut für Japanstudien.

Conrad, Harald und Vera Gerling. 2004. Seniorenmarketing in Japan. *Japanmarkt*, September 2004, 9–11.

Coulmas, Florian. 2000. *Japanische Zeiten. Eine Ethnographie der Vergänglichkeit.* Reinbek bei Hamburg: Kindler.

Douglas, Mike und Glenda S. Roberts (Hg.). 2000. *Japan and Global Migration: Foreign Workers and the Advent of Multicultural Society.* London: Routledge.

Eijingu Sōgōkenkyū Sentā (Hg.) 2002. *Nijūisseiki kōrei shakai no kiso chishiki* [Basiswissen über die alte Gesellschaft im 21. Jahrhundert]. Tokio: Chuohoki Shuppan.

Eisenstadt, S. N. 1996. *Japanese Civilization. A comparative view.* Chicago und London: The University of Chicago Press.

Elis, Volker. 2005. *Regionale Wirtschaftsförderung in Japan: Der Wirtschaftsraum der Präfektur Shizuoka.* Bonn: Bier'sche Verlagsanstalt.

Faruqee, Hamid und Martin Mühleisen. 2001. *Population aging in Japan: Demographic shock and fiscal sustainability.* IMF Working Paper 01/140.

Feeney, Griffith. 1990. *The Demography of Aging in Japan: 1950–2024.* NUPRI Research Paper Series No. 55. Tokio: Nihon University Population Research Institute.

Feldman, Eric A. 2000. *The Ritual of Rights in Japan. Law, Society and Health Policy.* Cambridge: Cambridge University Press.

Formanek, Susanne. 1992. Normative perceptions of old age in Japanese history: A study based on literary sources of the Nara and Heian periods. In: Susanne Formanek und Sepp Linhart (Hg.) *Japanese Biographies: Life Histories, Life Cycles, Life Stages.* Wien: Verlag der Österreichischen Akademie der Wissenschaften, 241–269.

Fries, James F. 1980. Aging, natural death, and the compression of morbidity. New *England Journal of Medicine* 303: 130–135.

Fuji, Masatake, Toshiyuki Furukawa. 2000. *Uerukamu jinkōgenshō shakai* [Herzlich willkommen, Entvölkerungsgesellschaft]. Tokio: Bunshun Shinsho.

Genda, Yūji. 2000. Parasaito shinguru no iiwake [Plädoyer für die ‹ledigen Schmarotzer›]. *Chūō Kōron* 4, 180–188.

Genda, Yūji und Mie Maganuma. 2006. Nīto. Furītā demo naku shitsugyō-sha demo naku [NEET. Weder Freeter noch Arbeitslose]. Tokio: Gento-sha.

Giddens, Anthony. 1991. *Modernity and Self-Identity. Self and society in the late modern age*. Cambridge: Polity Press.

Goodman, Roger et al. (Hg.) 2003. *Global Japan. The experience of Japan's new immigrant and overseas communities*. London und New York: RoutledgeCurzon.

Hackett, Roger F. 1968. Political modernization and the Meiji genro. In: Robert E. Ward (Hg.), *Political Development in Modern Japan*. Princeton: Princeton University Press, 65–97.

Harada, Yutaka. 2005. Isoide shakai o tsukurinaosō [Die Gesellschaft muss schnell umgebaut werden]. *Ronza*, Dezember, 28–35.

Hashimoto, Akiko. 1996. *The Gift of Generations. Japanese and American Perspectives on Aging and the Social Contract*. Cambridge: Cambridge University Press.

Hashimoto, Hiroko. 2004. Kōrei josei no kurashi to kaigo [Wohnen und Pflege älterer Frauen]. *Josei Hakusho 2004*. Tokio: Harupu Shuppan, 97–102.

Hayami, Akira. 1986. Population changes. In: Marius B. Jansen und Gilbert Rozman (Hg.), *Japan in Transition: from Tokugawa to Meiji*. Princeton: Princeton University Press, 280–317.

Hayase, Yasuko. 2005. Ajia no jinkō mondai to nihon [Asiens Bevölkerungsproblem und Japan]. In: Mainichi Shimbunsha Jinkōmondai Chōakai (Hg.), *Jinkō genshō shakai no miraigaku* [Futurologie der schrumpfenden Gesellschaft]. Tokio: Ronsousya, 99–137.

Hayashi, Shingo. 2005. *Shinobiyoru neo kaikyū shakai* [Die heranschleichende neue Klassengesellschaft]. Tokio: Heibonsha.

Hewitt, Paul S. 2002. Depopulation and ageing in Europe and Japan: The hazardous transition to a labor shortage economy. *Internationale Politik und Gesellschaft* (Bonn), 111–120.

Hewitt, Paul S. 2003. The gray roots of Japan's crisis. *Asia Program Special Report No. 107*. Woodrow Wilson International Center for Scholars, 4–9.

Higuchi, Yoshio. 2004. Employment for women and measures against a declining birthrate. In: *Search of Effective Measures to Slow Japan's Declining Birthrate*. Economic and Social Research Institute, Cabinet Office, Government of Japan, Dezember 14, 2004.

Higuchi, Yoshio. 2004 a. *Dankai sedai no teinen to nihon keizai* [Die Verrentung der Babyboomgeneration und die japanische Wirtschaft]. Tokio: Nippon Hyoronsha.

Higuchi, Yoshio. 2005. Dankai teinen ga tou shokuba kaikau [Verrentung der Babyboomer wirft Fragen über Arbeitsplatzreform auf]. *Nihon Keizai Shimbun*, 24. Juli 2005, S. 21.

Higuchi, Yoshio und Zaimushō Zaimu Sōgō Seisaku Kenkyūsho (Hg.), 2003. *Nihon no Shotoku Kakusa to Shakai Kaisō* [Einkommensunterschiede und soziale Schicht in Japan]. Tokio: Nippon-Hyoron-Sha.

HILL. 2003. *Kyodai shijō ‹erudā› no tanjō* [Entstehung des großen «Altenmarkts»]. Tokio: President.

Hinohara, Shigeaki. 2002. *Hinohara Shigeaki ikikata tetsugaku – yoku iki, yoku oi, yoku yami, yoku shinu* [Shigeaki Hinoharas Lebensphilosophie – gut leben, gut altern, gut heilen, gut sterben]. Tokio: Chuohoki Shuppan.

Hiroshima, Kiyoshi. 1997. Setai kōzō no henka [Wandel der Haushaltsstruktur]. In: Makoto Atoh und Hiroyuki Kanekiyo (Hg.), *Jinkō hendō to kazoku*. [Demographischer Wandel und die Familie]. Tokio: Hara Shobo, 46–69.

Hirschman, Charles. 1994. Why fertility changes. *Annual Review of Sociology*, 20: 203–233.

Hisatake, Ayako. 2003. *Fūfu bessei, sono rekishi to haikei* [Verschiedene Nachnamen für Ehepartner, Geschichte und Hintergrund]. Kyoto: Sekai Shisōsha.

Hodge, Robert W. und Naohiro Ogawa. 1991. *Fertility Change in Contemporary Japan*. Chicago und London: The University of Chicago Press.

Hoffman, Michael. 2004. Should oldies hang up their car keys? *Sunday Mainichi*, 7. November.

Horioka, C. Y. 2001. Japan's public pension system in the twenty-first century. In: M. Blomstrom, B. Gagnes, und S. La Croix (Hg.), *Japan's New Economy*. New York, N. Y.: Oxford University Press, 99–119.

Hosaka, Masayasu. 2000. *Anrakushi to songenshi – iryō no naka no sei to shi* [Euthanasie und Sterben in Würde – Leben und Tod in der Medizin]. Tokio: Kodansha.

House, James S., Cynthia Robbins, Helen L. Metzner. 1982. The association of social relationships and activities with mortality: prospective evidence from the Tecumseh Community Health Study. *American Journal of Epidemiology* 116: 123–140.

Hugo, Graeme. 1998. The demographic underpinnings of current and future international migration in Asia. *Asian and Pacific Migration Journal*, 7(1), 1–25.

Ibe, Hideo. 2000. *Aging in Japan*. International Longevity Center-USA, Ltd., WP-2000–02 www.ilcusa.org (Zugriff 15. 1. 2007).

Ichikawa, Kōichi. 2003. Wakamonoron no keifu. Wakamono ha dou katara-retaka [Eine Genealogie von Jugenduntersuchungen. Die Darstellung jun-ger Menschen]. *Ningen kagaku kenkyū* (Bunkyō Daigaku), 25, 123–130.

Inaba, Keiko. 2000. *Otoko no kaigoryoku* [Die Stärken männlicher Pflege]. Tokio: Mokubashokan.

Inoguchi, Yasushi. 2001. *Gaikokujin rōdōsha shinjidai* [Das neue Zeitalter ausländischer Arbeitnehmer]. Tokio: Chikuma Shobo.

Inoue, Teruko, und Yumiko Ehara (Hg.), 2005. *Josei no dēta bukku* [Frauen-Daten-Buch] 4. Aufl. Tokio: Yuhikaku.

Institute for Social Education. 1994. *Chōjushakai no michinori o saguru* [Wohin geht die alte Gesellschaft?]. Oktober. Tokio: Institute for Social Education.

Ishi, Angelo. 2003. Transnational strategies by Japanese-Brazilian migrants in the age of IT. In: Roger Goodman et al. (Hg.). 2003. *Global Japan. The experience of Japan's new immigrant and overseas communities*. London und New York: Routledge-Curzon, 209–221.

Itō, Kimio. 1996. *Danseigaku nyūmon* [Einführung in Männerstudien]. Tokio: Sakuhinsha.

Iwasaki, Motoki et al. 2002. Social networks and mortality based on the Komo-Ise cohort study in Japan. *International Journal of Epidemiology*, 31: 1208–1218.

Jenike, B. Robb. 1997. Home-based health care for the elderly in Japan: a silent system of gender and duty. In: Susanne Formanek und Sepp Linhart (Hg.). *Aging. Asian Concepts and Experiences Past and Present.* Vienna: Verlag der Österreichischen Akademie der Wissenschaften, 329–346.

Kajimoto, Tetsushi. 2001. Foreign workforce movin' on up. *The Japan Times*, 1. Januar, S. 3.

Kamppeter, Werner. 2005. *Rentenreform in Japan. Zukunftsfähig ohne radikale Schnitte.* http://www.nachdenkseiten.de/upload/pdf/sachfr_laender_051120.pdf (Zugriff 15.1.2007).

Kaneyama, Ryūichi. 2005. *Keiō hyakkaten. Mago juyō mo torikumu ‹shinia no kan› no chōsen* [Keio Department Store, auch im ‹Seniorentrakt› die Nachfrage der Enkel wecken]. *Shūkan Ekonomisuto*, 15. November 2005, 26.

Katagiri, Keiko. 1999. Teinenki no nettowāku henka [Wandel der Bezie-hungsnetzwerke im Ruhestand]. *Tōtatsusha nado no shūgyō to seikatsu jittai ni kansuru chōsa kenkyū hōkokusho*, 87–102. Tokio: Zaidan Hōjin Kōreisha Koyō Kaihatsu Kyōkai.

Kawakami, Ikuo. 2001. *Ekkyō suru kazoku. Zainichi betonamukei jūmin no seikatsu sekai* [Familien über Grenzen. Das Leben der Vietnamesen in Japan]. Tokio: Akashi Shoten.

Kikuchi, Mayumi. 2004. Rōgo no seikatsu [Leben im Alter]. In: Hiroaki Shimizu et al. (Hg.), *Kazoku kakumei* [Die Familienrevolution]. Tokio: Koubundou, 193–199.

Kimura, Rihito. 2002. Bioethical public policy and the making of the 1997 Japanese Long-Term Care Insurance Law. In: H. Conrad, R. Lützeler (Hg.), *Aging and Social Policy, a German-Japanese Comparison*. München: Iudicium, 335–349.

Kingston, Jeff. 2004. *Japan's Quiet Transformation. Social change and civil society in the twenty-first century*. London and New York: Routledge-Curzon.

Klein, Axel, Ralph Lützeler und Hans Dieter Ölschleger (Hg.), 2002. *Modernization in Progress. Demographic development and value change in contemporary Europe and East Asia*. Bonn: Bier'sche Verlagsanstalt.

Kohara, Miki, und Fumio Ohtake, 2004. *Do Japanese children adequately take care of their frail elderly parents?* http://www.esri.go.jp/jp/prj-rc/macro/macro15/o7–6-R.pdf (Zugriff am 15. 1. 2007).

Kokuritsu Shakaihoshō Jinkōmondai Kenkyūsho [Forschungsinstitut für Bevölkerung und soziale Sicherheit]. 2000. *Daini kai zenkoku katei dōkō chōsa, kekka no gaiyō* [Zweite landesweite Familienstudie, Ergebnisse im Überblick]. Tokio: Kokuritsu Shakaihoshō Jinkōmondai Kenkyūsho.

Kokuritsu Shakaihoshō Jinkōmondai Kenkyūsho. 2004. *Jinkō tōkei shiryōshū* [Sammlung statistischer Bevölkerungsdaten]. Tokio: Kokuritsu Shakaihoshō Jinkōmondai Kenkyūsho.

Kokuritsu Shakaihoshō Jinkōmondai Kenkyūsho. 2005. *Jinkō no dōkō. Nihon to sekai. Jinkō tōkei shiryōshū* [Bevölkerungstrends Japans und der Welt. Statistische Datensammlung]. Tokio: Kōsei Tōkei Kyōkai.

Komai, Hiroshi. 1999. *Nihon no gaikokujin imin* [Japans Arbeitsmigranten]. Tokio: Akashi Shoten.

Kono, Shigemi. 2003. Demographic aspects of population aging in Japan. In: Japan Aging Research Center (ed.), *Aging in Japan*. Tokio: Japan Aging Research Center, 7–51.

Kōno, Shigemi. 2006. *Teishusshōritsu senshinkoku de kōzōka* [Niedrige Geburtenraten werden in entwickelten Ländern strukturell]. *Nihon Keizai Shimbun*, 17. Februar, S. 29.

Kōsei Rōdō Hakusho 2005 [Weißbuch des Ministeriums für Gesundheit und Arbeit 2005]. Tokio: Sōmushō Tōkeikyoku.

Kōsei Rōdōshō. 2005. Gaikokujin koyō jōkyō hōkoku (heisei jūnananenn rokugatsu tsuitachi genzai) no kekka ni tsuite [Bericht über die Beschäftigungssituation ausländischer Arbeitnehmer, 1. Juni 2005]. Tokio: Ministerium für Gesundheit, Arbeit und Wohlfahrt (unter Leitung von Kumiko Morizane).

Kusaka, Kimindo. 2005. ‹Jinkō genshō› de nihon ha hanei suru [‹Entvölke-rung› wird Japan reich machen]. Tokio: Shōdensha.

Kusuda, Yoshihiro. 2003. Medical robots in Japan. *Industrial Robot: An International Journal*, 30: 35–37.

Li, Setsuko. 2005. Kokusai kekkon ga futsū ni naru toki. Taminzokuka suru nihon [Internationale Ehen nicht mehr ungewöhnlich: Die ethnische Pluralisierung Japans]. *Wochi Kochi* no. 3, 41–45.

Lie, John. 2001. *Multiethnic Japan*. Cambridge, Mass. und London: Harvard University Press.

Linhart, Sepp. 1997. Does *oyakōkō* still exist in present-day Japan? In: Susanne Formanek und Sepp Linhart (Hg.), *Aging. Asian Concepts and Experiences Past and Present*. Vienna: Verlag der Österreichischen Akademie der Wissenschaften, 297–328.

Lösch, August. 1936. Population cycles as a cause of business cycles. *Quarterly Journal of Economics*, 51: 649–62.

Long, Susan Orpett, und Phyllis Braudy Harris. 2000. Gender and elder care: social change and the role of the caregiver in Japan. *Social Science Japan Journal*, 3, 1: 21–36.

Machino, Saku. 1997. *Anrakushi, songenshi, makki iryō. Shiryō, seimei riron to hō* [Euthanasie, Sterben in Würde und terminale Pflege. Materialien zu Bioethik und Recht]. Tokio: Shinzansha.

MacKellar, Landis, Tatiana Ermolieva, David Horlacher, Leslie Mayhew. 2004. *The Economic Impact of Population Aging in Japan*. Cheltenham, UK, Northampton, MA, USA: Edward Elgar.

Mannheim, Karl. 1928/29. Das Problem der Generationen. *Kölner Vierteljahresschrift für Soziologie* 7, 157–185 und 309–330.

Masuda, Masanobu, und Katsuhisa Kojima. 2001. Japanese social security for the elderly from a viewpoint of life cycles. *Review of Population and Social Policy* 10, 37–54.

Maxwell, Robert J., Philip Silverman und Eleanor Maxwell. 1982. The motive for geronticide. In: Jay Sokolovsk, (Hg.), *Aging and the Aged in the Third World: Part I, Studies in Third World Societies*, Nr. 22. Williamsburg, Va.: College of William and Mary.

Matsutani, Akihiko. 2004. *Jinkō genshō keizai no atarashii kōshiki* [Eine neue Formel für eine ‹Volkswirtschaft mit Entvölkerung›]. Tokio: Keizai Shimbunsha.

Matsutani, Akihiko und Fujimasa Iwao. 2002. Jinkō genshō shakai no sekkei [Ein Plan für eine Gesellschaft mit sinkender Geburtenrate]. Tokio: Chuko Shinsho /1646)

Mitsui, Yoji. 2006. *Furō fushi no saiensu* [Die Wissenschaft von der ewigen Jugend und der Unsterblichkeit]. Tokio: Shinchosha.

Miura, Fumio. 1988. *Kōreika shakai to kimitachi* [Die alternde Gesellschaft und ihr]. Tokio: Iwanami Shoten.

Miura, Atsushi. 2005. *Karyū shakai. Aratana kaisō shūdan no shutsugen* [Der Unterlauf der Gesellschaft. Auftreten einer neuen Klasse]. Tokio: Kobunsha (shinsyo 221).

Miyamoto, Michiko, Mami Iwagami und Masahiro Yamada. 1997. *Mikonka shakai no oyako kankei. O-kane to aijō ni miru kazoku no yukue* [Eltern-Kind-Beziehungen in einer Gesellschaft mit wachsender unverheirateter Bevölkerung. Aussichten der Familie vor dem Hintergrund von Geld und Liebe]. Tokio: Yuhikaku.

Miyoshi, Hiroaki. 1999. Imin ukeire ni yoru waga kuni jinkō kōzō no henka [Auswirkungen der Immigration auf die Bevölkerungsstruktur]. *Kokusai Kōkyō Seisaku Kenkyū* 3: 137–93.

Miyoshi, Hiroaki. 2000. Imin no oyobosu keizaiteki eikyō [Der wirtschaftliche Einfluss der Immigranten]. *Kokusai Kōkyō Seisaku Kenkyū*, 4: 77–93.

Moerke, Andreas, und Simon Kamann. 2005. *Herausforderungen des demografischen Wandels: Fallbeispiel Automobilindustrie.* Deutsches Institut für Japanstudien, Working Paper 05/4.

Möhwald, Ulrich, 2000. Trends in value change in contemporary Japan. In: J. S. Eades, Tom Gill und Harumi Befu (Hg.), Globalization and Social Change in Contemporary Japan. Melbourne: Trans Pacific Press, 55–75.

Mori, Kenji. 2004. Kazoku kakumei no yukue [Aussichten der Familienrevolution]. In: Hiroaki Shimizu et al. (Hg.) *Kazoku kakumei* [Die Familienrevolution]. Tokio: Koubundou, 230–237.

Mori, Koichi. 1999. Burajiru kara no nikkeijin dekasegi no jūgonen kanryū-gata ijū [15 Jahre Migration und Remigration von Brasilianern japanischer Abstammung]. Tokio: Justizministerium, *Latin America Report* 16, 2–13.

Morinaga, Takuro. 2004. *Kane ha nakutomo ko ha sodatsu. Shinpuru jinsei no kyōiku sekkei.* [Kinder werden erwachsen, mit oder ohne Geld. Ausbildungsplan für ein einfaches Leben]. Tokio: Chuko Shinsho (rakure 161).

Morioka, Kiyomi. 1997. Generational relations and their changes as they affect the status of older people in Japan. In: Tamara K. Hareven (Hg.) *Aging and Generational Relations. Life-Course and Cross-Cultural Perspectives.* New York: Aldine de Gruyter, 263–280.

Mosk, Carl. 1979. The decline of marital fertility in Japan. *Journal of Population Studies*, 33: 19–38.

Motani, Kōsuke. 2005. Nanajussai ijō jinkō ha 2020 nen ni 1.8 bai ni fueru [Die Bevölkerung über 70 wird bis 2020 mit dem Faktor 1.8 zunehmen]. *Ekonomisuto* 25. Oktober, S. 96 f.

Murakami, Yasusuke. 1984. *Shin chūkan taishū no jidai. Sengo nihon no kaibōgaku* [Die Epoche der neuen Mittelmasse. Nachkriegsjapan unter der Lupe]. Tokio: Chuokoronsha.

Muramatsu, Minoru. 2002. Sengo no kajōjinkō to sanjiseigen [Bevölkerungsüberschuss und Geburtenplanung nach dem Zweiten Weltkrieg]. Nihon jinkō gakkai (ed.) *Jinkō Daijiten* [Bevölkerungsenzyklopädie]. Tokio: Baifūkan, 905–910.

Nada, Inada. 2003. *Rōjintō Sengen* [Manifest der Partei der Alten]. Tokio: Chikuma Shobō.

Naikakufu (Hg.). 2001. *Kōreishakai Hakusho* [Weißbuch zur alternden Gesellschaft 2001]. Tokio: Zaimushō Insatsu Kyoku.

Naikakufu (Hg.). 2005. *Shōshika Shakai Hakusho* [Weißbuch zur kinderarmen Gesellschaft]. Tokio: Gyosei.

Nakanishi, Takashi. 2004. *60 sai kara no bōhan techō* [Handbuch zur Verbrechensverhütung für Menschen über 60]. Tokio: Shueisha Shinsho.

Nakayama, Fukiko. 2005. ‹*Oijitaku*› *Seinen kōken seido to yuigon* [Altern zu Hause. Betreuungssystem und Testament]. Tokio: Bunshun Shinsho.

NHK Hōsō Bunka Kenkyūsho. 2004. *Gendai Nihonjin no ishiki kōzō* [Struktur der Einstellungen der Japaner heute]. Tokio: Nihon Hōsō Shuppan Kyōkai.

Nihon Kodomo Shiryō Nenkan, 2005 [Materialsammlung zu Japans Kindern 2005] Ogino, Miho. 2005. Kindai kazoku to seishoku gijutsu [Die moderne Familie und reproduktive Technologien]. *Nihongakuhō*, Osaka Daigaku, S. 39–47.

‹Nihon no ronten› henshūbu. 2005. *Jūnen go no nihon* [Japan in zehn Jahren]. Tokio: Bungeishunju.

Nihon Tōkei Nenkan Heisei 18 Nen [Statistisches Jahrbuch Japans 2006]. Tokio: Sōmushō Tōkeikyoku.

Nikkei Research Institute of Industry and Markets. 2003. *Dankai sedai no shōhi to kōdō* [Das Konsumverhalten der Babyboomgeneration]. Tokio: Nikkei Research Institute of Industry and Markets.

Ninomiya, Masato, und Aurea Christine Tanaka. 2004. Brazilian workers in Japan. *University of Tokyo Journal of Law and Politics*, 1: 121–143.

Nishitani, Osamu. 1989. Fushi no wandā rando [Das Wunderland der Unsterblichkeit]. *Gendai Shisō*, 17/9: 50–66.

Norbeck, Edward. 1953. Age-grading in Japan. *American Anthropologist*, 55: 373–384.

Oeppen, Jim, und James W. Vaupel. 2002. Broken limits to life expectancy. *Science* 296: 1029–1031.

Ölschleger, Hans Dieter. 2002. Fertility and marriage in Japan: On the relationship between value change and demographic behaviour. In: Axel Klein, Ralph Lützeler und Hans Dieter Ölschleger (Hg.), *Modernization in Progress*. Bonn: Bier'sche Verlagsanstalt, 257–283.

Ogawa, Naohiro. 1998. The socioeconomic consequences of population aging in Japan. *National Institute of Research Advancement*, Herbst 1998.

Ogawa, Naohiro. 2003. Population aging and its impact on the socioeconomic system in Japan. In: Japan Aging Research Center (Hg.). *Aging in Japan*. Tokio: Japan Aging Research Center, 123–150.

Ogawa, Naohiro, und Robert D. Retherford. 1993. Care for the elderly in Japan: Changing norms and expectations. *Journal of Marriage and the Family*, 55: 585–597.

Ogino, Miho. 2005. Kindai kazoku to seishoku gijutsu [Reproduktionstechnologien und die moderne Familie]. *Nihongakuhō*, Osaka University, 39–47.

Ohnuki-Tierney, Emiko. 1994. Brain death and organ transplantation. Cultural bases of medical technology. *Current Anthropology* 35, 3: 233–254.

Ohtake, Fumio. 1999. Aging society and inequality. *Japan Labor Bulletin*, 5–11.

Onshi Zaidan Boshi Aiikukai, Nihon Kodomo Katei Sōgō Kenkyūsho (Hg.) Nihon Kodomo Shiryō Nenkan, 2005 (Materialsammlung zu Japans Kindern 2005] Tokio: KTC Chūō Shuppan.

Ōtake, Fumio. 2005. *Nihon no fubyōdō. Kakusa shakai no gensō to mirai* [Japans Ungleichheit. Illusionen und Aussichten der Differenzgesellschaft]. Tokio: Nihon Keizai Shimbunsha.

Ōtake, Fumio. 2006. ‹Kakusa ha ikenai› no fumō [Eine fruchtlose Debatte über (Einkommens-)Unterschiede], *Ronza*, April, 104–109.

Ohtake, Fumio, und Charles Y. Horioka. 1994. Chochiku dōki [Motive des Sparens]. In: Tsuneo Ishikawa (Hg.), *Nihon no shotoku to tomi no bunpai* [Einkommens- und Vermögensverteilung in Japan]. Tokio: Tokyo University Press, 211–244.

Okamura, Kiyoko et al. 1997. *Eijingu no shakaigaku* [Soziologie des Alterns]. Tokio: Nippon Hyoronsho.

Okasaki, Yoichi. 2002. Kazoku no raifusaikuru [Der Lebenslauf der Familie]. In: Eijingu Sōgōkenkyū Sentā (ed.), *Nijūisseiki kōrei shakai no kiso chishiki*. Tokio: Chuohoki Shuppan, 41–45.

Osawa, Mari. 2004. Nihon no fukushi kokka to jendā: shakai kenkyū ni sokusuru [Japan's welfare state and gender: based on social research]. In: Hiroko Hara et al. (Hg.) *Jendā mondai to gakujutsu kenkyū* [Japans Sozialstaat und Gesellschaft: auf der Grundlage sozialwissenschaftlicher Forschung]. Tokyo: Domes Shuppan, 92–100.

Ōsawa, Mari. 2004. People in irregular modes of employment: Are they really not subject to discrimination? In: Masami Nomura und Yoshihiko Kamii (Hg.), *Japanese Companies. Theories and Realities*. Melbourne: Trans Pacific Press, 39–63.

Peng, Ito. 2002. Social care in crisis: Gender, demography, and welfare state restructuring in Japan. *Social Politics*, 9: 411–433.

Reed, Steven R. 1994. The incumbency advantage in Japan. In: Albert Somit, Rudolf Wildenmann, Bernhard Boll (Hg.), *The Victorious Incumbent: A Threat to Democracy?* Aldershot: Dartmouth Publ., 278–303.

Robine, Jean-Marie, Yasuhiko Saito, Carol Jagger. 2003. The emergence of extremely old people: the case of Japan. *Experimental Gerontology* 38: 735–739.

Sagaza, Haruo. 1999. *Kōreisha no raifusutairu* [Der Lebensstil älterer Menschen]. Tokio: Waseda Daigaku Shuppanbu.

Saidel, Andrew. 2003. Japan 2003: The politics of aging. *The New Old World: Politics of Aging*, Washington DC, September 2003. http://www. aarp.org/research/intl/comparisons/a2003–09–25-Saidel.html (Zugriff Januar 2007).

Saito, Masahiko. 2000. Disclosure, decisions, and dementia in Japan. In: Long, Susan Orpett (Hg.), *Caring for the Elderly in Japan and the US*. London and New York: Routledge, 303–317.

Saitō, Takao. 2004. *Kikai Fubyōdō Shakai* [Gesellschaft ungleicher Chancen]. Tokio: Bunshun Bunkō.

Saitō, Takao, und Shingo Hayashi. 2006. *Nippon fukōsei shakai* [Die unfaire Gesellschaft Japan]. Tokio: Heibonsha.

Saitō, Tamaki. 1998. *Shakaiteki hikikomori* [Rückzug aus der Gesellschaft]. Tokio: PHP.

Saitō, Tamaki, und Junko Sakai. 2006. ‹Seiai› kakusaron. *Moe to mote no aida de* [Über sexuelle Unterschiede. Zwischen Fetisch und Reiz]. Tokio: Chuokoronsha.

Sakai, Junko. 2003. *Makeinu no tooboe* [Geheul des geprügelten Hundes]. Tokio: Kodansha.

Sanada, Shinji, und Hiroshi Shōji (eds.). 2005. *Nihon no tagengo shakai* [Japans vielsprachige Gesellschaft]. Tokio: Iwanami Shoten.

Satō, Toshiki. 2000. *Fubyōdō shakai nihon – Sayōnara sochūryū* [Japan, die ungleiche Gesellschaft – Abschied von der Mittelschicht]. Tokio: Chuokoronsha.

Schmid, Josef. 2002. Japan's demographic transition. In: Axel Klein, Ralph Lützeler, und Hans Dieter Ölschleger (Hg.), *Modernization in Progress*. Bonn: Bier'sche Verlagsanstalt, 81–95.

Seike, Atsushi. 2005. *Kōrei shakai ni mukete koyō kaikaku* [Beschäftigungs-reform im Hinblick auf die alternde Gesellschaft]. Tokio: Foreign Press Center Japan.

Sellek, Yoko. 1997. Nikkeijin. The phenomenon of return migration. In: Michael WEINER (Hg.) *Japan's Minorities. The Illusion of Homogeneity.* London and New York: Routledge, 178–210.

Shibuya, Ken. 2001. Sono go no hitotachi. Rōjin kaigo no fōkuroa [Die Menschen danach. Volkskunde der Altenpflege]. *Kokuritsu Rekishi Min-zoku Hakubutsukan Kenkyū Hōkoku,* 91: 411–426.

Shimazaki, Naoko. 2004. Chūnenki no fūfu [Paare in den mittleren Jahren]. In: Hiroaki Shimizu et al. (Hg.), *Kazoku kakumei* [Die Familienrevolu-tion]. Tokio: Koubundou, 167–173.

Shimizu, Hiroaki. 2001. Kōreisha no nakama shūdan, nakama kankei to kazoku-shinzoku kankei. Kigyō taishokusha no jirei o chūshin ni shite [Beziehungen älterer Menschen mit Freunden und Verwandten; Fall-studie von Rentnern]. In: Kiyoe Sugimoto, Kiyoe. (Hg.) 2001. *Nihon to kōreika. Nihon shakai o kaidoku suru* [Japan und die Alterung. Die japa-nische Gesellschaft interpretieren]. Tokio: Ningen to Kagaku Shinsha.

Shimizu, Hiroaki et al. (Hg.). 2004. *Kazoku kakumei* [Die Familienrevolu-tion]. Tokio: Koubundou.

Shirahase, Sawako. 2002. *Japanese Income Inequality by Household Type in Comparative Perspective.* Forschungsbericht, Kokuritsu Shakaihoshō Jinkōmondai Kenkyūsho [Staatliches Forschungsinstitut für Bevölke-rung und soziale Sicherheit]. https://www.nuff.ox. ac.uk/rc28/papers/shirahase.pdf (Zugriff 10. Januar 2007).

Shirahase, Sawako. 2005. *Shōshikōreishakai no mienai kakusa. Jendā, sedai, kaisō no yukue* [Unsichtbare Unterschiede in der geburtenarmen, alten Gesellschaft. Geschlecht, Generation und soziale Schicht.] Tokio: Tokyo University Press.

Shire, Karen. 2000. Gendered organization and workplace culture in Japa-nese customer services. *Social Science Japan Journal* 3 (1), 37–57.

Statistisches Bundesamt. 2006. Bevölkerung Deutschlands bis 2050, 11. ko-ordinierte Bevölkerungsvorausberechnung. Wiesbaden: Statistisches Bundesamt.

Sugimoto, Kiyoe (Hg.), 2001. *Nihonjin to kōreika* [Die Japaner und die Al-terung]. Tokio: Ningen to Kagaku Shinsha.

Sumitomo Group. 2001. The 21st century, the age of the senior citizen. Spe-cial Report. *People to People.* http://www.sumitomo.gr.jp/english/dis-coveries/special/79_04.html (Zugriff 10. Januar 2007)

Suzuki, Nobue. 2000. Women imagined, women imaging: Representations of Filipinas in Japan since the 1980s. *U. S.-Japan Women's Journal,* 19 (special issue) 142–175.

Tabellini, Guido. 2000. A positive theory of social security. *Scandinavian Journal of Economics* 102: 523–545.

Tachibanaki, Toshiaki. 1998. *Nihon no keizai kakusa – shotoku to shisan kara kangaeru* [Japans wirtschaftliche Ungleichheit – Einkommen und Vermögen]. Tokio: Iwanami Shoten.

Tachibanaki, Toshiaki. 2006. Amerikagata fuanshakai de ii no ka. Kakusa, nenkin, shitsugyō, shōshika mondai he no shohōsen [Wollen wir eine unsichere Gesellschaft wie Amerika? Formeln für Differenz, Rente, Arbeitslosigkeit und das Problem des Geburtenrückgangs]. Tokio: Asahi Shimbunsha.

Tago, Akira. 2004 a. *Hitorikko chōnan no tame no hon* [Ein Buch für Söhne, die Einzelkind sind]. Tokio: Shinkosha.

Tago, Akira. 2004 b. *Hitorikko chōjo no tame no hon* [Ein Buch für Töchter, die Einzelkind sind]. Tokio: Shinkosha.

Tago, Akira. 2005 a. *Hitorikko chōnan no fubo no hon* [Ein Buch für Eltern, deren Sohn Einzelkind ist]. Tokio: Shinkosha.

Tago, Akira. 2005 b. *Hitorikko chōjo no fubo no hon* [Ein Buch für Eltern, deren Tochter Einzelkind ist]. Tokio: Shinkosha.

Takahashi, Shigesato. 2003. Overview of future trends in population of Japan. In: Aging Research Center (Hg.), *Aging in Japan*. Tokio: Japan Aging Research Center, 53–66.

Takahashi, Shigesato. 2004. Raifusaikuru to kazoku [Lebenslauf und Familie]. In: Makoto Atoh and Hiroyuki Kanekiyo (eds.), *Jinkō hendō to kazoku* [Bevölkerungsdynamik und Familie]. Tokio: Hara Shobo, 70–89.

Takayama, Noriyuki. 2001. *Japanese social security pensions in the twenty-first century*. International Seminar on Pensions, 5–7 March, 2001, Hitotsubashi University, Tokyo. http://www.ied.hit-u. ac.jp/~takayama/index.html.

Takayama, Noriyuki. 2004. *Shinrai to anshin no nenkin kaikaku* [Rentenreform: Vertrauen und Sicherheit]. Tokio: Tōyō Keizai Shinpōsha.

Takenaga, Mutsuo. 1998. *Otoko no kaigo* [Pflege durch Männer]. Tokio: Hoken.

Talcott, Paul D. 2001. *Respect for the Elderly's Votes: Theories of Interests and the Elderly in Japanese Healthcare Policy, 1995–2000*. U. S.-Japan Relations Occasional Paper 00–14. Weatherhead Center for International Affairs and the Edwin O. Reischauer Institute of Japanese Studies, Harvard University.

Talcott, Paul D. 2002. The politics of Japan's long-term care insurance system. In: Harald Conrad, Ralph Lützeler (Hrg.) *Aging and Social Policy. A German-Japanese Comparison*. München: Iudicium, 89–121.

Tanaka, Naoki. 1998. *Borantea no jidai: NPO ga shakai o kaeru* [Zeitalter der Freiwilligen: NPOs verändern die Gesellschaft]. Tokio: Iwanami Shoten.

Taniguchi, Masatoshi. 2004. *Social Security, Health Care and Public Hygiene*. http://www.stat.go.jp/English/data/handbook/pdf/c15cont.pdf (Zugriff Januar 2007).

Tateiwa, Shinya. 2005. *Seizon no arasoi-no tame ni, 1* [Über den Kampf ums Überleben, Teil 1]. Kioto: Ritsumeikan Daigaku Daigakuin Sentan Sōgōgakujutsu Kenkyūka.

Thang, Leng Leng. 2003. Generational reengagements: Changing demographic patterns and the revival of intergenerational contact in Japan. In: John W. Traphagan und John Knight (Hg.). *Demographic Change and the Family in Japan's Aging Society*. Albany, N. Y.: State University of New York Press, 77–88.

Tokyo Chamber of Commerce and Industry. 2003. *Shinia kokyaku no ‹konsheruju› ni narō* [Lasst uns ‹concierge› für ältere Kunden werden]. Tokyo Chamber of Commerce and Industry.

Tomioka, Emiko und Mutsuko Yoshioka. 2001. *Gendai nihon no josei to jinken* [Japanerinnen der Gegenwart und Menschenrechte]. Tokio: Akaishi Shoten.

Tsuchiya, Hiroyuki. 2000. Telecare for the elderly. In: German-Japanese Cooperation Council for Hightech and Environmental Technology (ed.), *Health Telematics for the Elderly*. Bonn: Deutsch-Japanischer Kooperationsrat für Hochtechnologie und Umwelttechnik, 145–154.

Tuljapurkar, Shripad, Nan Li, Carl Boe. 2000. A universal pattern of mortality decline in the G7 countries. *Nature* vol. 405, 789–792.

Uchida, Mitsuru. 1986. *Shirubā demokurashī – kōrei shakai no seijigaku* [Silver democracy – political science of aging societies]. Tokio: Yuhikaku.

Uchida, Mitsuru, und Katsuyoshi Iwabuchi. 1999. *Eijingu no seijigaku* [Politologie des Alterns]. Tokio: Waseda Daigaku Shuppanbu.

Uchihashi, Katsuto. 2005. Ushinawareta ‹ningen no kuni› [The lost «human country»]. *Sekai*, November, 36–44.

Ueno, Chizuko. 2002. Danseigaku no susume [Empfehlung für Männerstudien]. In: Chizuko Ueno, *Sai no seijigaku*. Tokio: Iwanami Shoten, 208–237.

Ueno, Chizuko. 2005. *Oiru junbi. Kaigo suru koto, sareru koto* [Vorbereitung aufs Alter. Pflegen und gepflegt werden]. Tokio: Gakuyo Shobo.

van Wolferen, Karel. 1990. *The Enigma of Japanese Power*. New York: Vintage.

Wadai no tatsujin club 2004. *Sekai de ichiban omoshiroi nihonjin no dēta* [Die interessantesten Daten über Japan]. Tokio: Seishun.

Whitten, Darrel. 2003. Japan's ‹new› seniors drive consumption. The J@pan Inc Newsletter, 2. September 2003. http://www.japaninc.net/newsletters/?list=mw & issue=42 (Zugriff am 15. Januar 2007).

Wu, Yongmei. 2004. *The Care for the Elderly in Japan.* London: Routledge-Curzon.

Yamada, Masahiro. 1999. *Parasaito shingeru no jidai* [Zeitalter der ledigen Schmarotzer]. Tokio: Chikuma Shinsho.

Yamada, Masahiro. 2004 a. *Parasaito shakai no yukue. Dēta de yomitoku nihon no kazoku* [Wohin geht die Gesellschaft der (ledigen) Schmarotzer? Eine datenbasierte Interpretation der japanischen Familie]. Tokio: Chikuma Shinsho.

Yamada, Masahiro. 2004 b. Josei ga kekkon aite ni nozomu mono ha henka suru no ka? [Ändern sich die Wünsche der Frauen bezüglich eines Ehepartners?] *Kyōdō Sankaku* 21, 30 f.

Yamada, Masahiro. 2004 c. *Kibō Kakusa Shakai. ‹Makegumi› no yetsubōkan ga Nihon o hikisaku* [Gesellschaft der Erwartungsunterschiede. Die Hoffnungslosigkeit der ‹Verlierer› entzweit Japan]. Tokio: Chikuma Shobo.

Yamaguchi, Kazuo. 2006. On the relationship between female labor-force participation and fertility rate: An analysis of OECD countries and its policy implications. *METI Journal* 4: 58–61.

Yazawa, Hirotake. 1999. Sengo Nihon no chiiki kaihatsu seisaku ha hatashite seikō shita no ka-Ciiki kan kakusa no 18 kakoku hikaku [War Japans Regionalentwicklungspolitik seit dem Krieg erfolgreich? Ein Vergleich regionaler Disparitäten in 18 Landkreisen]. *Chiiki Kaihatsu* 99/1: 28–41.

Yokoyama, Yoshinori. 2006. *Amerika to kurabenai Nihon. Sekaihatsu no ‹senshin kadai› o jirikikaiketsu suru* [Ein Japan, das sich nicht mehr mit Amerika vergleicht. An der Spitze der Welt Fortschrittsprobleme aus eigener Kraft lösen]. Tokio: Firstpress.

Yoshida, Hiroshi. 2006. Jinkō kōzō no kōreika to chihō jijitai e no eikyō, shusshōritsu sai no yōin [Die alternde Bevölkerungsstruktur und ihr Einfluss auf regionale Verwaltungen, Ursachen der Fertilitätsunterschiede]. In: Yoshio Higuchi and Zaimushō Zaimu Sōgō Seisaku Kenkkyūsho (eds.). 2006. *Shōshika to nihon no keizai shakai. Futatsu no shinwa to hitotsu no shinjitsu* [Rückläufige Fertilität und Japans Wirtschaftsgesellschaft. Zwei Mythen und eine Wahrheit.] Tokio: Nippon Hyoronsha, 307–333.

Yoshikawa, Aki, Jayanta Bhattacharya, William B. Vogt. 1996. *Health Economics of Japan. Patients, doctors, and hospitals under a universal health insurance system.* Tokio: University of Tokyo Press.

Yoshitomi, Masaru, und Yūji Hosoya. 2005. *Nenkin seido ni kansuru fu-tatsu no gokai* [Zwei Missverständnisse über das staatliche Rentensys-tem]. RIETI Policy Analysis Paper No. 2. Tokio: Keizai Sangyō Ken-kyūsho (RIETI).

Weiterführende Internetressourcen

· Japans wichtigstes demographisches Forschungsinstitut, das Forschungsinstitut für Bevölkerungsfragen und Soziale Sicherheit (*Kokuritsu Shakaihoshō Jinkōmondai Kenkyūsho*), unterhält eine Internetseite, die zahlreiche Informationen bietet:
– Umfragen wie die «Migrationserhebung» und die «Fertilitätserhebung»;
– Verbindungen zu anderen Internetseiten;
– Veröffentlichungen und Kataloge;
– Geschichte des Instituts und laufende Forschungsprojekte.
http://www.ipss.go.jp/
Die englischsprachige Version dieser Seite wird auf dem aktuellen Stand
gehalten und bietet zwei Internetzeitschriften an: «The Japanese Journal
of Population» und «The Japanese Journal of Social Security Policy.»
http://www.ipss.go.jp/pr-ad/e/ipss_english.pdf

· Über die Internetseite der Statistikabteilung des Ministeriums für Inneres
und Telekommunikation sind die Daten der Volkszählung und diverse andere Statistiken von der Regierung regelmäßig unternommener Erhebungen zugänglich. Die Ergebnisse der Volkszählung von 2005 finden sich
unter http://www.stat.go.jp/English/data/kokusei/index.htm
Die englischsprachige Seite der Statistikabteilung enthält u. a. statistische
Karten Japans von 1960 bis 2000.
http://www.stat.go.jp/english/index.htm

· Der Jahresalterungsbericht der japanischen Regierung findet sich unter
http://www8.cao.go.jp/kourei/english/annualreport/2004/1–1.html

· Die Internetseite des Ministeriums für Gesundheit, Arbeit und Wohlfahrt
beinhaltet die Weißbücher des Ministeriums sowie andere Berichte über
die von der Regierung unternommenen gesundheits- und sozialpolitischen
Maßnahmen.
http://www.mhlw.go.jp/index.html
http://www.mhlw.go.jp/english/index.html

· Die Internetadresse des vom Ministerium für Inneres und Telekommunikation herausgegebenen Statistischen Jahrbuchs ist:

http://www.stat.go.jp/data/nenkan/
und die der englischsprachigen Ausgabe:
http://www.stat.go.jp/English/data/nenkan/index.htm

· Die Bevölkerungswissenschaftliche Gesellschaft Japans (*Nihon Jinkō Gakkai*) informiert über laufende Forschung sowie abgeschlossene und bevorstehende Tagungen. Ihre Internetseite führt zu zahlreichen japanischen und internationalen Quellen, zu ihren Mitgliedern und zu einer Suchmaschine für Publikationen.
http://wwwsoc.nii.ac.jp/paj/index.htm

· *Nijūisseiki Shokugyō Zaidan*, das japanische Institut für Beschäftigung im 21. Jahrhundert, unterhält eine Internetseite zu Arbeitsrecht unter besonderer Berücksichtigung der Gleichstellungsproblematik.
http://www.jiwe.or.jp/english/index.html

· Die Sozialabteilung von TV Asahi (Terebi Asahi Fukushi Bunka Jigyōdan) unterhält eine Internetseite «Altern in Japan» mit manchen nützlichen Daten.
http://www.jarc.net/aging/03oct/index.shtml

· Die Internetseite des Forschungszentrums für Alterung bietet Informationen zu Publikationen, Tagungen und anderen Veranstaltungen und viele weiterführende Verweise zu Behörden und nicht-staatlichen Organisationen, die sich mit Bevölkerungsalterung beschäftigen.
http://www.jarc.net/publication.html

· Eine Datenbank zu Publikationen im Bereich der Sozialgerontologie findet sich auf der Internetseite der Dia Foundation of Research on Aging Societies, die außerdem Verweise zu vielen wissenschaftlichen Gesellschaften enthält.
http://www2.yume-net.ne.jp/dial/index.htm

· Die Statistische Gesellschaft Japans (*Nihon Tōkei Kyōkai*) bietet Zugang zu vielfältigen statistischen Daten und Stichwortsuche in ihrer Zeitschrift «Gekkanshi Tōkei.»
http://www.jstat.or.jp/

Das Tokyo Metropolitan Institute of Gerontology informiert auf seiner Internetseite über Forschung, insbesondere über Senilität und Demenz, sowie über Veröffentlichungen und weiterführende Quellen.
http://www.tmig.or.jp/J_TMIG/J_index.html

· Die Bevölkerungsabteilung der Vereinten Nationen unterhält eine Internetseite mit internationalen Vergleichsstatistiken.
http://www.un.org/esa/population/

Register

AUS DEM VERLAGSPROGRAMM

POLITIK UND MODERNE GESELLSCHAFT

Herwig Birg
Die ausgefallene Generation
Was die Demographie über unsere Zukunft sagt
2. Auflage. 2006. 158 Seiten mit 22 Schaubildern und
16 Tabellen im Text. Gebunden

Herwig Birg
Die demographische Zeitenwende
Der Bevölkerungsrückgang in Deutschland und Europa
4. Auflage. 2005. 226 Seiten mit 40 Schaubildern und
25 Tabellen. Paperback
Beck'sche Reihe Band 1426

Richard A. Werner
Neue Wirtschaftspolitik
Was Europa aus Japans Fehlern lernen kann
2007. 496 Seiten. Gebunden

Herrad Schenk
Der Altersangst-Komplex
Auf dem Weg zu einem neuen Selbstbewusstsein
2007. 238 Seiten. Paperback
Beck'sche Reihe Band 1755

Peter Gruss
Die Zukunft des Alterns
Die Antwort der Wissenschaft
2007. 334 Seiten mit 25 Abbildungen, davon 14 in Farbe
und 3 Tabellen. Broschiert

Eberhard Eichenhofer
Geschichte des Sozialstaats in Europa
Von der «sozialen Frage» bis zur Globalisierung
2007. Etwa 224 Seiten.
Beck'sche Reihe Band 1761

Verlag C. H. Beck München

POLITIK UND ZEITGESCHEHEN

Kwame Anthony Appiah
Der Kosmopolit
Philosophie des Weltbürgertums
Aus dem Englischen von Michael Bischoff
2007. Etwa 240 Seiten. Gebunden

Dietmar Herz
Die Amerikaner im Krieg
Bericht aus dem Irak im vierten Kriegsjahr
2. Auflage. 2007. 156 Seiten mit 28 Abbildungen. Gebunden

Paul Kennedy
Parlament der Menschheit
Die Vereinten Nationen und der Weg zur Weltregierung
Aus dem Englischen von Klaus Kochmann und Andreas Nohl
2007. Etwa 352 Seiten mit etwa 1 Abbildung. Gebunden

Wolfgang Sofsky
Verteidigung des Privaten
Eine Streitschrift
2007. Etwa 160 Seiten. Gebunden

Betsy Udink
Allah und Eva
Der Islam und die Frauen
Aus dem Niederländischen von Anna Berger
2007. 239 Seiten mit 1 Karte. Gebunden

Bernd Stöver
Der Kalte Krieg
Geschichte eines radikalen Zeitalters 1947–1991
2007. 528 Seiten mit 40 Abbildungen und 6 Karten.
Gebunden

Verlag C. H. Beck München

AUSSEREUROPÄISCHE GESCHICHTE UND KULTUREN

Verlag C. H. Beck München